금융으로 세상읽기

금융과 사회

강경란 지음

박영사

4차 산업혁명이 전개되는 현대사회에서 금융과 정보기술의 융합으로 금융의 디지털 전환이 가속화되고 있다. 핀테크, 빅테크 기업의 출현으로 빅데이터와 인공지능 기술이 일상화되면서 디지털 금융은 어느새 내 손안의 핀테크 금융세상으로 다가왔다. 그러나 인구 초고령화와 저성장, 저금리의 장기화로 나날이 복잡·다양해지는 경제환경에서 한정된 자원으로 합리적인 금융의사 결정을 하기가 점차 어려워지고 있다

오늘날 대학생들이나 청소년들은 이미 금융소비자이다. 인터넷 쇼핑, 구독경제, 간편결제, 가상자산 투자 등 소비의 주체 및 금융투자 활동의 주역이 되고 있다. 더구나 COVID−19 팬데믹으로 인한 일자리 환경의 변화와 주식·부동산, 가상자산 등 자산시장의 버블은 '코린이, 주린이, 부린이'로 일컬어지는 신조어처럼 우리 사회에 머니러시 트렌드를 이루게 했다. 투자에 관한 정보들이 홍수처럼 쏟아지는 세상에서 금융이해력이 낮으면 시류에 이리저리 휩쓸릴 수가 있다. 예컨대, 환율에 대한 이해도 없이 해외주식에 투자하거나, 과도한 레버리지를 활용하여 위험자산에 투자하거나 상환능력을 무시한 빚투와 영끌 대출 등 자칫하면 수익이라는 나무만 쫓다가 숲에서 길을 잃어버릴 우려가 있다.

본서는 대학생들이나 청소년들이 일상생활에서 필요한 보편적인 금융이해력을 높이기 위한 책이다. 금융을 이해하는데 기초가 되는 이자율과 화폐의 시간가치, 저축과 소비, 수익과 리스크의 관계, 위험관리 등 기본적인 개념을 학습하기에 적합하다.

먼저 금융의 기초 부분에서는 금융의 기능과 개념, 화폐의 종류와 진화, 주요경제지표에 대한 이해를 다룬다. 다음으로 금융시장과 금융회사, 금융유관기관 및 금융상품을 다루어 전체적인 금융시스템을 파악한다. 저축의 이해 부분에서는 이자율과 화폐의 시간가치, 소득과 소비, 저축의 개념과 저축상품 종류를 학습한다. 금융투자 부분에서는 위험의 개념과 채권 및 주식투자의 이해, 증권분석을 다룬다. 다양한 투자상품 부분에서는 펀드와

파생상품, 구조화상품을 소개한다. 다음으로 부채 및 신용관리, 위험관리와 보험, 재무설계를 다루었다. 또한 현재 금융환경의 변화를 주도하고 있는 핀테크를 소개하고, 금융소비자보호 부분에서는 최근에 나날이 증가추세에 있는 금융사기 사례를 포함하였다.

이 책은 한국은행의 여러 발간자료와 웹사이트의 도움을 많이 받았다. 특히 금융감독원의 「대학생을 위한 실용금융」에서 기본적인 내용들을 주로 인용하였다. 인용 내용이 누락되었거나 미진한 부분에 대해서는 지속적으로 수정해나갈 계획이다.

긴 인생을 살아가는 데 있어 금융이해력은 꼭 필요한 실천적 지식이며 행동 습관이다. 이 책을 통해 대학생들이나 청소년들이 금융으로 사회를 이해하고, 바람직한 저축 및 소비 습관의 형성, 현명한 투자 실천을 통하여 건강한 사회의 구성원으로서 경제적인 자립을 이루는 데 활용이 되길 바란다.

2022년 2월
저자 강 경 란

CHAPTER 01
금융의 기초

SECTION 01 경제의 순환 ·· 3
SECTION 02 금융의 개념과 기능 ··· 5
SECTION 03 화폐의 기능과 진화 ··· 9
SECTION 04 주요경제지표의 이해 ··· 16

CHAPTER 02
금융시스템

SECTION 01 금융시장 ·· 33
SECTION 02 금융회사 ·· 39
SECTION 03 금융유관기관 ··· 46
SECTION 04 금융상품 ·· 52

CHAPTER 03
저축의 이해

SECTION 01 이자율, 화폐의 시간가치 ·· 61
SECTION 02 소득과 소비 ·· 70
SECTION 03 저축상품 ·· 75

CONTENTS 목차

CHAPTER 04
금융투자의 이해

SECTION 01 투자의 기초 ·· 89

SECTION 02 채권투자의 이해 ·· 107

SECTION 03 주식투자의 이해 ·· 118

SECTION 04 증권분석 ·· 127

CHAPTER 05
다양한 투자상품

SECTION 01 펀드 ·· 145

SECTION 02 파생상품 ·· 156

SECTION 03 구조화상품 ·· 169

CHAPTER 06
신용 및 부채관리

SECTION 01 신용관리 ·· 179

SECTION 02 신용카드 ·· 190

SECTION 03 부채관리 ·· 198

CHAPTER 07
위험관리와 보험

SECTION 01 위험과 위험관리 ··· 217

SECTION 02 보험의 기본이론 ··· 223

SECTION 03 보험의 종류 ·· 230

CHAPTER 08
노후와 연금

SECTION 01 초고령사회 ··· 255

SECTION 02 연금의 이해 ··· 262

SECTION 03 은퇴연금의 설계 ··· 273

CHAPTER 09
재무설계

SECTION 01 재무설계의 개념과 필요성 ······································ 281

SECTION 02 재무설계 과정 ·· 284

SECTION 03 20대의 재무설계 ·· 292

CONTENTS 목차

CHAPTER 10
핀테크

SECTION 01 핀테크의 이해 ··· 301

SECTION 02 핀테크 관련 주요기술 ··· 306

SECTION 03 다양한 핀테크 서비스 ··· 312

SECTION 04 핀테크와 금융환경의 변화 ··· 322

CHAPTER 11
금융소비자보호

SECTION 01 금융소비자보호의 개요 ··· 331

SECTION 02 금융사기 피해예방 ··· 342

참고 문헌 / 351

CHAPTER

01

금융의 기초

금융과 사회
금융으로 세상읽기

SECTION 01 경제의 순환
SECTION 02 금융의 개념과 기능
SECTION 03 화폐의 기능과 진화
SECTION 04 주요경제지표의 이해

경제의 순환

경제활동은 사회가 필요로 하는 재화나 서비스를 생산, 분배, 소비하는 활동을 말한다. 국민경제 내에 존재하는 가계나 기업, 정부 등 경제활동 주체들은 재화나 서비스를 생산하고 그 대가로 소득을 얻으며, 다시 그 소득으로 재화나 서비스를 구입하기 위하여 지출하는 과정을 반복하며 경제활동을 영위하고 있다.

기업은 생산물시장에서는 공급자가 되지만 생산요소시장에서는 수요자가 된다. 반면, 가계는 생산물시장에서는 수요자가 되지만 생산요소시장에서는 공급자가 된다. 생산물시장은 자동차, 가전제품, 영화와 같이 생활에 필요한 재화와 서비스가 거래되는 생산요소시장이고, 요소시장은 노동력, 자본, 원재료와 같이 생산에 필요한 요소를 거래하는 시장이다. 생산물시장이든 생산요소시장이든 재화와 서비스를 거래하는 과정에서 돈을 지불하거나 수취하게 된다.

정부도 시장 경제의 순환과정에서 다양한 형태로 참여하고 있는데 생산물시장이나 요소시장에서 수요자로 참여하기도 하고 공급자로 참여하기도 한다. 국방, 치안, 사법제도를 유지하고 국·공립학교 운영 등 공공서비스를 제공하기 위해 노동력과 상품을 구입하고 있다. 아울러 철도, 도로, 항만과 같은 인프라를 건설하는 데도 많은 예산을 지출하고 있다.

이러한 국민경제활동은 개별적으로 이루어지는 것이 아니라, 생산에서 분배로, 분배에서 지출로, 지출에서 생산으로 이어지며 가계, 기업, 정부 상호 간에 순환된다. 기업이 상품을 생산하기 위해서는 그 상품에 대한 충분한 소비 수요가 있어야 하고, 가계와 정부가 상품 등을 소비하기 위해서는 지출을 위한 충분한 소득이 있어야 한다.

우리나라와 같은 개방경제는 생산, 분배, 지출 활동에 있어서 해외부문의 역할이 매우 크다. 스마트폰, 자동차, 선박, 가전제품 같은 상품들은 국내에서 소비하는 것보다 해외에 수출하는 양이 더 많다. 외국에서 인력이나 자본이 유입되거나, 건설, 교육, 의료 등의 분야에서 외국인력이 상당수 종사하고 있다. 주식시장이나 채권시장은 물론 직접투자의 형태로 외국자본이 유입되기도 한다. 이러한 자본의 유입 규모는 금융시장 개방이 확대되면서 점차 늘어나고 있다.

◎ 〈그림 1〉 국민경제의 순환

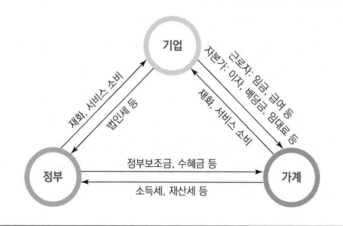

금융의 개념과 기능

금융의 개념

금융이란 돈을 의미하는 '금(金)'과 융통을 의미하는 '융(融)'이 결합된 단어로 돈을 빌려주고 빌려받는 행위를 의미한다. 금융은 자금의 공급자로부터 자금의 수요자로 자금을 이전시키는 중요한 기능을 수행한다. 금융시장은 이러한 과정에서 금융자산의 가격과 이자율을 결정하고 자금의 규모를 결정함으로써 금융제도를 이룬다.

금융시장에서 자금의 공급자는 대부자금에 대한 대가로 약속증서를 받는다. 이러한 약속증서는 주식, 채권과 같은 금융청구권(financial claims)이나 저축성 및 요구불예금, 보험증서 등 금융서비스(financial services)의 형태로 나타난다. 금융청구권은 자금의 공급자에게 미래의 소득흐름을 약속하는데, 이러한 소득흐름은 배당금, 이자지급, 자본이득 등 여러 유형의 수익으로 구성될 수 있다. 자금공급자는 자신의 투자원금을 회수하는 것은 물론 현재의 소비를 연기하고 위험을 부담하는 대가로서 추가적 소득을 얻을 것으로 기대한다.

경제활동에서 생산, 분배, 지출이 원활하게 순환하기 위해서는 각 경제주체 간 거래를 뒷받침할 수 있는 금융시스템이 잘 작동하여야 한다. 이를 위하여 화폐의 양이 충분하고 화폐의 흐름을 원활하게 해주는 금융시장이 잘 발달되어 있어야 하며 정보의 흐름도 원활해야 한다.

경제활동은 금융을 매개로 이루어진다. 기업이 생산활동을 하기 위해서는 기계설비와 노동력, 원재료를 투입해야 하는데 이를 위해서는 자금이 필요하다.

기업이 사내에 보유하고 있는 자본이 부족하다면 필요자금을 금융회사로부터 대출을 받거나 주식, 채권 등 유가증권 발행을 통하여 조달해야 한다. 기업이 가계와 정부에 소득을 분배하고 가계가 정부에 세금을 납부하는 것도 금융의 도움이 없으면 불가능하다. 경제의 순환과정에서 발생하는 수많은 거래나 지급·결제가 금융을 통하지 않으면 완료될 수 없다.

금융의 기능

금융은 희소한 재무적 자원을 시간에 걸쳐 배분하는 경제적인 행위를 의미한다. 경제주체들이 가진 돈과 필요로 하는 돈은 대부분의 시기에 일치하지 않는다. 예컨대 대부분의 사람들은 일생 동안 소득과 소비의 불일치를 경험하게 된다. 소득은 <그림 2>와 같이 조금씩 증가하다가 어떤 시점에 정점을 이루고 다시 감소하는 패턴을 가지게 된다. 소비도 역시 증가하다가 감소하는 패턴을 가지기는 하지만 소득에 비해서는 상당히 완만한 패턴을 가지고 있다. B와 같은 시기에는 소득의 여유가 있어서 소비를 충당하고도 남으나 A와 C의 시기에는 소비에 비해 소득이 부족하다. 이렇게 생애를 통해서 소득과 소비의 불일치가 있을 경우를 대비해 B의 여유로운 현금흐름의 일부를 대출이나 저축, 투자 등을 통해서 A와 C의 시기로 이전시켜 불일치를 해소할 수 있다. 금융은 경제주체들의 희소한 재무적인 자원을 필요한 시점에 적절히, 효율적으로 배분할 수 있다.

◎ 〈그림 2〉 소득과 소비 불일치

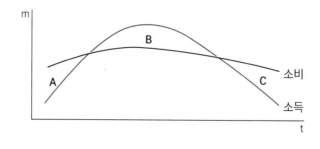

금융의 기능은 금융시스템이 제공하는 기본 서비스로서 네 가지로 구분할 수 있다.

재화와 서비스 교환의 원활화

과거의 물물교환 시대와는 달리 현대사회의 수많은 거래는 금융의 도움이 없으면 불가능하다. 금융은 현금, 신용카드, 체크카드, 전자상거래, 가상통화 등 수많은 결제수단으로 안전하고 편리한 지급·결제 시스템을 구축하여 다양한 재화와 서비스의 거래가 가능하도록 한다. 개인이나 가계는 금융을 통해 소득과 지출의 차이를 해소할 수 있다. 지출에 비해 소득이 많을 때는 저축 등을 이용하고, 소득에 비해 지출이 많을 때는 대출 등을 이용함으로써 필요한 지출을 할 수 있게 된다.

자금 중개

금융은 여유자금을 가진 사람들의 돈을 모아서 자금이 필요한 사람에게 전달하는 중개기능을 수행한다. 사람들이 금융회사에 저축을 하면, 금융회사는 이 돈을 모아서 돈이 필요한 가계, 기업 그리고 정부에 빌려주고, 대출로부터 발생한 이자수익을 예금자들에게 배분하는 것이 전형적인 자금의 중개이다. 그리고 금융시장이 발달함에 따라서 채권이나 주식을 통한 금융 중개도 활발하다. 정부나 기업이 국채나 회사채를 발행하면 금융회사가 이런 채권을 인수하여 예금자나 투자자에게 판매하는데, 이 경우도 흑자 주체로부터 적자 주체로 자금 이동을 중개하는 것이다.

금융회사들은 자금 중개를 위해서 돈을 빌리는 사람의 신용도를 평가하기도 하고 돈을 저축하는 사람들과 돈을 빌리는 사람 사이에서 가격(이자율)을 조정하기도 한다. 또 자금의 만기나 크기를 재조정하여 자금이 원활하게 이동하도록 한다. 따라서 금융의 자금중개 기능은 자금의 효율적인 배분을 가능하게 하여 경제 발전에 기여한다고 볼 수 있다. 이러한 자금의 중개 및 배분 과정에서는 원활한 정보의 생성 및 공급이 필요하다.

위험관리 수단 제공

금융시장은 투자 위험을 분산시킬 수 있는 관리수단을 제공한다. 경제학에서 위험(risk)은 경제현상이나 결과가 예상이나 기대와 달라지는 것을 말하는데 금융이 잘 작동하면 불확실성이나 위험을 적절히 분산하거나 해소할 수 있다. 예를 들면, 금융시장에서 판매되는 다양한 금융상품에 분산투자하거나 옵션이나 선물과 같은 파생상품을 위험관리수단으로 활용함으로써 투자위험을 줄일 수 있다. 또한 경제 주체는 보험에 가입함으로써 사고 등으로 인해 경제적 손실이 발생할 경우 보험금을 지급받아 그 충격을 완화할 수 있다.

투자기회 제공

금융은 여유자금을 가진 사람들에게 투자의 기회를 제공한다. 많은 소액 예금자들의 돈을 모아서 대규모 투자를 가능하게 하거나 단기간 저축하는 사람들을 많이 모아서 장기 자금을 필요로 하는 기업에게 돈을 공급해줄 수 있는 것은 모두 금융시장이 있기 때문에 가능한 일이다. 금융시장은 여유자금을 가진 사람에게는 투자의 기회를 제공하고 자금이 필요한 사람에게는 자금을 공급하여 효율적인 자원배분에 기여한다.

화폐의 기능과 진화

화폐의 의미와 기능

우리가 일상적인 대화에서 사용하는 화폐, 즉 돈(money)이라는 용어는 대부분 지폐와 주화인 현금뿐만 아니라 여러 가지를 의미할 수 있다. 경제학자는 화폐(화폐 공급, money supply)를 재화나 서비스에 대한 지급이나 채무의 상환에서 일반적으로 받아들여지는 어떤 것으로 정의하고 있다. 돈이라는 용어는 자주 재산이라는 용어와 동의어로 쓰이기도 한다. '그는 부자라서 돈이 굉장히 많다'라고 말할 때 이는 현금과 금융기관에 예치한 잔고가 많을 뿐만 아니라 주식, 채권, 고가주택, 자동차 등을 소유하고 있다는 것을 의미한다. 또 '그녀는 좋은 직업이 있어 돈을 많이 번다.'라고 할 때 소득이라고 부르는 것을 돈이라는 용어를 사용한다.

화폐가 효과적인 기능을 하기 위해서는 몇 가지 기준을 충족해야 한다[1]. ① 화폐는 표준화가 용이해서 그 가치를 쉽게 구별할 수 있어야 한다. ② 화폐는 널리 받아들여져야 한다. ③ 화폐는 가치를 나눌 수 있어서 '잔돈으로 바꾸기'가 쉬워야 한다. ④ 화폐는 갖고 다니기 쉬워야 한다. ⑤ 화폐는 빠르게 가치가 떨어지지 않아야 한다.

---

1) 미쉬킨의 화폐와 금융(2020), 퍼스트북; 61.

일반적으로 화폐는 교환의 매개(medium of exchange), 회계의 단위(또는 가치 척도: unit of account), 가치저장(store of value)과 같은 세 가지 주요 기능을 수행한다. 이러한 점에서 화폐는 주식, 채권, 부동산 등 다른 자산과 구별된다. 교환의 매개란 재화나 서비스를 사는 사람이 파는 사람에게 주는 지불수단을 말한다. 화폐는 재화와 서비스를 교환하는 데 걸리는 시간을 절약하고 거래비용을 낮추어 경제의 효율성을 높여준다. 화폐는 회계단위(가치 척도)로 경제적 가치를 측정하는 데 사용된다. 즉 물건 가격을 정하고 채무를 기록할 때 사용되는 측정 기준을 뜻한다. 화폐는 가치의 저장수단으로도 기능한다. 화폐는 시간을 두고 사용 가능한 구매력을 저장하는 수단으로 현재의 구매력을 미래로 이전하는 것을 의미한다.

지급결제시스템의 진화

화폐의 기능과 시대에 따른 화폐 형태의 변화를 이해하기 위해서는 경제에서 거래를 수행하는 수단인 지급결제시스템의 진화를 살펴봐야 한다. 지급결제시스템과 이에 수반되는 화폐의 형태는 수 세기에 걸쳐 진화했다. 화폐는 물품화폐로부터 시작하여 금속화폐, 지폐, 신용화폐, 전자화폐의 순서로 발달하여 왔다. 지급결제시스템이 어떻게 진화할 것인가는 미래에 화폐를 어떻게 정의하는가와 중요하게 연관되어 있다.

물품화폐

물품화폐란 물품이 화폐로 쓰이는 것을 말한다. 고대 원시시대에는 자급자족 생활을 영위하고 생산 잉여물은 물물교환이 이루어졌다. 이 시대에는 물물교환에 적합한 물품이 화폐로 사용되었다. 초기에는 곡물, 가죽 등 생활필수품이 물품화폐로 사용되었으나, 이들 생필품들은 쉽게 상하는 데다 생산량이 일정하지 않아 시기에 따라 가치가 크게 변동하는 단점이 있었다. 이와 같은 이유로 교환가치가 일정한 화폐가 필요하게 됨에 따라 보관과 운반이 용이하며 견고성이 뛰어나고 희소성까지 갖춘 동물의 뼈로 만든 소품, 조개, 농기구, 장신구 등의 귀금속이 물품화폐로 널리 쓰이게 되었다. 그러나 물품화폐는 화폐가 가져야 할 속성들인 가분성, 동질성, 내구성, 그리고 휴대성에서 뒤떨어지는 단점이 있었다.

◎ 〈그림 3〉 물품화폐

세계의 물품화폐

니콰라과의 코코아 열매　　　　슬로바키아의 도끼

오만의 총탄　　　　이디오피아의 소금괴(amoli)

우리나라의 물품화폐

토기와 볍씨　　　　철제 자귀(손도끼)

철침(삼한시대)　　　　철제화살촉/삼한시대

구리방울　　　　금동제 귀걸이

쇄은(고려시대)　　은병(고려시대)　　포화(조선시대)　　전폐(조선시대)

자료: 한국은행(www.bok.or.kr)

금속화폐

　금속화폐는 동질성을 가진 일정한 금속이 화폐의 구실을 하는 것을 말한다. 공인된 기관이 일정한 순도와 무게를 보증하는 각인을 찍어 발행하는 주조화폐, 즉 주화는 화폐의 필요조건인 가분성, 동질성, 내구성, 휴대성의 속성을 갖추었기에 화폐의 역사상 가장 오랫동안 화폐로 사용될 수 있었다.

법화

　최초의 지폐(paper currency)는 주화나 귀금속으로 전환될 수 있는 보증이 있었다. 그러나 화폐는 법적인 화폐로서 정부가 통용을 선언한 지폐인 법화(fiat money)로 진화했다. 지폐는 가볍고 운반하기 쉬운 장점은 있으나 쉽게 도난당할 수 있고, 많은 양을 운반하는 데 비용이 많이 든다는 단점이 있다.

수표

　법화의 문제점을 해결하기 위하여 은행제도의 발달 과정에서 발명된 것이 수표(check)이다. 수표는 많은 양의 법화를 운반할 필요 없이 지급결제시스템의 효율성을 증대시킨다. 수표는 상대방이 수표를 입금할 때 거래은행에게 수표를 발행한 사람의 은행계좌에서 상대방의 은행계좌로 자금을 이전시킬 것을 지시하는 수단이다. 그러나 수표는 한 지역에서 다른 지역으로 운송하는 데 시간이 걸리고, 수표를 현금화하는 데도 종종 몇 영업일이 걸린다. 또한 수표를 처리하는 데 필요한 장표 분류작업은 비용이 많이 든다.

전자화폐

컴퓨터의 보급과 인터넷이 확산됨에 따라 오늘날 청구서 대금을 전자적으로 지급하는 데 따르는 비용이 크게 낮아졌다. 전자화폐(electronic money 또는 e-money)는 인터넷 등 통신의 발달로 전자적인 형태로 자금을 이체하는 방식이다. 전자화폐는 수표뿐만 아니라 현금도 대체할 수 있다. 온라인 송금, ATM, 직불카드(debit card), 스마트카드(smart card), 전자현금(e-cash) 등이 있다. 전자현금으로 물건을 사고자 할 때 컴퓨터, 태블릿 또는 스마트폰으로 웹의 상점에서 특정 품목에 대해 구매(buy)옵션을 클릭하면 전자현금이 자동으로 구매자의 계좌에서 판매자의 계좌로 이체된다.

암호자산

암호자산(crypto-assets)은 분산원장기술(distributed ledger technology) 및 블록체인을 기반으로 민간부문에서 물리적인 형태 없이 컴퓨터상에 존재하도록 발행되며, 일반적으로 투자자산으로 인식되고 있다. 암호자산의 경우 국제거래 시 환전이 불필요하다는 점에서 지급결제 및 송금 수단으로 활용될 수 있는 여지도 일부 있다.

대표적인 암호자산인 비트코인은 2009년부터 발행·유통되고 있는데 이는 중앙은행에 의해 관리되는 법화와 달리 세계 각국에 분산된 개인간(P2P) 네트워크에 의존하고 있다. 비트코인은 기술적 안정성과 더불어 비교적 낮은 거래수수료, 익명성, 희소성에 기반을 둔 투자자산으로 가치가 인식되면서 거래범위가 확대되어 왔다.

2017년 들어 비트코인 등 암호자산의 가격이 급등하자 신규암호자산 발행(ICO: Initial Coin Offerings)에 대한 관심이 높아지기도 하였다. 그러나 자금세탁이나 테러자금 등 위법행위에 이용될 가능성, 투자자 피해 확대 등에 대한 우려로 일부 국가들에서는 ICO에 대한 엄격한 규제를 가하고 있다.

▌〈표 1〉 현금, 전자화폐, 가상화폐 비교

	현금	전자화폐	암호자산
발행기관	중앙은행	금융기관, 상점 등	없음
발행규모	중앙은행 재량	소비자 수요	사전 결정
화폐단위	각국 화폐 단위	현금과 동일	독자 단위
교환가치	각국 화폐 신용도	현금과 1:1	수요 공급 원리
법률기반	중앙은행법(한은법)	전자금융거래법	없음
거래기록	필요없음	발행기관	불특정다수(사용자)
기반기술	주조, 인쇄술	지급결제 청산 인프라	분산원장 기술

자료: 금융과 경제(2018), 최남진. p.25.

 살펴보기 비트코인(Bitcoin)은 미래의 화폐가 될 것인가?

비트코인은 2009년에 사토시 나카모토라는 소프트웨어 개발자가 창안한 신종 전자화폐이다. 비트코인은 중앙은행과 같은 단일기관에 의해 통제되지 않고, 사용자들에 의해 분산된 형태로 생성된다.

사용자들이 비트코인 거래를 검증하고 소위 'mining'이라는 과정을 진행하기 위해 컴퓨팅 파워를 사용할 때 새로운 비트코인이 생성된다. 어떤 기술 애호가들은 비트코인을 미래의 화폐로 묘사했다. 그러나 비트코인은 앞서 배운 화폐의 세 가지 기능을 충족시키는가? 즉 비트코인은 교환의 매개수단, 계산단위, 가치의 저장수단으로 기능하는가?

비트코인은 확실히 교환의 매개수단으로 잘 기능한다. 비트코인은 거래를 수행하는 데 있어서 두 가지 매력적인 특징을 갖는다. 첫째, 비트코인을 통한 거래는 익명으로 할 수 있어서 프라이버시를 지키고 싶은 사람들에게 매우 매력적이다.

그러나 비트코인은 계산단위와 가치의 저장수단이라는 두 가지 화폐의 기능은 잘 수행하지 못한다. 비트코인의 가격은 변동이 매우 심하다. 비트코인의 변동성은 금값의 7배 이상이고 S&P 500과 같은 주가지수의 8배 이상이다. 예를 들어 2011년에 비트코인의 가격은 30센트에서 32달러 사이에서 움직였다. 그 이후 2013년 4월 10일에 255달러로 치솟다가 4월 17일에 다시 55달러로 떨어졌다. 2013년 11월 30일에는 비트코인의 가격이 1,125달러로 최고치를 보이다가 2015년 6월까지 약 200달러로 떨어졌다가 2017년에는 2,500달러 이상으로 치솟았다.

비트코인 가격의 높은 변동성은 비트코인이 가치의 저장수단으로서 잘 기능하지 못한다는 것을 의미한다. 즉 비트코인을 보유하는 것은 너무 위험성이 크다. 이러한 변동성 때문에 비트코인은 계산단위가 되지 않았다. 상품의 가격을 비트코인으로 표시하는 사람은 거의 없다.

대대적인 홍보에도 불구하고 비트코인은 화폐의 세 가지 기능 중 두 가지를 충족시키지 못하기 때문에 화폐로서의 사용이 매우 제한적이다. 더구나 정부는 마약거래나 돈세탁에 비트코인이 사용되는 것을 우려하고 있다. 국토안보부는 FBI가 2013년 5월 Silk Road라는 마약거래 사이트를 폐쇄할 때, Mt. Gox 비트코인 거래소로부터 비트코인 자산을 압수했다. 중국과 같은 국가들은 화폐로서 비트코인의 사용을 불법화하고 있다. 또한 세간에 이목을 끄는 비트코인 절도 사건이 있었다. 대규모 비트코인 거래소의 하나인 Mt. Gox는 2014년 2월 약 5억 달러 상당의 비트코인 절도 사건을 당해 파산을 신청한 바 있다.

화폐의 기능을 이해한다면 비트코인은 미래의 화폐가 되지 않을 것임을 알 것이다. 그러나 전자 거래를 저렴하게 사용하도록 비트코인의 기술적 측면은 미래 전자결제 시스템의 하나의 특색이 될 것이다.

자료: 미쉬킨의 화폐와 금융(2020), 퍼스트북. p.67-68.

주요경제지표의 이해

경기순환

경기(business conditions)라는 단어는 일상생활에서 경제적인 형편을 뜻하는 말로 자주 사용된다. 기업들은 매출이 늘고 채산성이 좋아지면 경기가 좋다고 인식할 것이고, 가계는 임금이 인상되거나 주식, 부동산 등의 자산가격이 올라 살림이 좋아지면 경기가 좋아졌다고 느낄 것이다. 범위를 넓혀 국민경제 전체를 대상으로 볼 때, 경기가 좋다는 것은 생산, 소비, 투자 등의 경제활동이 평균 수준 이상으로 활발한 경우를 말하며, 경기가 나쁘다는 것은 반대의 경우를 말한다.

장기적 관점에서 경기는 항상 일정한 수준을 유지하는 것이 아니라 실질 GDP, 소비, 투자, 고용 등이 상승하는 시기와 하락하는 시기가 주기적으로 순환을 반복하게 된다. 경기순환은 회복(recovery), 호황(boom), 후퇴(또는 침체; recession), 불황(depression)의 4개 국면으로 나누어 볼 수 있다. 경우에 따라서는 확장(expansion)과 수축(contraction)의 2개 국면으로 구분하기도 한다. 저점에서 다음 저점까지의 기간을 경기의 주기(cycle)라고 하고, 저점에서 정점까지의 높이를 경기의 진폭(amplitude)이라고 한다.

경기를 판단하는 방법으로는 생산, 투자, 고용, 수출 등 경제 각 부문의 여러 경제지표의 움직임을 분석하는 방법, 종합경기지표로 판단하는 방법, 기업가나 소비자들의 경기판단 및 전망 설문조사 결과에 의한 방법 등이 있다.

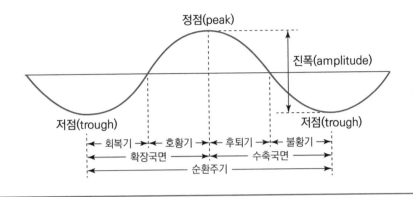

통화지표

화폐는 수많은 생산자와 소비자 사이에서 이루어지는 경제거래를 매개하고 촉진하는 역할을 한다. 즉, 경제에서 화폐는 인체에서의 혈액과 같은 역할을 담당한다. 따라서 한 나라의 경제활동을 건강하게 유지·발전시키기 위해서는 경제 내에서 유통되는 화폐의 양을 정확하게 측정할 필요가 있다. 경제 내에 유통되는 화폐의 양이 바로 통화량(money stock)이며, 통화량을 측정하는 척도가 바로 통화지표이다.

우리나라는 1951년부터 한국은행에서 M1(협의통화), M2(광의통화), Lf(금융기관유동성)를 매월 편제하고 있으며 2006년 6월부터는 L(광의유동성)을 새로이 작성하여 발표하고 있다.

• M1(협의통화)은 화폐의 지급결제수단으로서의 기능을 중시한 지표로서 시중에 유통되는 현금에다 예금취급기관의 결제성예금을 더한 것으로 정의된다.

• M2(광의통화)는 M1보다 넓은 의미의 통화지표로서 M1에 예금취급기관의 각종 저축성예금, 시장형 금융상품, 실적배당형 금융상품, 금융채, 거주자 외화예금 등을 더한 것이다. 다만, 유동성이 낮은 만기 2년 이상의 장기 금융상품은 제외된다.

한편 통화지표 중 포괄범위가 넓은 유동성지표는 화폐의 저장기능을 중시한 지표이며 Lf(금융기관유동성)와 L(광의유동성)이 있다.

- Lf(금융기관유동성)는 광의통화(M2)에 ① 예금취급기관의 만기 2년 이상 정기예적금, 금융채, 금전신탁 등과 ② 생명보험회사의 보험계약준비금, 증권금융회사의 예수금 등 유동성이 상대적으로 낮은 금융상품까지 포함한 것이다.
- L(광의유동성)은 Lf보다 금융상품 포괄범위가 넓은 광의유동성 지표로서, Lf에 기업 및 정부 등이 발행하는 기업어음, 회사채, 국공채 등 유가증권이 포함된다.

<표 2>는 우리나라의 통화 및 유동성 지표의 규모와 구성체계를 보여주고 있다.

▌〈표 2〉 통화 및 유동성 지표 포괄범위

	M1 (협의통화)	M2 (광의통화)	Lf (금융기관 유동성)	L (광의 유동성)
현금통화, 요구불예금, 수시입출식예금				
정기적금, 시장형 금융상품, 실적배당형 금융상품, 기타 예금 및 금융채				
2년 이상 장기금융상품 등 생명보험계약준비금 및 증권금융예수금				
기타금융기관상품, 국채 지방채, 회사채, CP				

자료: 알기 쉬운 경제지표 해설(2019), 한국은행. p.191.

금융상품은 유동성(liquidity)과 가치저장의 기능 등에 초점을 맞추어 통화성(moneyness) 정도를 평가하여 통화지표에의 포함 여부가 결정된다. 유동성은 금융상품이 완전한 시장가치로 얼마나 빠른 시간 내에 교환될 수 있는지의 정도를 의미한다. 가장 유동성이 높은 것은 현금이고, 다음으로는 요구불예금을 포함한 결제성예금이다. 저축성예금은 가치저장 등을 목적으로 일정기간 동안 자금을 금융기관에 예치해 놓은 것이기 때문에 유동성 정도가 현금이나 결제성예금보다 낮다.

금리

　자금이 거래되는 금융시장에서 자금수요자가 자금공급자에게 자금을 빌려 사용한 대가로 지급하는 것을 이자라 하며, 이자를 빌린 원금으로 나눈 비율을 이자율 또는 금리라고 한다. 금리는 기본적으로 자금에 대한 수요와 공급에 의해 결정된다. 시중에 빌려줄 자금의 양이 많아지면 금리가 떨어지고 반대로 빌려줄 자금의 양이 줄어들면 금리가 오른다.

　금리는 어떤 금융시장에서 형성되느냐에 따라 콜시장 금리, 금융기관 예금 및 대출금리, 채권시장 채권수익률 등 여러 종류로 구분할 수 있다. 그리고 금융시장 내에서도 차입자의 신용도, 차입기간, 자금용도 등 특성에 따라 금리가 각기 다른 수준에서 결정된다.

　또한 금리라고 하면 통상 명목금리(nominal interest rate)를 말하는데 이는 금융시장에서 자금의 수급 등에 의해 결정되는 금리를 말한다. 그리고 명목금리에서 인플레이션율을 차감한 금리를 실질금리(real interest rate)로 정의한다.

◎ 〈그림 5〉 한국은행 기준금리

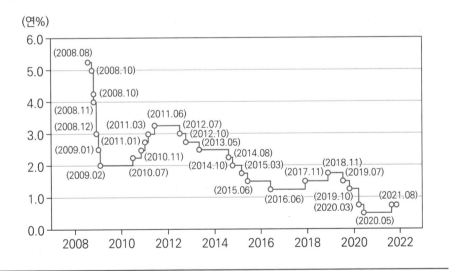

자료: 한국은행(www.bok.or.kr)

금리의 움직임은 소비, 투자, 물가는 물론 국가 간 자금이동 등 경제활동의 여러 분야에 영향을 미친다. 가계소비는 기본적으로 소득수준에 영향을 받아 결정되지만 금리의 영향도 받는데, 대체로 금리가 오르면 은행에 같은 금액의 돈을 맡기더라도 더 많은 이자를 받을 수 있으므로 자금보유자는 저축을 늘리고 소비를 줄이게 된다. 또한 주택 구입 등으로 자금을 빌린 가계는 금리가 오르면 이자 부담이 늘어나므로 소비를 줄이게 된다.

금리는 기업 투자활동에도 중요한 영향을 미친다. 금리는 자금을 빌리는 입장에서 보면 자금을 조달하는 데 드는 비용이다. 기업은 금리가 오르면 투자에 따른 비용 부담이 늘어나므로 투자를 줄이게 된다.

금리는 한 나라의 총수요와 총공급에 의해 결정되는 물가에도 영향을 미친다. 금리가 오르면 기업 투자활동이 위축되고 개인도 소비보다는 저축을 많이 함에 따라 국민경제 전체적으로 상품 및 서비스에 대한 수요를 줄어들게 하여 물가를 내리게 한다.

◎ 〈그림 6〉 외환위기 이후 시중금리

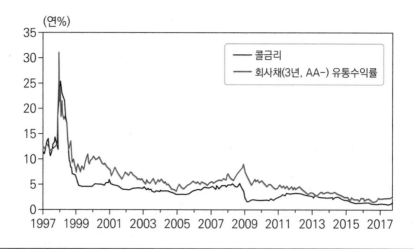

자료: 한국의 통화정책(2017), 한국은행 p.210.

금리는 나라와 나라 사이 자금이동에도 영향을 미친다. 우리나라 금리가 해외보다 높으면 해외에서 국내로 자금이 흘러들어온다. 우리나라에서 자금을 빌려주거나 우리나라 은행에 예금을 하는 것이 해외보다 더 많은 이익을 얻을 수 있기 때문이다. 반대로 우리나라 금리가 해외보다 낮으면 더 많은 이익을 찾아 국내에서 해외로 자금이 빠져나간다.

이와 같이 금리는 일반 상품가격과 달리 국민경제에 미치는 영향이 광범위하므로 한국은행을 비롯한 세계 각국 중앙은행은 금리를 그때그때의 경제상황에 적절한 수준으로 유도하기 위하여 노력하고 있다. 어느 나라에서나 경제성장, 물가, 국제수지, 고용 등 거시경제변수를 바람직한 수준으로 유지하기 위해 금리를 중요한 정책수단으로 활용하고 있다.

물가지수

물가(물가수준)란 시장에서 거래되는 개별 상품들의 가격 및 서비스의 요금을 경제생활에서 차지하는 중요도(비중)를 고려하여 평균한 종합적인 가격수준을 말한다. 물가수준 측정은 기준연도의 가격수준을 100으로 설정하여 지수화한 물가지수(price index)를 이용한다.

소비자물가지수(CPI: Consumer Price Index)는 가구에서 일상생활을 영위하기 위해 구입하는 상품과 서비스의 평균적인 가격변동을 측정하여 지수화한 것이다. 생산자물가지수(PPI: Producer Price Index)는 국내생산자가 국내(내수)시장에 출하하는 상품 및 서비스의 종합적인 가격수준을 측정하여 지수화한 것이다. 수출입물가지수(XMPI: eXport and iMport Price Indexes)는 수출 및 수입 상품의 종합적인 가격수준을 측정하여 지수화한 것이다. 소비자물가지수나 생산자물가지수 등의 총지수(all-item index)를 이용하면 물가수준의 전반적(또는 지속적)인 상승률을 의미하는 인플레이션율(inflation rate)을 구할 수 있다.

국민경제의 종합적인 가격수준을 의미하는 물가는 총수요와 총공급에 의해 결정된다. 가계의 구매력을 결정하는 소득은 총수요에 큰 영향을 미치고, 임금은 기업의 제조원가를 구성하는 주요 항목으로서 공급측면에서 물가를 변동시키는 요인이다. 우리나라는 원자재의 대부분을 수입에 의존하고 있기 때문에 국제원자재가격의 변동은 국내물가에 상당한 영향을 미친다. 환율도 수입품의 가격변동을 통해 물가에 영향을 준다. 유통구조나 경쟁과 같은 시장구조적 요인과 대외경제개방의 확대 또한 물가에 영향을 줄 수 있다. 한편 기대인플레이션은 총수요와 총공급의 양 측면에서 물가상승 압력으로 작용할 수 있다.

◎ 〈그림 7〉 소비자 물가

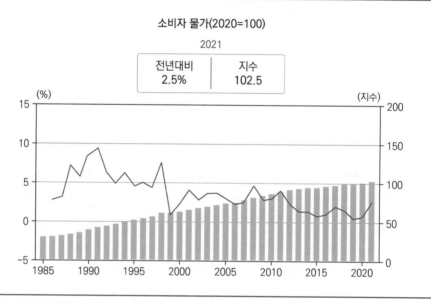

자료: 한국은행 경제통계시스템(www.ecos.bok.or.kr)

 생각
하기

화폐환상

　화폐환상(money illusion)이란 경제주체가 실질가치보다는 화폐의 명목가치를 중심으로 생각하고 판단하는 성향을 말한다. 가령 물가와 명목임금이 각각 2%씩 상승한 경우, 실질임금은 불변인데도 불구하고 노동자가 임금이 상승했다고 여기는 경우가 그 예이다. 화폐환상이 나타나는 이유는 명목가격이 실질가격보다 더 쓰기 쉽고, 더 널리 이용되고, 눈에 잘 들어오기 때문에 발생한다. 그러나 명목가격을 기준으로 실질가치의 변동을 판단하는 것은 물가수준이 불변이 아닌 이상 일종의 "착각"일 수밖에 없다.

환율

환율이란 한 나라의 통화와 다른 나라의 통화 간 교환비율로서 두 나라 통화의 상대적 가치를 나타낸다. 환율을 표시하는 방법은 어느 국가 통화를 기준으로 나타내느냐에 따라 자국통화표시법과 외국통화표시법으로 구분된다.

- 자국통화표시법(직접표시법)은 외국통화 한 단위에 상응하는 자국통화 금액을 표시하는 방법이다. 우리나라는 자국통화표시법을 사용하고 있다.

> 예) US$1 = 1,100원

- 외국통화표시법(간접표시법)은 주요 유로지역에서 사용하고 있다.

> 예) ¢1 = US$1.2

환율은 결제시점, 거래상대방, 거래성격 등에 따라 현물환율과 선물환율, 은행간환율과 대고객환율, 매입환율과 매도환율 등 다양한 종류로 나눌 수 있다.

환율은 외환시장에서 외환에 대한 수요와 공급에 의하여 결정된다. 외환의 수요와 공급은 단기적으로는 외환시장 참가자들의 기대, 주변국 환율변동, 중앙은행의 통화정책 변화 가능성, 각종 뉴스 등의 영향을 받는다. 중장기적으로는 내외금리차, 물가수준, 생산성 등의 영향을 받는다. 환율은 내외금리차, 국내물가, 생산성 등 국민경제 여건에 따라 변동하지만, 역으로 환율변동이 국민경제에도 큰 영향을 미친다.

원/달러 환율이 하락하면 달러로 표시한 수출상품의 가격이 올라 경쟁국 제품에 비해 가격이 비싸지게 되므로 외국으로부터의 수출 주문량이 줄어들게 된다. 수출이 줄면 경제성장이 둔화되고 실업자가 늘어나는 등 고용사정도 어려워진다. 하지만 원/달러 환율 하락이 부정적 효과만 가져오는 것은 아니다. 환율이 내려가면 외국으로부터 수입하는 원재료나 중간재의 가격이 떨어져 상품의 생산비용을 감소시킴으로써 국내물가의 안정요인으로 작용하게 된다. 그리고 국외에서 자금을 차입한 국내기업의 원리금 상환부담이 줄어드는 긍정적인 측면도 있다. 한편 환율이 상승하면 달러로 표시한 국내 상품가격이 하락함으로써 수출이 늘어나고 수입은 줄어들어 경상수지의 개선을 기대할 수 있다. 수출증가로 경제성장이 촉진되면서 일자리도 더 많이 생겨날 것이다. 그러나 원자재 및 부품의 해외의존도가 높은 나라의 경우 원자재 및 부품을 높은 가격을 주고서라도 수입할 수밖에 없어 수입의 감소가 제한적일 가능성도 있다. 또한 환율상승으로 수입원자재가격이 상승함에 따라 국내물가가 올라가게 되며 외화부채가 있는 기업들의 원리금 상환부담이 가중되는 부작용도 발생하게 된다.

▌〈표 3〉 환율변동의 효과

	환율하락(=원화가치 상승)	환율상승(=원화가치 하락)
수출	수출상품가격 상승(수출 감소)	수출상품가격 하락(수출 증가)
수입	수입상품가격 하락(수입 증가)	수입상품가격 상승(수입 감소)
국내물가	수입원자재가격 하락(물가 안정)	수입원자재가격 상승(물가 상승)
외채보유기업	원화환산 외채 감소 (원리금 상환부담 경감)	원화환산 외채 증가 (원리금 상환부담 증가)

◎ 〈그림 8〉 원/미국달러(매매기준율) 추이

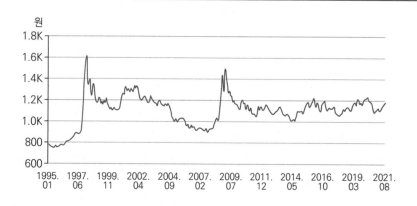

자료: 한국은행 통계시스템(www.ecos.bokor.kr)

환율 오르면 이득일까, 손해일까?

환율은 한 나라의 돈과 다른 나라 돈의 교환비율을 말한다. 우리나라 국민이 미국에서 물건을 사려면 달러화가 필요하고, 유럽에 여행 가려면 유로화를 가져가야 한다. 우리나라 기업이 외국에 물건을 팔거나 외국으로부터 물건을 들여오는 경우에는 그 나라의 돈을 받거나 그 나라 돈으로 값을 지불해야 한다. 이처럼 우리나라와 외국 간의 경제적 거래를 위해 우리나라 돈(원화)과 외국 돈을 서로 교환해야 하는데 이때 교환되는 비율이 환율이다. 환율은 외국 돈이 거래되는 외환시장에서 외국 돈에 대한 수요와 공급에 의해 결정된다. 상품에 가격이 매겨지는 것처럼 외환시장에서 거래되는 외국 돈의 가격이 환율이 되는 것이다. 외국에서 상품과 서비스를 수입하거나 외국의 금융상품에 투자하는 경우에는 외국 돈에 대한 수요가 늘어나 환율이 상승한다. 너도나도 외국 돈을 필요로 하게 되니 가격이 오르는 것이다. 반대로 우리나라의 상품과 서비스를 외국에 수출하거나 외국인이 우리나라의 금융상품에 투자하는 경우에는 외국 돈이 많아져 환율이 하락하게 된다. 이 밖에도 환율은 국내외 정치상황이나 심리적 요인 등에도 민감하게 반응한다.

이처럼 환율이 외환시장에서 외국 돈에 대한 수요와 공급에 의해 결정되는 시스템을 변동환율제도라고 한다. 변동환율제도의 반대는 고정환율제도로 환율을 일정 수준으로 정해놓는 시스템이다. 예를 들어 환율을 미국 달러화를 기준으로 1달러당 1,200원으로 고정시켜 놓는 것이다. 이렇게 하면 언제든 일정한 금액으로 외국 돈을 교환할 수 있지만, 환율을 일정하게 유지해야 하다보니 여기에 맞춰 통화정책을 운영해야 하는 단점이 있다. 물가안정이나 금융안정 등 목표를 달성하기 위해 국내 경제 사정을 고려해서 그때그때 적절한 통화정책을 펼쳐야 하는데 그럴 수가 없는 것이다. 이 때문에 한국을 비롯해 시장경제 체제를 도입한 많은 나라들은 변동환율제도를 운영하고 있다.

그러면 환율이 오르고 내리는 건 어떤 영향을 미칠까? 각 경제 주체의 입장에 따라 이득을 볼 수도 있고 손해를 볼 수도 있다. 예컨대 환율이 1달러당 1,200원에서 1,300원으로 오른다고 가정한다면, 1개당 78만원인 스마트폰을 미국에 수출할 때 미국 내 판매가격은 650달러(78만원÷1,200원/$)에서 600달러(78만원÷1,300원/$)로 낮아지게 된다. 수출품 값이 싸지면 수출은 늘어난다. 반대로 1켤레당 100달러인 미국산 운동화의 국내수입가격은 12만원(100달러×1,200원/$)에서 13만원(100달러×1,300원/$)으로 비싸져 수입이 감소할 수 있다. 해외여행을 하거나 외국에 있는 가족에게 돈을 보내줘야 할 때도 원화로 환산한 금액이 늘어나 그만큼 부담이 커진다.

이처럼 환율의 상승이나 하락이 경제 주체들에게 미치는 영향은 양면성이 있기 때문에 환율 변동은 그 방향보다는 속도가 중요하다. 환율이 단기간에 큰 폭으로 널뛰면 수입이나 수출가격에 대한 불확실성이 커져서 무역이 위축되고 예상치 못한 손실이 발생해 국민경제에도 위협이 될 수 있다. 우리나라는 1997년 국제통화기금(IMF) 외환위기와 2008년 글로벌 금융위기 당시 원-달러 환율이 단기간에 큰 폭으로 변동해 큰 어려움을 겪은 경험이 있다. 오늘날 많은 나라들이 변동환율제도를 채택하고 있는데 이는 통화정책의 자율성을 확보하면서 환율이 그 나라의 경제사정을 반영해 시장원리에 따라 안정적으로 움직이도록 노력하고 있다. 우리나라도 환율이 기본적으로 외환시장에서의 수요와 공급에 의해 결정되도록 하되, 과도한 쏠림이 나타나는 등 급변동할 때에는 필요한 시장안정조치를 실시하는 기본원칙을 따르고 있다. 이와 관련해 최근 우리나라는 외환정책의 투명성을 높이기 위해 IMF 등 국제사회의 권고를 받아들여 우리나라의 시장안정조치 내역을 공개하기도 했다.

자료: 가족과 함께 읽는 경제교실(2020), 한국은행. p.22-23.

증권시장지표

주가지수는 주식시장에서 거래되는 개별종목의 가격변동을 종합하여 주식가격의 전반적인 움직임을 파악할 수 있도록 작성한 지표이다. 주가지수의 수준 및 변동은 투자자의 합리적인 의사결정에 필요한 기본적인 자료일 뿐만 아니라 정책당국의 정책결정에 참고자료로도 활용된다.

우리나라 주가지수

우리나라에서 산출·발표되고 있는 대표적인 주가지수에는 유가증권시장의 KOSPI 및 KOSPI200, 코스닥시장의 KOSDAQ 및 KOSDAQ150, 유가증권시장과 코스닥시장의 통합지수인 KRX300 등이 있다.

KOSPI는 유가증권시장에 상장되어 있는 모든 기업을 대상으로 산출되는 시가총액식 주가지수로 1980년 1월 4일을 기준시점(기준지수＝100)으로 하여 1983년 1월부터 발표되고 있다. 또한 1994년 6월부터는 유가증권시장에 상장된 기업들 중에서 시장대표성, 업종대표성, 유동성 등을 감안하여 선정한 200개 종목으로 구성된 KOSPI200(1990년 1월 3일＝100)을 산출하여 발표하고 있다.

KOSDAQ은 코스닥시장에 상장되어 있는 모든 기업을 대상으로 산출되는 시가총액식 주가지수로 1997년 1월부터 발표하고 있다. KOSDAQ의 기준시점은

1996년 7월 1일이며 동 기준일의 주가지수를 100으로 하여 왔으나 기준지수가 너무 낮아 지수변별력이 없다는 지적이 제기됨에 따라 2004년 1월 26일 기준지수를 1,000으로 상향 조정하였다.

◎ 〈그림 9〉 KOSPI 및 KOSDAQ 추이

자료: 한국은행 통계시스템(www.ecos.bok.or.kr)

세계주가지수

세계 주가지수는 글로벌 주식시장 상황을 포괄적으로 나타내는 지수로서 MSCI와 FTSE지수가 대표적이다. MSCI(Morgan Stanley Capital International Index)는 미국 모건스탠리 캐피털 인터내셔널사가 작성·발표하며, 전세계지수(ACWI: All Country World Index), 선진국지수(WI: World Index)와 신흥국지수(EMI: Emerging Markets Index)가 대표적인데 한국은 신흥국지수에 포함되어 있다. FTSE(Financial Times Stock Exchange) 지수는 FTSE International에서 작성·발표하고 있다. 선진지수(Developed Index), 선진신흥지수(Advanced Emerging Index), 신흥지수(Secondary Emerging Index) 및 프런티어지수(Frontier Index)로 구분되어 있는데 한국은 2009년부터 선진지수에 포함되어 있다.

주요국의 주가지수

미국의 다우존스산업평균지수와 나스닥지수, 유럽의 유로스톡스지수, 일본의 닛케이지수 등이 있다. 다우존스산업평균 지수(DJIA: Dow Jones Industrial Average)는 미국 다우존스사가 가장 신용도가 높고 미국 내 산업을 대표하는 30개 종목의 주가 평균치로 만든 주가지수이다. 우량한 30개 기업만을 대상으로 하고 있어 대표성에 한계가 지적되고 있으나 미국 기업경제를 나타내는 대표적인 지수로서 광범위하게 사용된다.

또한 이러한 대표성의 한계를 보완하기 위해 S&P500지수도 널리 사용되는데 이는 미국의 스탠더드 앤 푸어스(Standard & Poor's)사가 뉴욕증권거래소에 상장된 500개 종목을 선정, 작성하여 발표하는 주가지수로 시장 전체의 동향을 가장 잘 반영하는 대표적인 지수이다.

나스닥(NASDAQ: National Association of Securities Dealers Automated Quotation)은 전미증권업협회(NASD: National Association of Securities Dealers)가 운영하고 있는 미국 장외시세 보도시스템으로서 1971년 개설되었다. 마이크로소프트, 인텔, 애플 등 기술 기업들이 다수 상장되어 있다.

유로스톡스지수(Euro STOXX)는 유럽의 대표 주가지수이다. 아시아 지역에는 닛케이지수(Nikkei Stock Average), 홍콩의 항셍지수(Ha Seng Index), 중국의 상하이종합지수(Shanghai Composite Index) 등이 있다.

▎〈표 4〉 주요 국가별 주가지수

종류	종목 범위	편제 기관
Dow Jones Industrial Average	미국 30개 우량기업	Dow Jones
S&P500	뉴욕증권거래소에 상장된 500개 기업	Standard & Poor's
NASDAQ	벤처 · 기술기업	NASD(전미증권업협회)
Euro STOXX	유로지역 우량기업	STOXX Limited(스톡스)
Nikkei	일본 225개 대표기업	일본경제신문사

자료: 알기 쉬운 경제지표해설(2019), 한국은행, p.373.

변동성지수

변동성지수(Volatility Index)는 주식, 채권 또는 상품의 가격이 변동하는 정도를 이용하여 미래의 불확실성을 나타내는 지표이다. 이 지수는 옵션가격을 이용하여 옵션 투자자들이 예상하는 기초자산가격(주가지수 등)의 미래 변동성을 측정한 지수로 옵션가격결정이론을 토대로 산출된다. 변동성지수는 일반적으로 기초자산 가격과 음(-)의 상관관계가 있다.

예를 들어 주가지수가 상승할 때는 변동성지수가 하락하고 주가지수가 하락할 때는 변동성지수가 상승한다. 이에 따라 변동성지수의 상승은 투자자들의 불안심리가 커지는 것을 의미하므로 '공포지수'라고도 불린다.

대표적인 변동성지수로는 미국의 VIX와 유럽의 VSTOXX 등이 있다. VIX (Volatility Index)는 미국 시카고 선물옵션거래소(CBOE: Chicago Board Options Exchange)에 상장되어 있는 S&P500지수 옵션과 관련하여 향후 30일간의 변동성에 대한 투자자들의 기대지수를 말한다. VSTOXX지수는 유럽의 대표 주가지수인 유로스톡스의 변동성지수로 유로스톡스50지수 옵션가격으로부터 산출된다.

◎ 〈그림 10〉 주가지수와 변동성지수

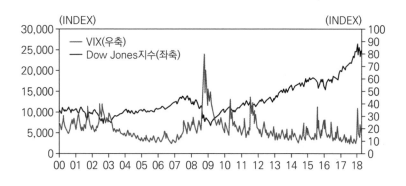

자료: 알기 쉬운 경제지표해설(2019), 한국은행. p.374.

핵심내용 정리

- 경제활동: 재화와 서비스의 생산, 분배, 지출 활동

- 금융시장 참가자: 가계, 기업, 정부, 외국

- 금융의 기능: 재화와 서비스 교환의 원활화, 자금중개, 위험관리 수단 제공, 투자기회 제공

- 화폐의 기능: 교환의 매개수단, 가치척도, 가치저장

- 화폐의 역사
  - 물품화폐(상품화폐): 소재가치 = 명목가치
  - 금속화폐: 소재가치 = 명목가치
  - 주조화폐: 소재가치 ≠ 명목가치 → 그레샴의 법칙
  - 지폐(법화)
  - 신용화폐
  - 수표, 신용카드는 화폐가 아님

- 금리, 이자율, 기준금리

- 물가, 명목가치, 실질가치

- 주가지수
  - 우리나라: 코스피, 코스피200, 코스닥, 코넥스
  - 세계 주가지수: MSCI지수, FTSE지수
  - 세계 대표국 주가지수: 다우존스, S&P500, 나스닥, Euro STOXX, Nikkei

- 변동성지수

CHAPTER

02

금융시스템

금융과 사회
금융으로 세상읽기

SECTION 01 금융시장

SECTION 02 금융회사

SECTION 03 금융유관기관

SECTION 04 금융상품

금융시장

금융시장이란 자금의 공급자와 수요자 간에 금융거래가 조직적으로 이루어지는 장소를 말한다. 여기서 장소는 특정한 지역이나 건물 등의 구체적 공간뿐 아니라 금융거래가 정보시스템 등에 의해 유기적으로 이루어지는 추상적 공간을 포함한다. 금융거래가 성립되기 위해서는 이를 매개하는 수단인 금융상품 또는 금융자산이 필요하다. 금융상품은 현재 또는 미래의 현금흐름에 대한 청구권을 나타내는 증서로서 예금, 채권, 주식 등이 있다.

금융시장의 기능

금융시장은 국민경제내 자금의 공급부문과 수요부문을 직·간접적으로 연결함으로써 원활한 생산활동을 지원하는 한편 효율적인 자원 배분을 통하여 경제주체들의 후생 증진에도 기여한다. 금융시장은 가계에 여유자금을 운용할 수 있는 수단을 제공하고 이러한 여유자금을 생산 및 투자를 담당하는 기업 등으로 이전시킴으로써 국가경제의 생산 활동을 지원한다.

또한 금융시장은 소비주체인 가계에 적절한 자산운용 및 차입기회를 제공하여 가계가 소비시기를 선택하는 것을 가능하게 함으로써 소비자 효용을 증진시킨다. <그림 11>은 직·간접금융시장을 통해 자금이 공급부문에서 수요부문으로 이전되는 모습을 보여주고 있다.

◉ 〈그림 11〉 금융시장과 자금흐름

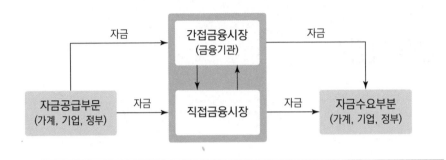

자료: 한국의 금융시장(2016), 한국은행, p.3.

금융시장은 시장참가자들이 투자위험을 분산시킬 수 있는 환경을 제공한다. 즉 투자자들은 금융시장에 존재하는 다양한 금융상품에 분산하여 투자하거나 파생금융상품과 같은 위험 헤지수단을 활용함으로써 투자위험을 줄일 수 있다.

다음으로 금융시장은 부동산 등 실물 투자자산과 달리 현금화가 쉬운 유동성(liquidity)수단을 제공한다. 일반적으로 금융상품의 가격은 유동성 수준을 반영하여 결정된다. 예를 들어 투자자는 유동성이 떨어지는 금융상품을 매입할 경우에는 향후 현금으로 전환하는 데 따른 손실을 예상하여 일정한 보상, 즉 유동성 프리미엄(liquidity premium)을 요구하게 된다.

또한 금융시장은 금융거래에 필요한 정보를 수집하는 데 드는 비용과 시간을 줄여준다. 금융거래 당사자가 거래 상대방의 신용도, 재무상황 등에 관한 정보를 직접 파악하려 한다면 비용과 시간이 많이 들 뿐 아니라 때로는 불가능할 수도 있다. 금융시장에서는 이러한 정보들이 주가나 회사채금리 등 여러 가격변수에 반영되므로 투자자들은 이를 통해 투자에 필요한 기본적인 정보를 손쉽게 파악할 수 있다. 금융시장이 발달할수록 금융상품 가격에 반영되는 정보의 범위가 확대되고 정보의 전파속도도 빨라지는 것이 일반적이다.

마지막으로 금융시장은 시장규율(market discipline) 기능을 수행한다. 시장규율이란 시장참가자가 주식이나 채권 가격 등에 나타난 시장신호(market signal)를 활용하여 당해 차입자의 건전성에 대한 감시기능을 수행하는 것이다. 예를 들면 어떤 기업이 신규 사업을 영위하기 위해 인수·합병 계획을 발표했는데 그러한 계획이 당해 기업의 재무건전성을 악화시킬 것으로 평가된다면 금융시장에서 거래되는 동 기업의 주식이나 회사채 가격이 즉각 하락하게 된다. 즉 시장참가자들의 인수·합병 계획에 대한 부정적인 시각이 가격에 반영되어 그 기업의 자금조달 비용이 높아져 인수·합병을 통한 무리한 사업 확장에 제동이 걸릴 수 있다.

금융시장의 구조

우리나라의 금융시장은 크게 직접금융시장과 간접금융시장으로 나눌 수 있다. 직접금융시장은 다시 거래되는 금융상품의 만기(통상 1년)를 기준으로 단기금융시장과 자본시장으로 구분된다. 여기에 금융상품의 특성을 고려하여 외환시장과 파생금융상품시장을 별도로 구분하기도 한다.

직접금융과 간접금융

금융거래는 중개기관의 개입 여부에 따라 직접금융거래와 간접금융거래로 나눈다. 직접금융거래는 자금수요자가 자기명의로 증권을 발행하고 자금공급자가 이를 매입함으로써 자금이 당사자 사이에서 직접 거래되는 형태를 의미한다. 간접금융거래는 은행 등과 같은 금융중개기관(financial intermediaries)을 통하여 자금공급자에게서 자금수요자로 자금이 이전되는 거래이다. 직접금융 거래수단으로는 주식, 채권 등이 대표적이며 간접금융 거래수단에는 예금, 대출 등이 있다.

직접금융에서는 기업이 발행한 회사채나 주식이 투자자에게 그대로 전달되는 반면에 간접금융의 과정에서는 금융계약의 성격이 변화한다. 예컨대 은행은 예금자와는 예금계약을, 대출자와는 대출계약을 맺게 되어 자산이 변환된다. 대출은 일반적으로 예금에 비해 만기가 길고, 유동성이 낮으며, 부도위험이 높다. 은행 등 금융회사는 자산변환 기능을 제공하면서 금리위험, 유동성 위험 및 부도위험 등 다양한 위험에 노출될 수 있다. 따라서 이러한 위험을 반영하여 일반적으로 대출금리가 예금금리보다 높은 수준에서 정해진다. 예금금리와 대출금리 간의 차이(NIM: Net Interest Margin), 즉 예대마진은 은행의 주요 수입원 중 하나이다.

◎ 〈그림 12〉 직접금융과 간접금융

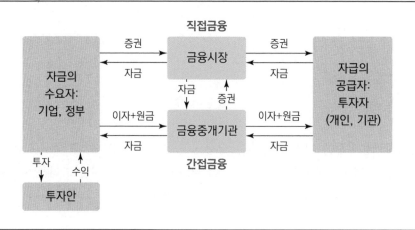

단기금융시장과 장기금융시장

우리나라의 직접금융시장은 거래되는 금융상품의 만기(통상 1년)를 기준으로 단기금융시장과 장기금융시장으로 구분된다.

단기금융시장은 통상 만기 1년 이내의 금융상품이 거래되는 시장으로 참가자들이 일시적인 자금수급의 불균형을 조정하는 시장이다. 콜시장, 환매조건부매매시장(RP), 양도성예금증서시장(CD), 기업어음시장(CP), 전자단기사채시장 등이 이에 해당된다. 장기금융시장은 자본시장(capital market)이라고 하며 기업, 정부, 지방자치단체, 공공기관 등이 장기자금을 조달하는 시장으로, 통상적으로는 국채, 회사채, 주식 등 장기 직접금융증권이 거래되는 증권시장을 의미한다.

자본시장은 금융시장에서 다음과 같이 중요한 기능을 수행한다. 첫째, 가계 등의 여유자금을 기업 등에 장기적인 투자재원으로 공급함으로써 국민경제의 자금잉여부문과 자금부족부문의 수급 불균형을 조절한다. 둘째로 자금의 배분이 효율적으로 이루어지도록 한다. 미래의 수익성과 성장성이 높이 기대되는 기업으로 자본이 집중되도록 하여 이들 기업이 낮은 비용으로 필요한 자금을 조달하고 생산능력을 확충할 수 있게 한다. 이에 따라 국민경제는 이들 기업을 중심으로 생산효율이 극대화되고 산업구조의 고도화가 촉진되면서 경제전체의 부(富)도 늘어난다. 셋째로 다양한 투자수단을 제공한다. 투자자의 입장에서 주식, 채권 등은 유용한 투자수단이 된다. 자본시장의 발달과 함께 증권 종류의 다양화·고도화로 투자자는 더욱 다양한 포트폴리오를 구성할 수 있는 기회를 갖게 된다. 마지막으로 자본시장은 중앙은행의 통화정책이 실물경제에 영향을 미치는 매개기능을 수행한다. 중앙은행이 정책금리를 변경하면 여러 경로를 통해 자본시장의 장기수익률에 영향을 미치고 기업의 자본조달비용을 변동시킴으로써 궁극적으로 기업의 투자결정에 영향을 미친다. 동시에 채권 및 주식의 자산가치 변동으로 인한 부의 효과(wealth effect)를 통해 가계소비에도 영향을 미치게 된다.

거래소시장과 장외시장

유통시장은 거래소시장과 장외시장으로 구분된다. 거래소시장은 금융상품을 판매하고 구입하는 장소와 거래의 형식이 일정하게 표준화되어 있기 때문에 모든 거래가 집중되고 가격 및 거래정보가 누구에게나 잘 알려지며 거래의 익명성이 보장된다. 반면에 장외시장은 특정한 규칙 없이 거래 당사자 간에 매매가 이루어지는 시장이다. 우리나라는 한국거래소가 증권과 파생상품의 원활한 거래와 가격형성을 담당하며 주식, 채권, 상장지수펀드(ETF), 상장지수증권(ETN) 및 파생상품 등을 모두 거래하고 있다. 장외시장은 주로 증권회사를 매개로 거래가 이루어지며 매도 또는 매수를 원하는 투자자와 반대거래를 원하는 상대방을 연결시켜 거래를 중개한다.

◎ 〈그림 13〉 금융시장의 구조

자료: 한국의 금융시장(2016), 한국은행. p.6.

금융회사

금융회사는 오랜 역사를 통해 경제의 발달과 사회적 요구에 맞춰 발전하게 되면서 점차 금융회사 사이에 분업이 나타나게 되었다. 금융회사는 취급하는 금융상품 및 서비스의 성격에 따라 은행, 비은행 예금취급기관, 보험회사, 금융투자회사, 기타 금융회사 등으로 구분할 수 있다.

❚〈표 5〉 우리나라의 금융회사 현황

은행	일반은행	시중은행
		지방은행
		인터넷전문은행
		외국은행 국내지점
	특수은행	한국산업은행
		한국수출입은행
		중소기업은행
		농협은행
		수협은행
비은행 예금취급기관	상호저축은행	
	우체국예금	
	상호금융	신용협동조합
		농업협동조합, 수산업협동조합, 산림조합
		새마을금고

보험회사	생명보험회사				
	손해보험회사				
	우체국보험				
금융투자회사	증권회사				
	선물회사				
	자산운용회사				
	투자자문회사				
	신탁회사				
기타금융회사	금융지주회사, 여신전문금융회사(신용카드사, 리스사, 할부금융사, 신기술사업금융사)				

은행

우리나라 은행은 은행법에 의거해 설립되어 영업하는 일반은행과 개별 특수은행법에 의거해 설립되어 영업하는 특수은행으로 구분된다. 일반은행(commercial bank)은 예금·대출 및 지급결제 업무를 고유업무로 하고 있어 상업은행으로도 불리며 시중은행(2개 인터넷전문은행 포함), 지방은행 및 외국은행 국내지점 등으로 구분된다. 특수은행은 그 업무의 전문성과 특수성 때문에 개별 특수은행법에 의해 설립되었으며 이중 한국산업은행, 한국수출입은행, 중소기업은행은 정부계 은행이다.

은행의 업무는 고유업무, 부수업무 그리고 겸영업무로 구분된다. 은행법에 규정된 은행의 고유업무는 예적금 수입, 유가증권 또는 채무증서 발행, 자금의 대출, 어음할인 및 내·외국환이다. 부수업무는 이와 같은 은행의 고유업무에 부수하는 업무로서 채무보증, 어음인수, 상호부금, 보호예수 등이 있다. 겸영업무는 다른 업종의 업무 중 은행이 영위할 수 있는 업무로서 「자본시장과 금융투자업에 관한 법률」상의 집합투자업과 집합투자증권에 대한 투자매매·중개업 및 투자자문업, 신탁업, 「여신전문금융업법」상의 신용카드업, 「근로자퇴직급여보장법」상의 퇴직연금사업 등이 있다.

살펴보기 은행의 기원

    은행의 기원에 대해서는 여러 가지 설이 있지만, 많은 문헌에서 유럽의 금(金) 세공업자로부터 은행이 탄생했다고 전하고 있다. 과거 금이 돈을 대신하여 거래되던 시기에는 금이 부피와 무게 제약으로 가지고 다니기가 쉽지 않았고 간혹 중량과 순도에 있어서 말썽이 나기도 했다. 이러한 단점을 해결하고자 사람들이 약간의 보관료를 지불하면서 금 세공업자에게 금을 맡겼는데, 이는 금 세공업자가 튼튼한 금고를 가지고 있어 안전한 보관이 가능하고 순도 또한 보증받을 수 있기 때문이었다. 이후 사람들이 금을 직접 주고받는 것보다 금 세공업자가 발행한 보관증을 이용해 상거래를 하게 되면서 맡겨둔 금을 실제로 찾으러 오는 경우가 드물어졌다. 그러자 금 세공업자들은 보관하고 있는 금을 가지고 돈이 필요한 사람에게 대출을 시작했고 그에 대한 이자를 받아 돈을 벌기 시작했다.

    금 세공업자가 막대한 부를 축적하게 되면서 금을 맡긴 주인들이 금 세공업자가 자신들의 금을 이용해 돈을 번다는 사실을 알아차리고 항의하자, 금 세공업자는 대출로 발생하는 이익의 일부를 금 주인들에게 나누어 주었는데 이것이 오늘날 예금 이자의 개념이 된다. 이처럼 금 세공업자들이 맡아둔 금보다 많은 보관증을 발급하여 대출하는 순간 은행가(banker)가 된 것이라고 할 수 있다. 그럼 어떻게 맡아둔 금보다 더 많이 보관증을 남발할 수 있었을까? 이는 금 세공업자들의 경험에 따라 사람들이 금을 맡긴 후 찾아 쓰는 비율은 통상 맡긴 금의 10% 정도에 불과하다는 사실을 알게 되었기 때문이다. 이 10%라는 수치는 현재 은행이 사용하고 있는 지급준비율의 토대가 된다.

    은행들이 지급준비금으로 얼마나 남기느냐에 따라서 예금통화의 크기가 결정된다. 100만원의 현금이 예금으로 들어올 때 예금 금액의 10%만 현금으로 남겨도 된다면 90만원을 대출해줄 수 있다. 현금을 대출받은 고객이 다른 은행에 90만원을 맡기면 다시 예금을 받은 은행은 10%인 9만원만 남기고 81만원을 대출해줄 수 있다. 81만원을 예금으로 받은 세 번째 은행은 8.1만원만 남기고 나머지를 다시 대출해줄 수 있다. 이런 과정을 반복해서 거치면 최초의 100만원 현금 예금이 900만원의 대출을 가능하게 해준다. 예금통화 창조 금액은 지급준비금의 역수가 된다. 지급준비율이 20%면 5배의 통화량이 새로 만들어지고 지급준비율이 10%라면 10배의 통화량이 만들어질 수 있다.

	한국은행	A은행	B은행	C은행	합계
화폐 발행	100				100
예금		100	90	81.0	1,000
지급준비금		10	9	8.1	100
대출		90	81	72.9	900

자료: 실용금융(2021), 금융감독원. p.39.

비은행 예금취급기관

상호저축은행은 흔히 저축은행이라고 부르는데 지역 서민들과 기업을 대상으로 여수신 업무를 주로 하고 있다. 신용도가 낮은 개인이나 기업을 대상으로 하기 때문에 대출금리가 은행보다는 높지만 대신에 예금금리도 높다. 상호저축은행은 전문적 서민 금융기관으로서 서민들에 대한 금융 서비스 확대를 도모한다는 설립 취지에 맞추어 총여신의 일정비율 이상을 영업구역 내 개인 및 중소기업에 운용해야 한다.

직장·지역 단위의 신용협동조합과 새마을금고, 농어민 협동조합인 지역 농·수협, 그리고 산림조합 등은 조합원에 대한 여수신을 통해 조합원 간의 상호부조를 목적으로 운영되는데 이를 상호금융이라고도 한다.

우체국예금은 농어촌 등 민간 금융 취약지역 주민들의 편의를 도모하기 위해 전국에 고루 분포되어 있는 체신관서를 금융창구로 활용하고 있다. 우체국예금은 국가가 경영하는 우정사업본부가 관리하고 있기 때문에 예금의 원리금을 정부가 지급할 책임을 지고 있다.

보험회사

보험회사는 생명보험, 손해보험 등 보험업을 취급하는 금융회사를 말하는데 생명보험업은 사람의 생존과 사망에 관하여 사건이 발생(사망)했을 때 약정한 보험금을 지급하는 일을 담당한다. 반면 손해보험은 사고로 인하여 발생하는 손해의 보상을 담당한다. 생명보험과 손해보험은 서로 분리된 보험으로 겸영하지 않지만 사람의 질병, 상해 또는 이로 인한 간병을 대상으로 하는 보험인 질병보험, 상해보험, 간병보험은 생명보험회사나 손해보험회사들이 자유롭게 취급할 수 있다.

보험회사 중에 보증보험을 전담하는 회사들도 있다. 보험계약자로부터 보험료를 받고 보험계약자가 피보험자에게 약속을 이행하지 못하거나 피해를 끼쳤을 때 대신 보험금을 지급하는 업무를 담당한다. 서울보증보험은 일반적인 보증보험을 담당하고 있으며, 기술보증기금은 기술평가시스템에 근거하여 기술혁신형기업의 보증을 맡고 있다. 주택도시보증공사는 주택분양 보증, 임대보증금 보증, 조합주택시공 보증, 전세보증금반환 보증, 모기지 보증 등을 담당한다.

재보험은 보험회사가 피보험자로부터 계약한 보험내용의 일부나 전부를 다른 보험회사에 다시 보험을 드는 보험제도이다. 재보험은 대형 사고와 같이 큰 경제적 보상이 필요하여 한 개의 보험회사가 감당하기 어려운 경우에 위험을 분산하는 보험제도로서 우리나라에는 재보험만 전문으로 하는 코리안리가 있다.

금융투자회사

2009년부터 시행된 「자본시장과 금융투자업에 관한 법률」(이하 자본시장법)은 금융투자업무를 투자매매업, 투자중개업, 집합투자업, 투자일임업, 투자자문업, 신탁업의 여섯 가지 업무로 구분하고 금융투자업무 전부 또는 일부를 담당하는 회사를 금융투자회사라고 부른다. 금융투자회사 중 가장 쉽게 접할 수 있는 증권회사는 자본시장에서 주식, 채권 등 증권의 발행을 주선하고 발행된 유가증권의 매매를 중개하는 것을 주요 업무로 하고 있다. 은행이 예금자의 예금을 받아서 기업에 대출을 해주는 것과는 달리 증권회사는 기업과 투자자를 직접 연결시킨다는 점에서 은행과는 업무성격이 다르다. 즉, 은행 예금자는 자신의 돈을 대출 받아가는 사람이 누구인지 알 수 없으나, 증권회사를 통해서 어떤 기업의 주식을 매입한 투자자는 그 기업의 주주가 되고 그 기업에 대하여 주주의 자격에 근거한 여러 권리를 행사할 수 있게 된다.

자산운용회사는 투자자로부터 자금을 투자받아 펀드를 설정·운용하고 그 결과를 투자자에게 배분하는 것을 주된 업무로 하고 있다. 펀드의 투자수익률은 투자전략과 이를 구현하는 자산운용회사 및 펀드매니저의 역량에 따라 달라질 수 있다. 따라서 투자자들은 펀드 투자에 앞서 투자설명서를 통해 투자전략, 자산운용회사, 펀드매니저 등 펀드 관련 정보를 확인하는 것이 중요하다.

투자자문회사는 투자자로부터 주식, 펀드, 채권 등 금융투자상품 등에 대한 투자일임업이나 투자자문업을 주로 하는 금융회사를 말한다. 하지만 단기간 고수익을 내세우며 정체를 알 수 없는 운용전략으로 투자자를 현혹하는 미등록 투자자문회사들이 적지 않다. 이 경우 금융감독원 금융소비자 정보포털 파인(http://fine.fss.or.kr)에 방문하여 '제도권 금융회사 조회 서비스'를 통해 등록된 금융회사인지 확인해 보고 이 서비스에 이름이 조회되지 않는 회사라면 한 번쯤 의심해 볼 필요가 있다.

▎〈표 6〉 자본시장법상 금융투자업의 종류

종류	내용	예
투자매매업	금융회사가 자기자금으로 금융투자상품을 매도·매수하거나 증권을 발행·인수 또는 권유·청약·승낙하는 것	증권회사 선물회사
투자중개업	금융회사가 고객으로 하여금 금융투자상품을 매도·매수하거나 증권을 발행·인수 또는 권유·청약·승낙할 수 있도록 중개하는 것	증권회사 선물회사
집합투자업	2인 이상에게 투자를 권유하여 모은 금전 등을 투자자 등으로부터 일상적인 운영지시를 받지 않으면서 운용하고 그 결과를 투자자에게 배분하여 귀속시키는 것을 영업으로 하는 것	자산운용회사
신탁업	신탁법에 의한 신탁을 영업으로 하는 것	신탁회사 증권회사
투자자문업	금융투자상품의 가치 또는 투자판단에 관하여 자문을 하는 것을 영업으로 하는 것	투자자문회사 증권회사 자산운용회사
투자일임업	투자자로부터 금융상품에 대한 투자판단의 전부 또는 일부를 일임받아 투자자별로 구분하여 자산을 취득·처분 그 밖의 방법으로 운용하는 것을 영업으로 하는 것	투자일임회사 증권회사 자산운용회사

자료: 실용금융(2021), 금융감독원. p.42.

기타금융회사

먼저 금융지주회사는 금융과 지주회사를 합한 말로 주식의 보유를 통해 은행, 증권회사, 보험회사 등 1개 이상의 금융회사를 자회사로 소유하고 경영하는 지주회사를 의미한다. 금융지주회사가 되기 위해서는 사업계획, 대주주요건, 재무 및 경영관리 등에 필요한 요건을 갖추고, 금융위원회의 인가를 받아야 한다. 2020년 말 기준 금융지주회사로는 신한금융지주, 하나금융지주, KB금융지주, 농협금융지주, 우리금융지주, BNK금융지주, DGB금융지주, JB금융지주(이상 은행지주회사), 한국투자금융지주(비은행지주회사), 메리츠금융지주(보험지주회사) 등 10개가 있다.

금융회사 중에서 고객으로부터 자금을 모으지 않고 채권발행 등을 통해 자금을 모아 돈을 빌려주는 금융회사들이 있다. 신용카드, 시설대여(리스), 할부금융 그리고 신기술사업금융회사들이 이에 속하며 여신전문 금융회사라고 한다.

신용카드 회사는 전형적인 여신전문 금융회사인데 소비자가 구입하는 상품의 가격을 미리 지불하고 결제일에 한꺼번에 금액을 받거나 나누어서 갚게 하고, 그 기간 동안에 발생하는 이자소득이나 사용수수료로 수입을 올린다.

리스회사는 건물, 자동차, 기계, 사무기기 등을 구입하여 사용자에게 대여하여 사용료를 받는 일을 한다. 리스 서비스를 이용하는 소비자는 자산관리의 부담이나 한꺼번에 많은 자금을 마련할 필요가 없는 장점 때문에 리스회사를 이용한다.

할부금융은 판매사나 제조사에서 상품을 구입할 때 할부금융회사가 미리 돈을 내고 소비자는 일정 기간 나누어서 갚는 것을 말한다. 따라서 할부금융회사는 상품구매액을 초과하는 자금을 대출할 수 없다. 그리고 할부금융 자금은 상품 구입 목적 이외에 다른 목적으로 대출받는 것을 방지하기 위해 소비자에게 대출하지 않고 판매자에게 직접 지급하도록 되어 있다. 금융회사 이름에 주로 '○○캐피탈'이라는 이름이 붙은 금융회사들이 전형적인 할부금융회사이다.

한편 대부업은 정식 금융회사로 분류되지는 않으며, 주로 급전이 필요한 사람한테 금전을 대부하거나 대부계약에 따른 채권을 양도받아 이를 추심하는 것을 업으로 한다. 대부업은 1997년 외환위기 이후 가계의 자금수요 증가 등으로 빠르게 성장하였다. 그러나 불법적인 채권추심, 고금리 부과 등이 사회문제가 되면서 대부업의 투명성 확보와 대부금융 이용자 보호가 주요 과제로 제기되었다. 대부업은 2002년 8월 「대부업 등의 등록 및 금융이용자 보호에 관한 법률」이 제정되면서 양성화되었다.

금융유관기관

금융감독원

금융감독원의 설립 목적은 금융산업을 선진화하고 금융시장의 안정성을 도모하며, 건전한 신용질서, 공정한 금융거래관행 확립과 예금자 및 투자자 등 금융수요자를 보호함으로써 국민경제에 기여하는 데 있다. 금융감독원은 정부조직과는 독립된 특수법인으로 되었으며, 이는 금융감독 업무와 관련하여 정치적 압력 또는 행정부의 영향력에 의해 자율성을 잃지 않고 중립적이고 전문적인 금융감독 기능을 구현할 수 있도록 위함이다. 금융회사에 대한 감독업무, 이들 회사의 업무 및 재산상황에 대한 검사와 검사결과에 따른 제재업무, 금융분쟁의 조정 등 금융소비자보호업무 등의 기능을 수행하고 있다.

금융감독을 기능면에서 크게 구분하면 시스템 감독, 건전성 감독 그리고 영업행위 감독으로 구분할 수 있다. 시스템 감독은 경제 전반에 걸친 금융혼란에 대비하여 금융시스템의 안정성을 확보하는 데 주력하는 것이며 건전성 및 영업행위 감독보다 넓은 개념이다. 건전성감독은 개별 금융회사의 재무제표의 건전성, 자본적정성 및 각종 건전성 지표를 통해 금융회사의 건전성을 감독하는 것이다. 영업행위 감독은 금융회사가 소비자들과의 거래에서 공시(公示), 정직, 성실 및 공정한 영업관행을 유지하고 있는지 감독하는 것으로 소비자 보호 측면에 중점을 둔 것이다. 이 외에도 금융감독원은 소비자가 직접 제기하는 민원의 상담, 조사 및 분쟁조정, 금융교육 등을 통한 금융이해력을 높이기 위한 업무 등을 담당하고 있다.

이러한 금융감독원의 각종 업무는 궁극적으로 금융회사와의 거래 관계에서 금융회사에 비해 협상력, 정보력 등이 부족한 금융소비자를 보호하고, 공정한 금융거래질서를 확립하는 기능을 수행한다.

한국은행

한국은행은 우리나라의 중앙은행으로 화폐를 독점적으로 발행하는 발권은행이다. 화폐의 발행 외에 한국은행이 하는 가장 중요한 역할은 물가안정을 위해 통화신용정책을 수립하고 집행하는 것이다. 한국은행이 채택하고 있는 통화정책 운영체제는 물가안정목표제이다.

◎ 〈그림 14〉 물가안정목표 및 대상물가지표 상승률

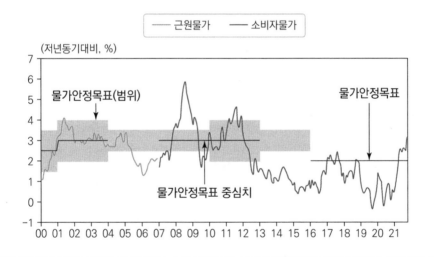

자료: 한국은행(http://www.bok.or.kr)

한국은행의 금융통화위원회는 기준금리(정책금리)를 정하고 여타 통화신용정책에 관한 결정을 내린다. 한국은행은 금융회사를 상대로 예금을 받아 금융회사 고객의 예금인출에 대비한 지급준비금 등으로 예치하도록 하고 금융회사에 대출을 해주며 자금부족에 직면한 금융회사가 순조롭게 영업을 할 수 있도록 도와주기 때문에 '은행의 은행'으로 불린다. 또한 국민이 정부에 내는 세금 등 정부 수입을 국고금으로 받아 두었다가 정부가 필요로 할 때 자금을 내주는 정부의 은행이기도 하다.

한국은행은 공개시장 운영, 여수신제도 등의 통화정책을 통해 금리를 국민경제 여건에 알맞은 수준으로 유도하고 있다. 한국은행의 기준금리 변경이 실물경제에 파급되는 경로에는 일반적으로 금리경로, 자산가격경로, 환율경로, 기대경로, 신용경로, 위험선호경로 등이 있다.

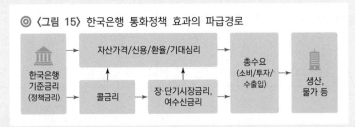

◎ 〈그림 15〉 한국은행 통화정책 효과의 파급경로

자료: 한국은행(www.bok.or.kr)

- 금리경로는 중앙은행이 정책금리를 인하하면 단기시장금리와 함께 장기시장금리, 은행 여수신금리도 하락하여 기업투자와 가계소비가 늘어나고 이는 생산 증대 및 물가 상승으로 이어진다.
- 자산가격경로로 중앙은행이 정책금리를 인하하면 주식, 부동산 등 자산의 가격이 상승하고, 이에 따라 부(富)가 증가(wealth effect) 하면서 투자와 소비가 늘어나게 되고 이는 생산 증대 및 물가 상승으로 이어진다.
- 환율경로의 경우 중앙은행이 정책금리를 인하하면 국내금리가 하락하고 원화로 표시된 금융자산의 수익률이 떨어지게 되어 경제주체들이 상대적으로 수익률이 높은 달러화 표시 금융자산을 매입하고자 하게 되며 원화를 팔고 달러를 사게 된다. 이때 달러화에 대한 초과수요로 원화가치가 하락(환율 상승)하면 수출이 증가하고 수입이 감소하여 경상수지가 개선되고 이는 생산 증대 및 물가 상승으로 이어지게 된다.
- 기대경로의 경우 중앙은행이 현 시점에서의 정책금리 조정뿐만 아니라 경제주체들의 미래 통화정책에 대한 기대, 경기전망 및 인플레이션 기대를 변화시킴으로써 소비 및 투자결정에 영향을 미치는 것을 말한다.
- 신용경로의 경우 중앙은행이 정책금리를 인하하면 기업과 가계에 대한 금융기관의 대출여력이 커져 투자가 증가하고 소비가 늘어나게 되어 이

예금보험공사

예금보험공사는 금융회사가 파산 등으로 고객에게 예금을 지급할 수 없는 경우 예금의 지급을 보장함으로써 예금자를 보호하고 금융제도의 안정성을 유지하기 위하여 설립된 기관이다. 예금보험공사에서 보호하는 금융회사는 은행, 금융투자회사, 보험회사, 상호저축은행, 종합금융회사 등이 있다. 반면에 비은행금융회사인 새마을금고, 신협, 농·수협 지역조합의 예금은 예금보험공사가 아닌 각 금융회사의 중앙회가 설립한 기금을 통해 예금자보호를 하고 있다. 예금자보호는 예금원금과 소정의 이자를 포함하여 1인당 5천만원까지 보호된다.

◎ 〈그림 16〉 예금보험의 구조

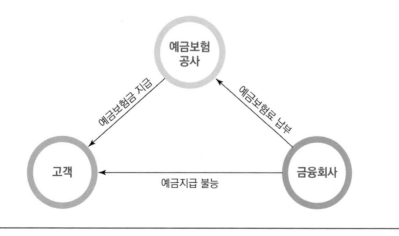

한국거래소

한국거래소는 유통시장의 중심으로서 증권 및 장내파생상품의 공정한 가격 형성과 매매 등 거래의 안정성 및 효율성을 도모한다. 한국거래소의 설립은 「자본시장법」에 근거하고 있으며 주요 업무로는 유가증권시장, 코스닥시장, 코넥스시장 및 파생상품시장의 개설·운영에 관한 업무, 상품매매, 거래에 따른 청산 및 결제에 관한 업무 등이다. 한국거래소의 조직은 경영지원본부, 3개 시장본부(유가증권, 코스닥, 파생상품) 및 시장감시본부 등 5개의 본부로 구성되어 있으며, 본사와 파생상품시장본부는 부산에, 유가증권시장본부와 코스닥시장본부는 서울에 설치되어 있다. 또한 한국거래소는 「자본시장법」에 따라 유가증권시장, 코스닥시장, 코넥스시장, 파생상품시장에서의 불공정거래 행위를 예방·규제하고 회원 및 투자자, 회원 상호 간의 분쟁을 조정하기 위해 자율규제 전문기구인 시장감시위원회를 두고 있다.

신용회복위원회

신용회복위원회는 과중한 채무와 신용문제로 어려움을 겪고 있는 자에게 신용회복과 경제적 재기를 지원하는 법정기구이다. 채무조정(개인워크아웃, 프리워크아웃)뿐만 아니라 법원과의 업무 연계로 개인회생, 파산면책 신청도 지원하고 있다. 또한 채무조정에 의한 변제계획을 성실하게 이행 중인 자에게는 저리의 생계자금을 지원하는 한편, 올바른 신용문화 정착을 위한 다양한 신용교육 활동도 하고 있다.

금융업권별 협회

전국은행연합회는 시중은행 및 특수은행, 지방은행, 외국은행 국내지점을 사원은행으로 하는 비영리 사단법인으로, 금융회사 상호 간의 업무협조와 금융문제의 조사연구 및 은행업무의 개선을 통하여 금융산업의 발전 도모를 목적으로 설립되었다. 주요 업무는 사원은행의 경영 개선 및 현안 과제를 해결하기 위한 정책 제안 등이 있다.

생명보험협회는 비영리 사단법인으로 생명보험업계와 보험가입자의 권익을 보호하고 건전한 보험문화를 확산하며 합리적인 보험정책 수립을 지원하는 등 생명보험산업의 성장과 발전을 위해 설립되었다. 생명보험 관련 정책지원 및 제도개선, 보험업법 등 생명보험 관련법령의 연구 및 개정 건의, 모집제도의 개선 및 연구, 설계사의 등록 및 말소업무 등을 담당한다.

손해보험협회는 비영리 사단법인으로 손해보험산업의 건전한 발전을 도모하기 위해 설립되었다. 손해보험 관련 제도개선 연구 및 건의, 재해방지 및 손해경감에 관한 조사 연구 업무 등을 담당한다.

한국금융투자협회는 비영리 특수법인으로 회원 상호 간의 업무질서 유지 및 공정한 거래를 확립하고 투자자를 보호하며 금융투자업의 건전한 발전을 위하여 설립되었다. 회원의 영업행위와 관련된 분쟁의 자율조정 및 투자자 보호에 관한 업무와 금융투자회사의 약관 검토 및 투자 광고의 자율심의, 비상장주권 등의 장외시장을 관리하는 업무를 담당한다.

여신전문금융협회는 신용카드업, 시설대여업, 할부금융업, 신기술사업금융업을 영위하고 있는 여신전문금융회사를 회원으로 하는 비영리 사단법인으로 여신전문금융에 대한 연구개발과 홍보를 통하여 여신전문금융업의 건전한 발전을 도모함을 목적으로 하는 기관으로서 신용카드가맹점에 대한 정보를 관리하고 여신전문금융업무에 대한 교육 등을 담당한다.

금융상품

금융상품의 속성

금융거래가 성립되기 위해서는 이를 매개하는 수단이 필요한데 이를 금융상품 또는 금융자산이라고 한다. 금융상품은 현재 또는 미래의 현금흐름에 대한 청구권을 나타내는 증서로써 그 예로는 예금이나 채권, 주식 등을 들 수 있다. 금융소비자들은 안정성, 수익성, 유동성 등 자신의 목적에 맞는 상품을 골라서 선택할 수 있다. 돈을 안전하게 관리하기를 원하는 사람들도 있고, 자신이 가진 돈의 가치를 키우기를 원하는 사람도 있으며 또 어떤 사람들은 위험에 대비하기 위한 보험 상품을 원하는 경우도 있다.

금융상품은 일반적인 재화나 서비스와 달리 금융상품의 구매자가 누구냐에 따라 가격이나 거래조건이 달라질 수 있다. 예를 들어, 대출상품의 경우 차입자의 신용도나 담보 제공 여부에 따라 대출금리가 달라질 수 있다. 자동차 보험료도 보험 가입자의 과거 사고 경력이나 나이, 직업 등 여러 조건에 따라 달라질 수 있다.

금융상품은 안정성과 수익성도 중요하지만 유동성도 고려해야 한다. 안정성은 원금을 어느 정도 보존할 수 있는가를 나타낸다. 원금의 회수가능성이 높으면 안정성이 높은 것이고, 원금이 손실될 가능성이 낮으면 안정성이 낮은 것이다. 수익성이란 투자에 대한 이자 수익이나 가격 상승 이익을 기대할 수 있는 정도를 말한다. 수익성이 높다는 것은 그만큼 투자 위험이 크다는 것을 의미한다. 유동성은 투자한 돈을 얼마나 빠르고 쉽게 현금으로 바꿀 수 있는가, 즉 환금성을 나타낸다. 현금으로 바꾸는 데 손실을 보거나 시간이 오래 걸리면 유동성이 낮은 것이다.

◎ 〈그림 17〉 금융상품의 성격별 구분

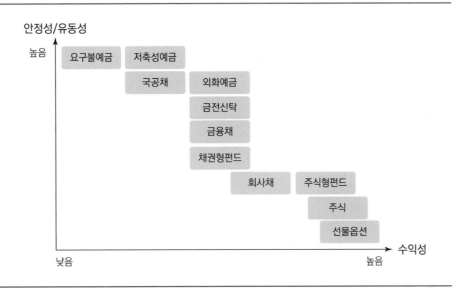

금융상품의 종류

금융상품의 분류 방법은 다양하지만 일반적으로 저축상품, 대출상품, 금융투자상품, 보험상품 등으로 분류할 수 있다.

저축상품

안전성·수익성·유동성을 기준으로 보면 저축상품은 수익성보다는 안전성과 유동성이 높은 금융상품이다. 저축은 목적에 따라 입출금이 자유로운 보통예금, 목돈마련을 위한 정기적금, 목돈을 불려나가는 거치식 예금인 정기예금 등 다양한 상품에 가입할 수 있다. 보통예금은 이자가 아주 낮은 대신에 입출금이나 송금이 자유롭고 신용카드나 체크카드의 결제 계좌로 활용될 수 있는 장점이 있다.

대출상품

대출이란 돈이 필요한 가계나 기업 등에 돈을 빌려주고 일정기간 후 상환하도록 하는 금융상품으로 돈을 빌려주는 대가로 이자를 수취한다. 대출상품은 주택이나 자동차, 예금 등을 담보로 저당권·질권을 설정하고 돈을 빌려주는 담보대출과 담보 없이 개인이나 기업의 신용으로 대출을 받는 신용대출로 나눌 수 있다. 담보대출은 금융회사의 입장에서 보면 대출받은 사람이 돈을 갚지 못할 경우 담보로 잡은 자산을 매각하여 원금을 되찾을 수 있기 때문에 일반적으로 신용대출보다 대출금리가 낮다.

금융투자상품

금융상품은 투자성이 있는 금융투자상품과 투자성이 없는 비금융투자상품으로 나눌 수 있다. 여기서 투자성이란 투자한 원금의 손실 가능성이 있는 경우를 말한다. 금융투자상품은 장래에 이익을 얻거나 손실을 회피할 수 있도록 해주는 금융상품을 말하는데, 투자에 대한 성과를 얻을 수 있지만, 손실을 볼 위험도 있다. 금융투자상품 중 원금까지만 손실이 발생할 가능성이 있는 상품으로는 주식, 채권, 펀드 등이 있고, 원금을 초과하여 손실이 발생할 가능성이 있는 상품으로 파생상품 등이 있다.

◎ 〈그림 18〉 금융투자상품의 분류

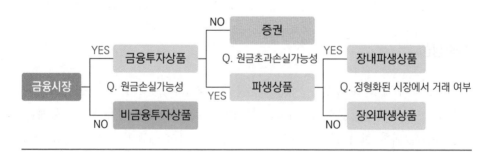

보험상품

보험은 질병, 재해, 사망 등 각종 사고와 같은 위험에 대비한 보장을 받기 위하여 가입하는 금융상품이다. 평소에 보험료를 내고 사고가 발생했을 때 보험회사로부터 약정된 보험금을 받아 경제적 손실을 만회할 수 있는 금융상품이다. 그러나 사고가 발생하지 않으면 낸 보험료는 돌려받지 못하는 것이 일반적이다. 보험상품은 사람의 생존과 사망을 주된 보험사고로 하는 생명보험과 사고로 인한 재산상의 손해를 보상하는 손해보험이 있다. 또한 사람의 질병이나 상해 또는 이로 인한 간병을 대상으로 하는 질병보험, 상해보험, 간병보험이 있다. 그 외에 보증보험, 재보험 등이 있다. 보험은 일반적으로 장기 계약이 많고 중간에 해지하면 손해를 볼 수 있기 때문에 특히 신중한 선택이 요구된다.

연금상품

연금상품은 저축이나 투자상품처럼 구조면에서 다른 상품과 구분되는 것이 아니라, 안정적인 노후생활이라는 특정 목적을 위해 만들어진 상품으로 형태가 다양하다. 개인이 금융시장에서 가입할 수 있는 대표적인 연금상품은 세액공제를 받을 수 있는 연금저축과 발생한 이자나 수익에 비과세하는 연금보험이 있다. 연금저축은 연금저축신탁, 연금저축펀드, 연금저축보험으로 구분된다. 그 밖에도 즉시연금, 월배분형 연금펀드 등 다양한 연금상품이 만들어지고 있으나 공통적인 특성은 유동성이 매우 낮게 설계된다는 점이다. 노후 준비라는 장기적인 목적을 위해 꾸준히 저축하고 오랫동안 나누어 쓸 수 있도록 유도하는 것이 연금상품의 가장 큰 특성이기 때문이다.

살펴보기 금융상품한눈에(http//finlife.fss.or.kr)

금융감독원에서는 각 금융협회(은행연합회, 저축은행중앙회, 생명보험협회, 손해보험협회, 여신금융협회, 한국금융투자협회, 신협중앙회, 한국대부금융협회)를 통해 금융기관별로 제공하는 금융상품 자료를 수집하여 공시하고 있다. 매월 20일 정기적으로 업데이트되며 정기 예 · 적금, 주택담보대출, 전세자금대출, 개인신용대출, 연금저축 상품자료를 금융회사 권역별로도 비교가 가능하도록 하여 소비자의 상황에 따라 가장 유리한 상품을 선택하도록 돕는 역할을 한다. 예를 들어 주택담보대출을 받고자 할 때 대출 희망자의 주택가격, 대출금액, 대출기간, 주택종류 및 금리 · 상환방식 조건에 따라 적합한 금융상품을 검색할 수 있다. 또한 저축성 상품의 만기 수령액, 대출의 월평균 상환액 등 각 금융상품에 대한 예시 자료를 제공하고 있어 본인의 저축이나 상환계획에 맞는 최적의 상품을 선택하는 데 도움을 받을 수 있다.

◎ 〈그림 19〉 금융상품통합비교공시 금융상품한눈에

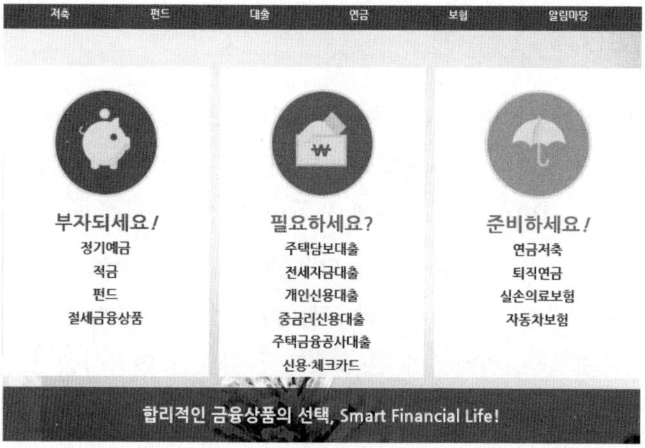

자료: 금융감독원 금융소비자포털 파인(http://finlife.fss.or.kr)

핵심내용 정리

- 금융시장: 자금의 수요자와 공급자 간 금융거래가 조직적으로 이루어지는 장소

- 금융시장의 기능: 효율적인 자원배분, 자산운용 및 차입기회 제공, 투자위험 분산, 유동성 수단
  제공, 정보수집비용 절약, 시장규율 기능

- 금융시장 구조
  - 간접금융시장: 자금의 융통과정에서 중간매개체로 금융회사가 존재
  - 직접금융시장: 자금수요자와 자금공급자가 직접 자금을 융통

  - 단기금융시장: 만기 1년 이내의 금융자산 거래, 콜, 기업어음, 양도성예금증서
  - 장기금융시장: 회사채, 국채, 통화안정증권, 주식 등 거래

  - 발행시장과 유통시장

  - 거래소시장과 장외시장

- 금융회사
  - 은행: 일반은행, 특수은행
  - 비은행 금융회사: 상호저축은행, 우체국예금, 상호금융
  - 보험회사: 생명보험회사, 손해보험회사, 우체국보험
  - 금융투자회사: 증권회사, 선물회사, 자산운용회사, 신탁회사

- 기타금융회사
  - 금융지주회사 여신전문금융회사, 리스사, 할부금융사

- 금융유관기관
  - 한국은행, 금융감독원, 예금보험공사, 금융결제원, 한국거래소, 신용회복위원회, 금융업권별 협회

- 금융상품
  - 특성: 안정성, 수익성, 유동성
  - 종류: 저축상품, 대출상품, 금융투자상품, 보험상품 등
  - 원금손실가능성 유무: 투자성이 있는 금융투자상품, 투자성이 없는 비금융투자상품

저축의 이해

금융과 사회
금융으로 세상읽기

SECTION 01 이자율, 화폐의 시간가치
SECTION 02 소득과 소비
SECTION 03 저축상품

SECTION
01

이자율, 화폐의 시간가치

이자(利子, interest)란 자금을 사용한 대가로 지급되는 금액이다. 이자가 원금에 대하여 어떤 비율인가를 구체적 수치로 나타낸 것이 이자율이다. 이자라는 말과 함께 흔히 쓰이는 말이 금리(金利)이다. 금리는 국민경제에 미치는 영향이 크기 때문에 대부분의 국가들은 금리가 금융시장에 의해서만 결정되도록 방임하지 않고 직접 규제하거나 시장 개입 등을 통하여 간접적으로 조정하고 있다.

이자의 본질은 첫째, 현재가치와 미래가치 선택에서의 시간선호(time preference), 즉 상이한 시점 사이의 자원배분을 해 주는 매개변수이다. 둘째, 이자는 자본의 사용에 대한 대가이다. 노동자에게는 임금이, 지주에게는 지대가, 기업가에게 이윤이 지불되는 것과 같이 자금의 대여자에게는 이자가 지불된다고 보는 것이다. 금융시장과 금융기관의 자금중개가 발달하면서 이자는 단순히 돈을 빌려준 데 대한 대가라는 '화폐이자율' 개념이 일반화되어 있다. 케인즈(J. M. Keynes)는 이자를 유동성을 포기하는 대가라고 보았으며, 자본의 생산력이나 시간선호 등은 간접적으로 이자율에 영향을 미친다고 주장하였다.

조삼모사(朝三暮四)

중국 송(宋)나라 때 저공(狙公)은 원숭이를 많이 기르고 있었다. 그런데 먹이가 부족해지자 원숭이들에게 말했다.

"앞으로 도토리를 아침에 3개, 저녁에 4개로 제한하겠다."

원숭이들은 화를 내며 아침에 3개를 먹고는 배가 고파 못 견딘다고 했다. 이에 저공이 다시 말했다.

"그렇다면 아침에 4개를 주고 저녁에는 3개를 주겠다."

이 말을 하자 원숭이들이 좋아했다.

열자(列子)의 황제편(皇帝編)에 나오는 이 고사는 조삼모사(朝三暮四)로 널리 알려져 있다. 조삼모사는 결국 같은 숫자인데도 당장의 눈앞에 있는 이익만 좋아하는 사람들의 어리석은 사람을 비유하거나 무식한 백성을 속이는 일을 지칭하는 말로 쓰인다.

그러나 생각해보자.

원숭이들은 아침을 먹고 일터나 놀이터로 나가야 한다. 하루의 활동을 위해서는 아침을 든든히 먹어야 한다. 저녁에는 잠자리에 들기 때문에 덜 먹어도 된다. 아침에 3개를 먹는 것보다 4개를 먹는 것이 유리하다. 일반적으로 사람들은 불확실한 미래의 소비보다는 확실한 현재의 소비를 선호한다. 원숭이들은 합리적으로 선택한 것이다.

단리와 복리

이자는 기간에 따라서 달라지므로 이자율을 표시할 때 기간을 명시하는데 보통 1년을 기준으로 한다. 단리는 일정한 기간에 오로지 원금에 대해서만 약정한 이율을 적용하여 이자를 계산하는 방법이다. 이 때 발생하는 이자는 원금에 합산되지 않기 때문에 이자에 대한 이자가 발생하지 않는다. 따라서 원금에만 이자가 발생한다는 가정 하에 단리계산은 다음과 같이 하면 된다.

$$FV = PV \times [1 + (r \times n)]$$

여기서, FV = 미래가치, PV = 현재가치, r = 수익률(연이율), n = 투자기간(연단위)

예제

100만원을 연 4%의 이자율로 3년 동안 단리로 저축하면 얼마가 되는가?

$$1,000,000 \times (1 + (0.04 \times 3)) = 1,120,000$$

즉, 100만원의 3년 후 미래가치는 1,120,00원이 된다.

복리란 중복된다는 뜻의 한자어 '복(復)'과 이자를 의미하는 '리(利)'가 합쳐진 단어로서 말 그대로 이자에 이자가 붙는다는 뜻이다. 저축과 투자를 통한 자산 관리에서 가장 중요한 것 중 하나가 복리의 위력이다. 따라서 원금과 이자가 재투자된다는 가정 하에 복리계산은 다음과 같다.

$$FV = PV \times (1 + r)^n$$

여기서, FV = 미래가치, PV = 현재가치, r = 수익률(연이율), n = 투자기간(연 단위)

예제

100만원을 연 4%의 이자율로 3년 동안 복리로 저축하면 얼마가 되는가?

$$1,000,000원 \times (1+0.04)^3 = 1,124,864원$$
즉, 100만원의 3년 후 미래가치는 1,124,864원이 된다.

◎ 〈그림 20〉 단리와 복리의 효과 비교(100만원을 연이자율 4%로 저축)

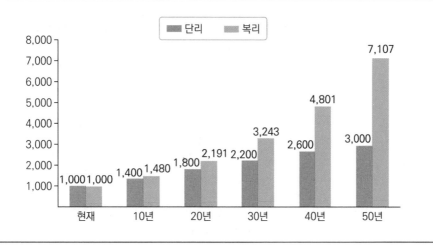

72의 법칙은 이자자 복리식으로 붙을 경우 시간이 지날수록 원리금이 커지는 '복리의 위력' 때문에 원리금이 두 배가 되는 시기를 손쉽게 알아볼 수 있는 법칙이며, 공식은 다음과 같다.

72/금리 = 원금이 두 배가 되는 시기(년)

예를 들어, 100만원의 돈을 연 5%의 복리상품에 넣는다고 가정 하면, 원금의 2배인 200만원으로 불어나는 시간은 얼마가 걸릴까? 답은 14.4년이다. (72/5=14.4)

72의 법칙은 목표수익률을 정할 때도 활용할 수 있다. 만일 10년 안에 원금이 두 배가 되기 위해서는 얼마나 수익을 내야 할까? 답은 연 7.2%이다. (72/10=7.2)

이처럼 72법칙을 이용하면 원하는 목표수익률 및 자금운용기간을 정하는 데 도움이 된다.

카페라떼 효과

하루에 카페라떼 한 잔의 돈을 절약하여 꾸준히 저축하면 목돈을 만들 수 있다는 의미를 담고 있는 용어로, 작은 돈을 장기간 저축하는 습관의 중요성을 뜻하는 말이다. 1998년부터 다양한 재테크 서적 집필로 7백만 부 이상을 판매한 미국의 재테크 전문가 데이비드 바흐(David Bach)가 쓴 《자동적 백만장자(The Automatic Millionaire)》(2004)라는 책에서 처음 소개되어 알려진 개념이다.

데이비드 바흐에 따르면 커피 한 잔의 가격을 약 4달러(약 4,200원)로 가정 하고 이를 30년 이상 저축하면 약 18만 달러(약 2억원) 이상의 목돈을 마련할 수 있다.

파이낸셜멘토닷컴 등 금융 관련 서비스를 제공하는 홈페이지에서는 이러한 카페라떼 효과를 측정하기 위한 계산기를 제공하기도 한다. 이를 통해 하루에 커피값으로 지출하는 금액과 소비 주기, 투자 시 기대되는 이자율, 저축연수 등을 직접 기입하여 투자 효과를 가늠해 볼 수 있다.

하루 담뱃값을 꾸준히 모으면 목돈을 만들 수 있다는 '시가렛 효과(Cigarette Effect)'도 이와 유사한 의미로 쓰인다.

자료: 네이버 지식백과

화폐의 시간가치

화폐의 가치는 시간에 따라 변한다. 현재 특정 금액을 투자하는 투자자 입장에서 시간이 흐름에 따라 하락할 수 있는 화폐의 가치를 유지하는 방법은 이자를 받는 것이다. 예를 들어, 100만원을 투자하여 1년 후에 110만원을 받을 경우 현재 100만원의 가치와 1년 후 110만원의 가치는 동일하며, 이자 10만원은 화폐의 시간가치에 해당하고 명목이자율은 10%이다. 즉, 이자율은 미래의 화폐가치를 동일한 가치의 현재의 화폐가치로 전환하거나, 현재의 화폐가치를 동일한 가치의 미래의 화폐가치로 전환할 때 사용되며, 할인율 또는 수익률이라는 명칭으로 통용되기도 한다. 같은 금액이라도 발생되는 시점에 따라 현금흐름의 가치가 서로 달라지는데 이를 화폐의 시간가치(time value of money)라고 한다. 일반적으로 가까운 장래에 발생하는 현금흐름은 먼 미래에 발생하는 현금흐름보다 큰 가치를 갖게 된다. 즉, 오늘의 100만원은 내일의 100만원보다 그 가치가 크다.

미래가치

현재의 투자금액이 증가하여 미래에 얼마가 되는가는 현재 시점의 화폐가치인 PV를 r의 이자율로 n기간 복리로 계산하면 다음과 같이 나타난다.

$$FV = PV \times (1 + r)^n$$

예를 들어 현재 1천만원을 가지고 매년 4%의 이자를 주는 정기예금에 가입하면 3년 후에 받는 금액은 $10,000,000 \times (1+0.04)^3 = 11,248,640$원이 된다.

현재가치

미래시점의 화폐가치가 현재시점에서는 얼마나 가치가 있는지를 나타낸 것이 현재가치이다.

$$PV = FV/(1 + r)^n$$

예를 들어 매년 4%의 이자를 받을 경우 3년 후에 받게 되는 10,000,000원의 현재가치는 $10{,}000{,}000/(1+0.04)^3 = 8{,}889{,}964$원이 된다.

연금의 현재가치

연금이란 일정금액의 현금흐름이 일정기간 동안 계속 발생하는 형태를 말한다. 예를 들어 100만원을 3년 동안 매년 받는 경우 연금에 해당한다. 만약 할인율이 5%일 경우 100만원을 연금으로 3년 동안 매년 받는 대신 현재 일시불로 받으면 얼마를 받을 수 있을까? 이는 매년 받는 100만원의 가치를 모두 더하여 구하면 되는데, 이것이 연금의 현재가치이다.

$$\frac{100}{(1+0.05)^1} + \frac{100}{(1+0.05)^2} + \frac{100}{(1+0.05)^3} = 272.32\text{만원}$$

일반적으로 n기간 동안 매 기간마다 발생하는 현금흐름을 C, 할인율을 r이라고 하면 연금의 현재가치는 다음과 같다.

$$PV = \frac{C}{(1+r)^1} + \frac{C}{(1+r)^2} + \frac{C}{(1+r)^3} + \cdots + \frac{C}{(1+r)^n} = 272.32\text{만원}$$

◎ 〈그림 21〉 연금의 현재가치

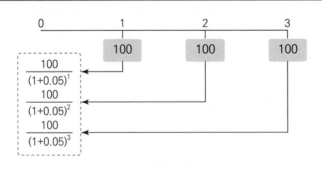

연금의 미래가치

연금의 미래가치는 일정기간 동안 발생하는 현금흐름인 연금을 미래시점의 가치로 계산한 것이다. 예를 들어, 할인율이 5%이고 100만원을 3년 동안 매년 받는 연금이 있다고 하자. 매년 받는 100만원을 하나씩 3년 후의 미래가치로 계산하여도 되지만 연금의 현재가치를 한 번에 미래가치로 계산할 수도 있다.

$$FV = 100(1+0.05)^1 + 100(1+0.05)^2 + 100(1+0.05)^3$$
$$= 272.32(1+0.05)^3$$
$$= 315.25$$

일반적으로 n기간 동안 매 기간마다 발생하는 현금흐름을 C, 할인율을 r이라고 하면 매 기간 발생하는 현금흐름의 미래가치는 다음과 같다.

$$FV(연금) = C(1+r)^{n-1} + C(1+r)^{n-2} + \cdots + C(1+r)^{n-0}$$
$$= PV(연금)\ (1+r)^n$$

◎ 〈그림 22〉 연금의 미래가치

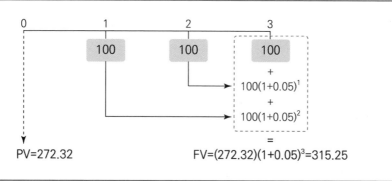

CHAPTER 03 저축의 이해 67

탈러의 사과실험

Q1. 다음 중 당신은 어느 쪽을 선택하겠는가?

(A) 1년 후에 사과 1개 받기

(B) 1년이 지난 바로 다음날 사과 2개 받기

Q2. 다음 중 당신은 어느 쪽을 선택하는가?

(C) 오늘 사과 1개 받기

(D) 내일 사과 2개 받기

'넛지(Nudge)'의 저자로 잘 알려진 리차드 탈러 교수의 '사과 실험'이다.

Q1에 대부분의 사람들은 (B)를 선택한다. Q2에 대해서는 (B)를 선택한 상당수의 사람들이 (C)를 선택한다. 합리적인 사람이라면 하루를 기다렸다가 사과 2개를 받을 것이다. 하지만 실험결과 제안을 받은 사람들 중 상당수는 손해를 보더라고 당장 사과 1개를 받는 쪽을 선택했다. 오늘 한 개가 내일 두 개 보다 낫다고 생각한 것이다. 많은 사람들이 인생의 여러 면에서 '현재'에 중독되어 있다. 지금 당장의 만족이라는 유혹에서 벗어나지 못하는 것이다. 사과 선택과 같은 문제는 일상생활에서 반복적으로 발생한다.

자료: 당근과 채찍: 목표로 유인하는 강력한 행동전략(2011), 이언 에어즈. 리더스북.

저축과 인플레이션

인플레이션이란 지속적으로 물가가 상승하는 것을 말한다. 물가가 상승할 경우, 동일한 화폐로 살 수 있는 물건의 양이 줄어들기 때문에 화폐가치가 하락하는 현상으로 볼 수 있다. 가계 입장에서는 화폐가치가 하락하는 만큼 구매력이 하락하게 되며 실질소득이 감소하게 된다. 따라서 금융상품에 저축하거나 투자해서 얻게 되는 미래의 수익도 같은 기간 동안 물가가 상승하게 되면 그만큼 실질수익은 감소하게 되는 것이다.

명목금리란 말 그대로 표면상의 금리를 의미하며, 실질금리란 물가상승률을 감안하여 계산하는 금리를 말한다. 단순하게 명목금리에서 물가상승률을 빼면 실질금리가 된다.

실질금리 = 명목금리 − 물가상승률

　예를 들어, 연 2%의 이자를 지급하는 1년 만기 정기예금의 경우, 1년 동안 물가상승률이 1.5%라면 실질수익률은 물가상승률을 제외한 연 0.5%에 불과하게 된다. 금융상품 중에는 수익률이 물가상승률과 연계하여 결정되거나 상품의 특성상 수익률이 물가상승률과 높은 상관관계를 갖는 인플레이션 헤지상품도 있으므로 금융상품 선택 시 확인할 필요가 있다. 또한 인플레이션율이 상당히 높다면 저축한 돈의 가치를 유지하면서 소비를 미래로 이전하기 어려워진다.

◎ 〈그림 23〉 물가상승 배수를 이용한 실질구매력 변화

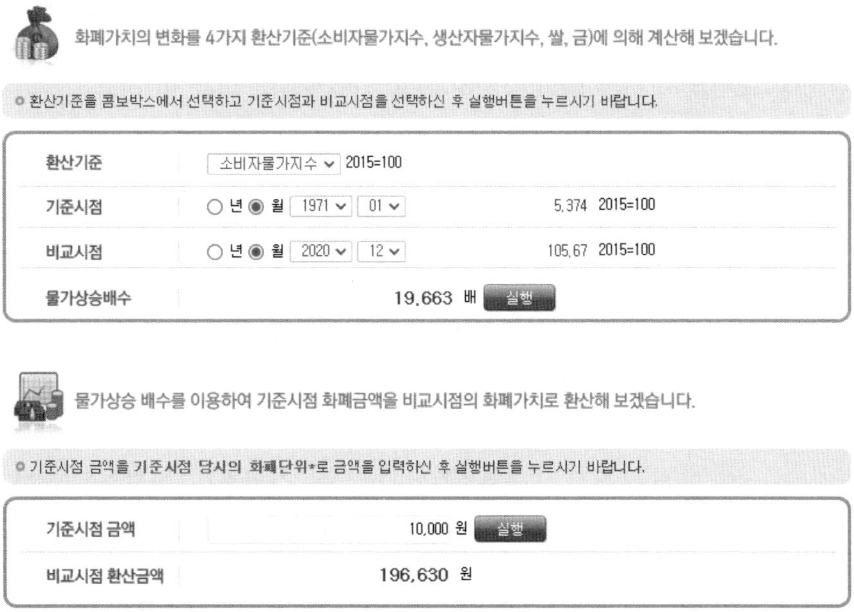

화폐가치의 변화를 4가지 환산기준(소비자물가지수, 생산자물가지수, 쌀, 금)에 의해 계산해 보겠습니다.

◎ 환산기준을 콤보박스에서 선택하고 기준시점과 비교시점을 선택하신 후 실행버튼을 누르시기 바랍니다.

환산기준	소비자물가지수 ∨ 2015=100	
기준시점	○ 년 ◉ 월 1971 ∨ 01 ∨	5,374 2015=100
비교시점	○ 년 ◉ 월 2020 ∨ 12 ∨	105.67 2015=100
물가상승배수	19,663 배 실행	

물가상승 배수를 이용하여 기준시점 화폐금액을 비교시점의 화폐가치로 환산해 보겠습니다.

◎ 기준시점 금액을 기준시점 당시의 화폐단위*로 금액을 입력하신 후 실행버튼을 누르시기 바랍니다.

기준시점 금액	10,000 원 실행
비교시점 환산금액	196,630 원

자료: 한국은행 경제통계시스템(www.ecos.bok.or.kr)

소득과 소비

소득

소득은 경제활동을 통하여 얻는 대가를 의미한다. 이와 비교할 때 수입은 가계 내로 유입되는 모든 돈을 의미한다. 소득과 수입은 차이가 있다. 예를 들어, 매월 받는 봉급뿐 아니라 만기가 되어 찾은 저축상품의 원금 및 이자, 부동산을 매도하여 받은 돈 등도 모두 수입에 포함된다. 이에 비해 소득은 가계 내로 유입되는 돈을 의미한다는 점에서 수입과 동일하지만, 가계의 순자산을 증가시키지 않는 유입액은 소득에 포함되지 않는다는 차이가 있다. 예를 들어, 수입 중 봉급은 소득에 포함되지만, 적금의 만기수령액이나 부동산 판매대금 등은 가계의 순자산을 증가시키지 않고 자산의 형태가 금융상품과 부동산에서 현금으로 바뀌었을 뿐이므로, 수입에는 포함되지만 소득에는 포함되지 않는다.

소득은 소득원천, 규칙성, 실질가치 등에 따라 여러 유형으로 구분할 수 있다. 소득원천에 따른 종류로는 근로소득, 재산소득, 사업소득, 이전소득 등이 있다. 정기적으로 확실하게 들어오는 수입은 경상소득이라 하고 퇴직이나 경조사 등 일시적인 요인으로 인해 발생하는 소득을 임시소득이라 한다. 물가수준에 따른 실질구매력을 고려하여 명목소득과 실직소득으로 구분할 수도 있다.

가계가 벌어들인 소득에서 세금, 국민연금이나 건강보험 등의 비소비지출을 제외하고 실제 지출할 수 있는 소득을 가처분 소득이라고 한다. 지출관리 등을 할 때에는 가처분 소득을 기준으로 하여야 한다.

소비

소비는 재화와 용역을 통해서 사람들의 욕망을 충족시켜 만족감을 얻는 경제행위라 할 수 있다. 가계 구성원들의 소비는 가계경제의 바람직한 운영을 위해서 매우 중요하다. 지출은 수입의 상대적인 개념으로 재화와 용역을 취득하기 위하여 화폐를 사용하는 것을 의미한다. 가계는 한정된 소득으로 식비나 교통비 등 여러 지출 비목 간에 소득을 분배하여 지출하게 된다. 가계지출의 종류는 다음과 같다.

경상지출과 임시지출

경상지출은 정기적으로 지출되는 식료품비, 주거비, 광열비, 기타 각종 요금 등을 말한다. 임시지출은 갑자기 예상하지 못한 일로 지출이 생기거나 어느 정도 예상할 수 있는 일로서 규칙적이지 않은 지출을 의미한다. 의료비, 의류 및 가구 구입비 등이 여기에 속한다.

고정지출과 변동지출

월세, 세금, 이자비용 등과 같이 최초의 계약 또는 규정에 따라 미리 그 지출금액이 정해져 있어 가계관리자가 임의로 그 금액을 변경할 수 없는 것을 고정지출 또는 정액지출이라 한다. 또한 식료품비, 교양·오락비 등과 같이 그 지출금액이 고정되어 있지 않고 가계의 의도에 따라 지출금액에 변동이 생길 수 있는 것을 변동지출, 임의지출 또는 부정액지출이라 한다. 가계가 저축을 늘리기 위해서는 지출의 축소가 필수적인데, 고정지출과 변동지출로 구분한 뒤 변동지출 중 절약할 수 있는 항목을 조정하는 것이 합리적이다.

소비지출과 비소비지출

통계청에서는 가계의 지출을 크게 소비지출과 비소비지출로 구분하고 있으며, 앞서 배운 가처분소득은 이 중 비소비지출을 가계의 소득에서 뺀 금액을 의미한다. 소비지출 비목은 2021년 기준으로 식료품·비주류음료, 주류·담배, 의류·신발, 주거·수도·광열, 가정용품·가사서비스, 보건, 교통, 통신, 오락·문화, 교육, 음식·숙박, 기타 상품·서비스 등 12개 항목으로 구분되고 있다.

통계청의 2021년 1/4 분기 가계동향조사(지출부문) 자료에 따르면 우리나라 가계의 비목별 소비지출 중 가장 높은 비중을 차지하는 것은 식료품·비주류음료이었고, 그 다음으로 주거·수도·광열비와 음식·숙박, 교통비 순으로 나타났다.

◎ 〈그림 24〉 소비지출 비목별 구성비

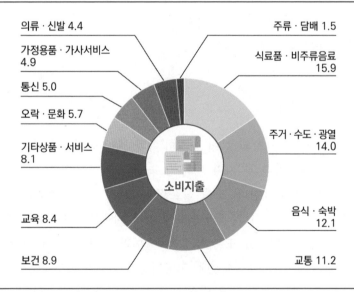

자료: 2021년 1/4분기 가계동향조사 결과(보도자료, 2021.05.20.), 통계청.

합리적인 소비

가계는 소득을 얻어 일부는 소비하고, 일부는 저축하므로 결국 합리적 소비를 통해 한정된 자원을 잘 관리해야 저축을 하고, 장기적인 목표를 달성할 수 있게 된다. 합리적인 소비란 최소의 비용으로 최대의 만족을 얻도록 소비하는 것이다. 일반적으로 소비는 선택과 사용을 포함하는데, 합리적인 선택과 합리적인 사용까지 의미하는 것이다.

합리적인 소비를 위해서는 가장 먼저 우리가 소유하고 있는 자원을 파악하고 활용하는 것이 중요하다. 비이성적이고 비합리적인 소비는 개인이나 가족의 삶의 질을 낮출 수 있으므로 소비행동이 이루어지는 구매단계별로 합리적인 소비 전략을 세워야 한다.

◎ 〈그림 25〉 합리적인 소비를 위한 구매단계별 전략

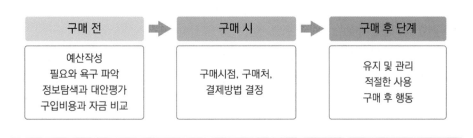

구매 전에는 예산을 작성하고 합리적으로 소비지출을 배분해야 한다. 합리적으로 소비지출을 배분하기 위해서는 우선 필요(need)가 욕구(want)보다 우선시되어야 한다. 여러 가지 대안을 고려하기 위해 필요한 정보를 수집해야 하는데, 이러한 정보는 가족이나 친구, 각종 매체 등 다양한 경로를 통해서 획득할 수 있다. 정보 원천에 따라 장·단점이 존재하므로 각 정보를 비교하여 보는 것이 좋다. 인터넷을 이용하여 정보를 탐색할 때는 각 인터넷쇼핑몰 간의 상품가격을 비교·정리한 가격비교사이트, 소비자들의 실제 구매경험을 공유하는 소비정보사이트를 활용하면 좋다. 마지막으로 각종 대안, 구매비용 및 사용가능한 자금을 비교해서 최종적으로 소비를 결정해야 한다.

구매 단계에서는 구매시점, 구매장소 및 결제방법을 선택하는데 개인은 상품의 특성과 개인의 상황 등을 고려하여 적절한 것을 선택하게 된다. 구매시점은 계절, 일주일 중 주중, 주말 등을 고려하여 가장 저렴하면서도 가계구성원의 욕구를 충분히 충족시킬 수 있는 시점을 선택한다. 구매장소는 백화점, 일반 소매점, 창고형 대형할인점, 전통시장 등 오프라인과 인터넷, TV 홈쇼핑, 혹은 모바일 등을 통한 온라인 구매가 가능하다. 결제방법은 현금 혹은 신용카드로 결제하는 방법이나 일시불 혹은 할부로 결제하는 방법을 고려할 수 있다.

특히 신용카드로 결제할 경우 현금결제에 비해 충동구매나 과소비의 위험이 있을 수 있으므로 계획적인 구매가 되도록 유의해야 한다. 최근 해외직구를 비롯하여 온라인 구매가 증가하면서 전자상거래 관련 피해사례가 늘고 있다. 전자상거래의 특성상 소비자가 상품을 직접 확인할 수 없다는 점, 일방적인 광고나 판매조건에 현혹될 수 있는 점 등이 문제가 되고 있다. 이외에도 배달된 물품이 광고와 다른 경우, 물품대금의 이중청구, 교환과 환불 관련 문제, 개인정보 유출 등 다양한 문제가 발생하고 있으므로 주의가 필요하다.

구매 후 단계에서는 상품 구매 후 이를 적절하게 유지 및 관리하는 것은 지출의 효율성을 높이고, 가계의 저축과 소비지출 관리에 실질적인 도움을 준다. 또한 구매 후에는 구매한 제품에 대해 심리적으로 불안해지거나 후회하는 등의 '구매 후 부조화'가 발생할 수도 있는데 이를 미리 고려하는 것이 바람직하다.

저축상품

저축의 개념

저축(貯蓄)은 '아껴서 쌓아두다'라는 개념으로 현재의 소비를 포기하고 미래로 소득을 이전하는 것이다. 저축의 동기는 다양한데 첫째, 생애주기의 각 단계에서 소득과 지출의 일시적 불균형을 해소할 수 있다. 미래의 결혼이나 자녀 교육, 은퇴 이후 노후의 삶에 대비한 저축 등이 그 예이다. 둘째, 실업이나 질병, 사고 등에 대비하기 위한 예비적 동기로 저축을 하기도 한다. 셋째, 상속적 동기에 의한 저축으로 자손에게 물려줄 자산을 축적하기 위해 저축을 하는 경우를 들 수 있다.

전 세계적으로 저금리가 지속되어 저축의 수익률이 낮음에도 불구하고 가계가 저축을 해야 하는 이유는 저축이 안정적으로 목돈을 마련할 수 있는 수단으로 자산형성의 기초가 되기 때문이다. 따라서 가계자산 형성의 기초자금을 마련하기 위해서는 장기적인 관점에서 생애주기 단계에 따라 재무목표를 세워 일정 금액을 꾸준하게 지속적으로 저축하는 것이 바람직하다.

저축에는 투자의 개념도 포함된다. 투자도 현재의 소비를 포기하고 투자하여 더 많은 수익을 얻어 미래에 소비하려는 것이기 때문이다. 하지만 확정된 이자율을 보장받는 저축과 달리 투자는 미래의 현금흐름에 불확실성이 존재한다. 저축으로 발생하는 이자보다 더 많은 수익이 발생할 수도 있지만 반대로 원금손실을 볼 수도 있으며, 수익이 발생하더라도 얼마가 발생할지 확신할 수 없다. 투자 시점에 예상하는 수익률은 불확실성이 반영된 기대수익률을 의미하며 투자결과에 따른 최종수익률을 실현수익률이라고 한다.

일반적으로 저축을 원금손실이 없는 '예금'과 동일하게 생각하는 경우가 많다. 하지만 저축의 경우에도 예금한 금융회사가 파산하는 경우에는 원금과 이자를 전액 회수하는 데 불확실성이 생길 수도 있으므로 주의해야 한다. 또한 인플레이션이 지속되는 경우에는 실질적인 구매력이 감소하기 때문에 물가상승률을 감안한 실질수익률을 감안해야 할 필요가 있다.

저축상품의 종류

예금은 크게 요구불예금과 저축성예금으로 구분된다. 요구불예금은 언제든지 예금자가 요구하면 금융회사는 바로 돈을 내주어야 하는 예금이라는 뜻에서 이름이 붙여졌다. 예금자는 수시로 사용해야 할 돈을 요구불예금에 저축한다. 예금자 입장에서는 돈을 불리기보다는 보관하겠다는 목적이 강한 저축상품이다. 이러한 점 때문에 요구불예금을 흔히 '입출금이 자유로운 예금'이라고 부르는데 당좌예금, 보통예금, 공공예금, 국고예금 등이 요구불예금에 속한다. 일반적으로 요구불예금은 금리가 낮다. 금융회사 입장에서는 예금한 사람이 언제 돈을 찾아갈지 몰라 항상 돈을 미리 준비해 놓아야 하기 때문에 이자를 적게 줄 수밖에 없다. 예금자도 언제든지 필요할 때마다 예금을 찾아 쓸 수 있는 장점이 있기 때문에 이자를 적게 받더라도 이용한다.

저축성예금은 저축 및 이자수입을 주된 목적으로 하며 예금의 납입 및 인출 방법에 대해 특정 조건이 있는 기한부 예금이다. 저축성예금은 금융회사 입장에서 일정 기간은 돈을 미리 준비해 놓지 않아도 되기 때문에 고객에게 이자를 그만큼 더 많이 주게 된다. 저축성예금은 크게 돈을 조금씩 모아서 목돈을 만드는 '적금'과 목돈을 예치하면 이를 운용해서 더 늘어나게 하는 '정기예금'이 있다. 그 밖에 특정한 목적으로 만들어진 재산형성저축이나 주택청약종합저축 등도 저축성예금으로 간주할 수 있다.

예금은 일부 특정인 또는 기업에만 허용되는 경우를 제외하면 누구나 예금을 취급하는 금융회사에서 통장을 개설하면 거래할 수 있다. 다만, 우리나라는 「금융실명거래 및 비밀보장에 관한 법률」에 의하여 금융거래는 반드시 실명으로 거래하도록 되어 있다. 따라서 예금통장을 개설할 경우에도 반드시 본인임을 확인하고 거래하도록 되어 있다. 본인 명의 통장을 타인에게 대여하는 소위 '대포통장'은 불법이기 때문에 이를 빌려주는 측과 빌려서 사용하는 측은 모두 처벌을 받게 된다. 특히 최근 취업난, 등록금 부담 등으로 어려움을 겪고 있는 대학생의 현실을 이용하여 통장을 빌려주거나 전달, 또는 제3자에게 운송하는 등의 대가로 금전을 지급한다는 유혹이 많은데 절대로 이에 응해서는 안 된다.

보통예금

보통예금은 일반적으로 거래대상, 예치금액, 예치기간, 입출금 횟수 등에 제한 없이 누구나 자유롭게 거래할 수 있는 예금이다. 예금자 입장에서는 생활자금과 수시로 사용해야 하는 일시적인 유휴자금을 예치하는 수단이 되고 금융회사의 입장에서는 저리로 자금을 조달할 수 있는 재원이 된다.

당좌예금

당좌예금은 은행과 당좌거래계약을 체결한 자가 일반 상거래로 취득한 자금을 은행에 예치하고 그 예금잔액(또는 당좌대출 한도) 범위 내에서 거래은행을 지급인으로 하는 당좌수표 또는 거래은행을 지급장소로 하는 약속어음을 발행할 수 있는 예금이다. 이자는 없으며 가입대상은 신용과 자산상태가 양호하다고 인정되는 법인 또는 사업자등록증을 소지한 개인으로 구체적인 거래대상 기준은 각 은행별로 차이가 있다.

MMDA

MMDA(money market deposit account)는 입출금이 자유롭고 각종 이체와 결제도 할 수 있으며, 예금자보호법에 의하여 보호를 받을 수 있다. 이 상품은 고객이 은행에 맡긴 자금을 단기금융상품에 투자해 얻은 이익을 이자로 지급하는 구조로 되어 있다. 가입대상에 제한이 없어서 일시적인 목돈을 운용하는 데 적합하다는 장점을 지닌다.

MMDA와 유사한 MMF(money market funds)는 고객의 돈을 모아 주로 금리가 높은 CP(기업어음), CD(양도성예금증서), RP(환매조건부채권), 콜(call)자금 등 단기금융상품에 집중 투자하여 여기서 얻는 수익을 되돌려주는 실적배당상품이다. MMF는 수익률이 높은 단기금융상품 대신에 수익률은 낮지만 안정적인 국공채 등에 주로 운용된다. MMF는 은행뿐 아니라 증권회사에서도 취급한다. MMF의 최대 장점은 가입 및 환매가 청구 당일에 즉시 이루어지므로 입출금이 자유로우면서 실적에 따라 이자가 붙는다는 점이다. 다만, 계좌의 이체 및 결제 기능이 없고 예금자보호의 대상이 되지 않는다.

정기예금

정기예금은 예금자가 이자수취를 목적으로 예치기간을 사전에 약정하여 일정 금액을 예치하는 기한부 예금이다. 정기예금은 저축성이 강한 예금으로서 우리나라 전체 예금 가운데 가장 대표적인 예금이다.

정기적금

정기적금은 계약금액과 계약기간을 정하고 예금주가 일정 금액을 정기적으로 납입하면 만기에 계약금액을 지급하는 적립식 예금이다. 정액적립식 상품과 자유적립식 상품으로 나눌 수 있다. 정기적금은 누구에게나 허용되는 반면에 근로자의 주택마련이나 재산형성 등 특별한 목적을 달성하기 위해 특정 계층에게만 가입을 허용하면서 각종 혜택이 주어지는 목적형정기적금도 있다. 대표적으로 주택청약종합저축과 재산형성저축을 들 수 있다. 또한 정기예금과 정기적금은 예치기간이 정해져 있어서 보통예금보다 이자가 많지만 유동성은 낮다. 또한 만기 이전에 해약을 하게 되면 약정한 이자보다 훨씬 낮은 이자를 지급받거나 경우에 따라서 이자가 없을 수도 있다.

주택청약종합저축

주택청약종합저축은 신규분양 아파트 청약에 필요한 저축으로서 전 금융회사를 통해 1인 1계좌만 개설가능하다. 가입은 만 19세 이상이어야 하고 19세 미만인 경우는 세대주만 가능하다. 매월 2만원에서 50만원까지 자유롭게 납부할 수 있고, 잔액이 1,500만원 미만인 경우 월 50만원을 초과하여 잔액 1,500만원까지 일시예치도 가능하다. 납입기간은 별도의 만기 없이 국민주택이나 민영주택 입주자로 선정될 때까지이다. 중도인출은 불가능하고 예금보험공사의 예금자보호법에 의하여 보호되지는 않으나, 국민주택기금의 조성 재원으로 정부가 관리한다. 주택청약종합저축의 장점은 연말정산에서 소득공제를 받을 수 있다는 것이다. 청약이 가능한 주택은 국민주택과 민영주택으로 구분된다. 국민주택은 국가, 지방자치단체, 대한주택공사, 지방공사가 건설하는 전용 면적 85m² 이하 주택이고 민영주택은 국민주택을 제외한 주택으로 주거 전용 면적에 따라 청약예치 기준금액이 달라진다.

▎〈표 7〉 민영주택 청약예치 기준금액(거주지역/전용면적별)

(단위: 만원)

구 분	청약가능 전용 면적			
	85m²	102m²	135m²	모든 면적
서울·부산	300	600	1,000	1,500
기타 광역시	250	400	700	1,000
기타 시·군	200	300	400	500

자료: 주택도시기금(https://nhuf.molit.go.kr), 국토교통부.

금융감독원 보도내용에 따르면, 보이스피싱 사기범들은 대포통장 근절 종합대책 등의 영향으로 통장 신규개설이 어려워지자, 인터넷상 상거래 목적으로 공개된 계좌번호를 활용해 사기 피해금을 이체 후 착오송금을 사유로 재이체를 요구하거나, 알바구직자를 대상으로 구매대행, 환전업무 등이라 속이고 사기 피해금을 이체 후 현금 전달을 요구하는 등 다양한 사기 수법을 동원하여 대포통장을 수집하는 사례가 지속 발생하고 있어 이에 대한 주의 필요하다.

1. 소비자경보 발령 배경

최근 보이스피싱 사기범이 대포통장을 구하기 어려워지자 다양한 사기 수법으로 대포통장(사기이용계좌)을 수집ㆍ활용하고 있어 나도 모르게 대포통장 명의인이 될 수 있으므로 이에 대한 각별한 주의가 필요하다. 대포통장 명의인이 되는 경우 금융거래에 상당한 불편이 따를 분만 아니라 형사처벌 대상이 될 수 있다.

2. 소비자 행동 요령

(모르는 돈을 이체 받은 경우) 본인도 모르는 돈이 이체된 후 출처 불분명한 전화번호로 전화가 와 재이체 또는 현금인출 후 전달을 요구하는 경우 즉시 거절하고 바로 해당 송금은행에 착오송금 사실을 전달해야 한다. 지급정지 및 보이스피싱 피해자의 피해구제 신청이 접수된 경우 송금은행의 중재를 통해 피해금 반환 및 피해구제 신청 취소를 진행하게 된다.

- (채용과정에서 통장 요구시) 정식 채용 이전 단계에서 신분증 사본, 통장 계좌번호 등을 요구시 무조건 거절한다.
- (통장모집 문자 수령시) 통장 대여ㆍ양도나 본인계좌를 통해 자금의 이체ㆍ현금인출은 불법이므로 무조건 거절한다. 대출을 받기 위해 입출금 거래실적 부풀리기 요구는 무조건 사기이다.
- 어떠한 경우에도 타인에게 통장을 양도ㆍ대여하는 행위는 보이스피싱 범죄에 가담하는 불법임을 명심하고 개인정보 유출이 의심되는 경우 금융감독원 금융소비자 정보포털, '파인'의 「개인정보노출자 사고예방시스템」을 활용한다.

3. 대포통장 명의인 등록시 불이익

보이스피싱 사기이용계좌의 명의인은 지급정지 등 여러가지 불이익을 받을 수 있다.

- 대포통장 명의인은 등록일로부터 1년 이상 신규 통장개설이 제한된다.

- 「전자금융거래법」에 따라 대포통장 양수도·대여시 최대 징역 5년, 벌금 3천만원 부과 대상이며, 범죄의 인식정도에 따라 사기죄, 사기방조죄 등으로 형사처벌 대상이 될 수 있다.

4. 대포통장 명의인으로 등록되는 보이스피싱 실제 사례

- (신종수법) 돈을 잘못 이체하였다며 접근하여 재이체를 요구
  - 보이스피싱 사기범은 인터넷 상에서 정보가 노출된 자영업자 등의 계좌번호, 연락처 등을 확보한 후 보이스피싱 피해자에게 동 계좌번호로 피해금을 이체시킴
  - 피해금이 이체되면 사기범은 은행직원 등을 가장하여 잘못 입금되었다고 접근하여 피해금의 재이체 또는 현금인출을 요구
- 문자, SNS 등에서 단기 고수익 명목으로 통장 대여를 요구
  - 통장을 빌려주면 하루 10만원 이상의 단기 고수익을 준다며 불특정 다수에게 통장 대여 또는 양도를 유도
- SNS, 알바사이트 등에서 구매대행, 환전 명목 등으로 통장 대여를 유도
  - 알바사이트를 보고 구직 연락을 하면 사기범은 알바업무가 구매대행, 환전, 세금감면업무라 소개하면서 신분증, 계좌번호 등 개인정보를 요구
  - 통장 계좌번호를 확보한 후 보이스피싱 피해자의 피해금이 해당 계좌로 이체되면 재이체 또는 현금인출후 전달을 요구
- 대출이 필요한 자에게 대출을 해주겠다며 접근하여 대포통장으로 활용
  - 사기범은 금융회사를 가장하여 대출이 필요한 자에게 문자 또는 전화로 접근한 후 낮은 신용도 등을 이유로 입출금 거래실적을 늘려야 한다고 요구
  - 대포통장 명의인은 본인도 모르는 돈을 받아 사기범에게 재이체하여 보이스피싱에 연루

자료: 금융감독원 소비자경보 2020-12호(2020.07.06.)

세금

금융거래 및 금융상품 매매 시에는 세금이 부과된다. 우리나라에서는 이자소득을 포함한 금융소득에 대해서 분리과세를 통해 금융회사가 일률적으로 14%(지방소득세 포함 15.4%)를 원천징수하고 나머지를 지급한다. 금융상품 중에는 이

자 또는 배당에 대해 과세되지 않는 비과세상품과 9.9%의 비교적 낮은 세율이 적용되는 세금우대상품이 있다. 하지만 이러한 상품은 한시적으로 일부 계층에게 제한적으로 허용되는 경우가 대부분이다.

우리나라의 대표적인 비과세 금융상품으로 개인종합자산관리계좌(ISA: Individual Savings Account)가 있다. 19세 이상 거주자면 누구든지 소득에 상관없이 가입이 가능하며 본 계좌를 통해 다양한 금융상품에 가입할 수 있다. 장기저축성보험도 활용되고 있는데, 5년 이상 납입하고 10년 이상 예치한 경우 발생한 보험차익을 비과세하는 상품이다. 금융상품별로 서로 다른 과세 기준을 잘 살펴보고 적용 세율을 감안하여 최대한 절세상품을 찾아보는 노력도 중요하다.

저축상품 선택 시 고려사항

저축상품을 선택할 때에는 저축상품의 특성과 거래할 금융회사와의 거래 편리성 등을 다양하게 고려하여 선택하는 것이 좋다. 특히 다음과 같은 정보는 가볍게 생각하고 지나치기 쉽지만 저축상품 선택이나 향후 거래 시 참고하면 경제적으로 도움이 될 수 있다.

주거래은행 정하기

예금액, 대출액, 신용카드 사용액 등 해당 은행과의 거래실적은 고객에 대한 은행의 평가를 높이는 주요 요소이다. 예금, 대출, 신용카드 등을 한 은행에 집중하여 거래하면 고객에 대한 평가가 좋아져 금리 우대, 수수료 면제 등의 각종 혜택을 받을 수 있다.

세금우대 활용하기

비과세종합저축의 가입대상은 만 65세 이상, 장애인, 독립유공자(유가족 포함), 기초생활수급자 등이며 가입할 수 있는 한도는 전 금융회사를 합산하여 1인당 5천만원으로 본인의 잔여한도는 거래은행에서 확인할 수 있다. 참고로 새마을금고, 농협, 신협, 수협, 산림조합 등 상호금융회사의 만 19세 이상 조합원(새마을금고는 회원)은 3천만원까지의 예탁금에서 발생하는 이자소득에 대해 세제혜택을 받을 수 있는데, 2022년까지 이자소득세 14%가 면제된다.

만기된 예·적금 바로 찾기

정기예금이나 정기적금의 약정금리는 원칙적으로 가입 시부터 만기까지만 적용되며, 만기일 이후부터는 약정금리에 훨씬 못 미치는 만기 후 금리가 적용된다. 따라서 만기가 된 정기 예·적금을 그대로 둘 경우 정상적인 이자를 받을 수 있는 기회를 포기하는 것이므로 만기에 도달하면 새로운 예금에 가입하는 등 적극적으로 대처해야 한다.

엉뚱한 계좌로 송금한 경우

간혹 계좌번호를 잘못 입력하는 등의 착오로 엉뚱한 계좌에 송금하거나 이체할 수 있는데 이 경우 일방적으로 거래를 취소할 수는 없다. 대신 신속하게 이체를 실행한 은행에 잘못 송금된 사실을 알려 수취은행 및 수취인에게 동 사실을 알린 후 수취인의 반환을 기다려야 한다. 만약 수취인이 반환을 거부하는 경우 과거에는 송금인이 소송을 통해 돌려받는 수밖에 없어 비용과 시간에 대한 부담으로 포기하는 경우가 많았다. 그러나 2021년 7월부터는 '착오송금 반환지원제도'가 시행됨에 따라 송금인이 예금보험공사에 반환지원제도 이용을 신청하면, 예금보험공사가 수취인에게 착오송금 반환을 안내하고, 필요시 법원의 지급명령 등을 통해 회수하여 관련비용을 차감하고 송금인에게 지급할 수 있게 되었다.

① 입출금내역 알림서비스: 은행은 고객의 계좌에서 입출금거래가 있으면 그 내역을 즉시 휴대폰 문자 또는 스마트폰 앱 알림 등을 통해 해당 고객에게 알려주는 입출금내역 알림서비스를 제공하고 있다.

② 자동이체 및 예약이체서비스: 은행은 월세 등 주기적으로 일정금액을 이체할 필요가 있는 고객을 위해 고객의 계좌에서 일정 금액을 특정 계좌로 자동이체해주는 자동이체 서비스를 제공하고 있다. 또한 특정주기 단위가 아니라 특정일에 한번 자금을 이체해주는 예약이체서비스도 제공하고 있다.

③ 무통장 · 무카드 인출서비스: 은행들은 통장이나 카드 없이도 계좌개설 은행의 ATM에서 예금인출 및 이체거래를 할 수 있는 인출서비스를 제공하고 있다.

④ 증명서 인터넷 발급서비스: 금융거래확인서, 부채증명서 등 각종 증명서는 굳이 은행 영업점을 방문하지 않더라도 인터넷으로 발급이 가능하다.

자료: 실생활에 유용한 금융꿀팁(2019), 금융감독원.

 살펴보기 계좌정보통합관리서비스

금융결제원이 제공하는 계좌정보통합관리서비스(https://www.payinfo.or.kr)를 이용해보자. 금융소비자 정보포털 파인을 통해서도 접속이 가능하다. 은행, 제2금융권 등에 개설된 계좌 및 잔액 등의 정보를 한번에 조회할 수 있고, 각종 계좌의 자동이체도 통합해서 관리할 수 있다.

예금자보호제도

　금융회사가 도산할 조짐이 보이면 뱅크런(bank – run)이 발생하고, 그 결과 금융시스템 전체가 붕괴되는 위험이 발생할 수 있다. 예금보호제도는 예금보험기관이 예금을 취급하는 금융회사로부터 일정한 보험료를 미리 징수해 두었다가 금융회사가 지급불능의 상태에 처했을 때 예금을 대신 지급해 주는 제도이다. 우리나라는 금융회사가 지급불능 상태가 되더라도 대부분의 예금이나 보험, 그리고 일부 투자금에 대해 1인당 최고 5,000만원(세전)까지 예금보험공사에 의해 대신 지급하도록 하고 있다. 따라서 금융상품을 선택할 때는 예금보험의 대상이 되는지 반드시 확인하는 것이 바람직하다.

　예금자보호법상 예금 및 적금의 보장한도는 은행별로 산정되므로 은행당 원금과 이자를 합쳐 5천만원씩 분산하여 가입할 필요가 있다. 펀드나 일부 보험상품은 예금자보호 대상이 아니므로 주의해야 한다. 한편 예금자보호법에 의한 예금자보호 대상은 아니지만 별도의 기금 등을 통해 보호받는 상품도 있다. 주택청약저축과 주택청약종합저축은 주택도시기금의 조성 재원으로 사용되는데 이 기금을 정부가 관리하고 있기 때문에 사실상 정부의 보호를 받는 셈이다. 지역단위농·수협, 새마을금고 및 신용협동조합에서 가입한 예·적금도 예금자보호법에 의한 보호대상은 아니나, 각 중앙회가 설치·운용하는 예금자보호기금 또는 예금자보호준비금을 통해 1인당 5천만원까지 보호가 된다.

　예금자보험 금융상품 대상 여부는 예금보험공사(http//www.kdic.or.kr)을 통해서 확인할 수 있다.

핵심내용 정리

- 소득, 소비, 저축은 상호 연결
  - 합리적인 소비는 현재와 미래의 생활수준을 결정하는 매우 중요한 경제행위임

- 이자의 계산방법
  - 단리와 복리
  - 복리는 운용기간이 길어질수록 원리금이 기하급수적으로 증가

- 인플레이션과 세금은 저축 원리금의 가치를 낮춤

- 예금
  - 요구불예금
  - 저축성예금(정기예금, 정기적금, 주택청약종합저축)

- 저축상품을 선택 시 고려사항
  - 저축상품의 특성, 거래 편리성, 주거래은행 선정, 세금우대상품 활용, 만기 확인

- 예금자보호제도
  - 금융회사별로 1인당 최고 5,000만원(세전)의 원리금, 예금보험공사

CHAPTER

04

금융투자의 이해

금융과 사회
금융으로 세상읽기

SECTION 01 투자의 기초
SECTION 02 채권투자의 이해
SECTION 03 주식투자의 이해
SECTION 04 증권분석

투자의 기초

 투자의 개념

투자란 미래에 긍정적인 이익이 발생하길 바라며, 불확실성을 무릅쓰고 경제적 가치가 있는 자산을 운용하는 것을 말한다. 전 세계적으로 저금리가 고착화되기 시작하면서 저축(예금)을 통해서 자산을 형성하거나 노후준비를 하는 게 힘들어지고 있다. 따라서 낮은 수익률을 보이는 저축보다는 어느 정도 리스크를 부담하더라도 자금운용 수익률을 조금이라도 높이기 위해 투자에 대한 관심이 점차 증대되고 있다.

투자와 투기

투자는 개인이 경제적 이익을 얻기 위해 자산을 다양하게 운용하고 관리하는 행위이다. 개인의 합리적인 투자 선택은 자금이 필요한 사회 곳곳에 적절히 자금을 공급하는 역할을 하므로 경제 및 사회의 발전에도 크게 기여할 수 있다. 그러나 종종 과도한 이익을 목표로 비합리적인 자금 운용을 하는 경우도 볼 수 있는데 이러한 행위를 투기라고 부르며 건전한 투자와 구별한다. 투기란 요행을 바라고 과도한 리스크를 떠안으면서 비교적 단기간에 비정상적인 이득을 취하려는 경우를 말하는데, 개인과 가계의 재정을 커다란 위험에 빠뜨릴 수 있을 뿐만 아니라, 우리 경제와 사회에도 큰 해악을 미칠 수 있다. 투기는 경제활동을 위한 정상적인 자금의 흐름을 방해하며, 경제 곳곳에 가격 거품을 형성하여 사회의 경제적 안정성을 해칠 수 있다. 올바른 투자자라면 개인의 자산 증식에만 몰두할 것이 아니라, 우리가 함께 살아가고 있는 사회에 어떤 영향을 미칠 수 있는지 투자의 결과까지 생각하는 것이 바람직할 것이다.

시장을 뒤흔드는 '밈(MEME)투자'

밈(meme)은 모방을 통해서 전해지는 것으로 여겨지는 문화의 요소를 뜻한다. meme(밈)은 남의 것을 모방하고자 하는 인간의 심리를, 모방의 뜻이 함축된 그리스어 "mimeme"와 생물학적인 용어인 유전자(gene)의 발음 '진'에 빗대어 만들어 낸 것이다(리처드 도킨스, 1976). 최근 온라인상에서의 밈은 SNS(사회관계망 서비스)를 통해 창조되고, 복사되어 퍼지는 재밌고 눈에 띄는 사진('짤'), 문자 등을 뜻하기도 한다.

이러한 밈은 SNS가 아닌 주식시장과 가상화폐시장까지 그 활동 영역을 넓혔다. "레딧"과 같은 주식 커뮤니티에서 개인투자자의 집중을 받으며 유행하는 주식을 밈 주식(meme stock)이라 하는데, 개인 투자자들이 반복적이고, 모방적으로 해당 자산에 투자하는 행위를 밈 투자라고 한다.

밈 투자는 가상화폐시장에서도 그 영향력을 보이고 있다. 일론 머스크(Elon Musk)는 가상화폐 중 하나인 '도지코인'에 지속적으로 도지코인 관련 밈을 트위터를 통해 올렸다. 특히 일론 머스크의 스페이스 X가 우주에 도착했을 때, 도지코인이 함께일 것이고, 새로운 화폐로써 그 역할을 해낼 것이라는 트윗이 계속해서 올라오자 도지코인의 시세는 폭등하기 시작한다. 투자자 역시 일론 머스크와 함께 도지코인의 마스코트인 도지를 밈화되어 온라인 커뮤니티를 통해 생산, 확산하게 되고 도지코인의 가격은 60원 대에서 최대 889원까지 상승하게 된다.

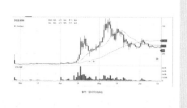

그러나 시장의 전문가들은 이러한 밈 투자에 대해 우려를 쏟아내며, 다양한 위험성이 존재하지만, 특히 세 가지 위험요소를 공통적으로 꼽고 있다.

첫째, 밈 자산의 엄청난 변동성이다, 투자에 있어 변동성은 본래 예측 불가능한 위험이긴 하지만 밈 자산의 변동성은 보통의 정도를 넘어섰다고 볼 수 있다. 두 번째는 밈 투자자가 투자보다는 투기에 가깝다는 것이다. 밈 자산은 그 기업 혹은 자산의 펀더멘탈과는 무관하게 가치가 급등한 것이기 때문이다. 도지코인은 누구나 채굴할 수 있는 반면, 발행량이 무제한이고, 기능이 존재하지 않는다는 점에서 자산의 내재가치에 대한 우려의 목소리가 지속해서 나오고 있다. 마지막은 가짜 정보의 범람이다. 개인 투자자들 사이의 정보와 소통에서 비롯된 것이 밈 투자인만큼 온라인상에서의 가짜 정보는 개인 투자자들에게 큰 위험으로 다가온다. 국내외의 주식 종목 토론방에서는 출처를 알 수 없는 가짜뉴스가 정식 기사인 것처럼 게시되는 경우도 있다. 가짜 정보 문제는 주식시장에 비해 공시와 정보공개에 취약한 가상화폐시장에서 더욱 큰 문제로 떠오르고 있다.

밈 투자의 열풍은 마치 1990년대 후반의 '닷컴 버블'과 같다고 할 수 있다. 인터넷과는 크게 관련이 없거나 내재가치가 불분명한데도 회사명에 '닷컴'(.com)을 붙였다는 이유만으로 그 회사의 주가가 폭등했던 닷컴 버블처럼, 내재가치와 별개로 큰 가치상승을 거친 밈 자산들도 그 거품이 훅 꺼질 수 있음을 투자자들에게 경고하고 있다.

자료: 예금보험공사 블로그(2021.07.16.)

투자수익률

일반적으로 수익률이란 투자자가 자산을 보유한 기간 동안 얻은 모든 금액을 고려한 총수익률 개념인 보유기간수익률로 나타낼 수 있다. 보유기간수익률은 먼저 매도금액에서 매입금액을 뺀 매매차익에 투자기간 동안 발생한 현금흐름을 합산 또는 차감한다. 그런 다음 이 값을 매입금액으로 나누고 100을 곱해서 %로 환산하여 구한다.

$$\text{수익률} = \frac{\text{매도금액}-\text{매입금액}+\text{보유기간 중 현금흐름}}{\text{매입금액}} \times 100$$

그러나 이렇게 구한 수익률은 투자기간이 서로 다른 경우 비교가 불가능하기 때문에 통상 1년을 기준으로 표준화하여 표시하는 것이 일반적이다. 즉, 기간 수익률을 연 수익률로 바꾸어 연율화한다. 연율화 과정에서도 재투자를 가정한 복리를 적용해서 계산하는 것이 원칙이다. 예를 들면, 3개월 동안 11%의 수익률을 연율화할 때, 1년이 3개월의 4배이므로 보통은 12%의 4배인 48%를 연율로 간주하는데, 이는 복리를 무시한 계산 방법이다. 매 3개월마다 12%의 수익률로 계속 재투자된다고 가정 하면, 복리 계산법에 의해 $(1 + 0.12)^4 - 1 = 0.5735$, 즉 57.35%가 된다.

수익률 계산 시 고려할 사항

수익률 계산 시는 수익을 얻기 위해 발생한 비용을 고려해야 한다. 우선 명시적 비용으로서 거래비용이 발생한다. 예를 들면, 증권거래 시 증권회사에 지급하는 거래수수료나 부동산거래에서 중개업자에게 지급하는 중개수수료 등이 거래비용에 속한다. 결국 총수익에서 거래비용을 제외한 나머지가 실질적인 투자수익이 되기 때문에 거래횟수가 빈번할수록 비용대비 수익은 낮아지게 되고, 따라서 장기투자가 유리한 이유가 된다. 또한 저축 또는 투자를 통해 발생한 수익에 세금이 부과되는 경우 세금을 제외한 나머지가 실질적인 수익이 된다. 따라서 세전(before-tax) 수익률과 세후(after-tax) 수익률을 구분할 필요가 있다.

거래비용이나 세금과 같이 명시적으로 정해져 있는 비용 외에도 암묵적으로 발생하는 비용이 있다. 가장 대표적인 것으로 기회비용(opportunity cost)을 들 수 있다. 예를 들어, 주식투자를 위해 많은 시간과 노력을 들였다면 명시적으로 계산하기는 어렵지만 분명히 기회비용이 발생한 것이다. 또한 투자를 위해 필요한 정보를 수집하려면 적지 않은 시간과 비용이 발생하게 되는데 이러한 정보수집 비용도 암묵적 비용의 일부로 볼 수 있다.

이처럼 투자에 수반되는 기회비용 및 정보비용을 줄이는 방법의 하나로 직접 투자 대신에 펀드와 같은 간접투자를 이용하기도 한다. 물론 이 경우에도 투자 결정 및 운용을 대신 해주는 대가로 운용보수와 같은 비용이 발생하게 된다.

02 투자의 위험

투자는 미래에 나올 결과가 불확실하기 때문에 필연적으로 리스크가 수반된다. 리스크란 불확실성에 노출된 정도를 의미하며 부정적 상황 외에 긍정적 가능성도 내포하게 된다. 리스크가 크다는 것은 투자 결과의 변동 폭이 크다는 의미로, 일반적으로 리스크가 클수록 기대수익률도 높다. 이런 투자의 특성을 '고수익 고위험(high risk high return)'이라고 한다. 기대수익률이란 미래에 평균적으로 예상되는 수익률을 의미하므로, 실제 투자 결과로 발생하는 사후적 수익률, 즉 실현수익률을 의미하지는 않는다. 따라서 리스크가 큰 투자가 높은 수익률을 보장한다고 이해해서는 안 되며, 기대수익률이 높아야만 리스크를 부담하여 투자를 하게 된다는 의미로 해석해야 한다. 예를 들어, 안전한 저축 대신에 주식투자를 선택하는 투자자는 저축 이자율보다는 높은 수익을 기대하고 주식투자를 선택한 것이지만, 주식투자 결과 이자율보다 높은 수익을 얻는다는 보장은 없다. 결과적으로 주식투자를 통해 큰 수익을 얻을 수도 있고 아니면 큰 손실을 입을 수도 있는 것이며, 그중 어떤 결과가 발생할지를 투자 시점에서는 알 수 없다는 것이 바로 리스크인 것이다.

보통 리스크가 전혀 없는 상태에서의 수익률을 무위험 수익률이라고 하고, 리스크에 대한 보상으로 증가하는 기대수익률 부분을 리스크 프리미엄이라고 한다. 투자의 기대수익률은 무위험 수익률에 리스크 프리미엄을 합한 값이다.

그리고 투자자는 각자의 투자목적과 리스크 선호도에 따라 높은 수익을 기대하면서 리스크를 부담할 것인지 아니면 낮지만 안정적인 수익을 선택할지를 결정하면 된다.

기대수익률 = 무위험 수익률 + 리스크 프리미엄

◎ 〈그림 26〉 자산별 수익과 변동성

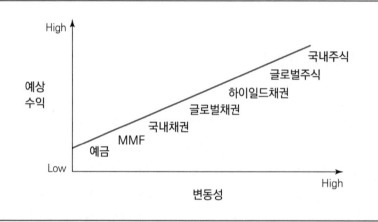

투자위험의 관리와 분산투자

투자위험 관리 방법 중 가장 일반적인 것이 자산분산을 통한 분산투자이다. "모든 달걀을 한 바구니에 담지 말라."는 표현은 투자에 있어서 여러 가지 자산, 즉 포트폴리오(portfolio)를 구성하여 투자할 것을 권하는 말이다. 포트폴리오란 여러 가지의 모음을 의미하는데, 특히 금융에서는 두 개 이상의 자산들로 구성된 투자대상의 집합을 의미한다. 포트폴리오를 구성하게 되면 여러 금융상품이나 자산에 돈을 분산시키는 효과가 발생하여 리스크가 감소한다.

예를 들어, 우산 가게와 아이스크림 가게가 각각 있다고 하면 두 가게는 날씨에 따라 매출액의 변동성이 심하게 나타나 리스크가 크게 발생하게 된다. 그러나 같은 가게에서 우산과 아이스크림을 함께 판매한다면 날씨에 따른 총매출액의 변동성 폭은 크게 감소할 것이다. 이와 같이 개별자산별로 보면 상당한 리스크가 있더라도 여러 가지 개별자산에 나누어 투자하게 되면 전체 리스크, 즉 포트폴리오의 리스크는 감소하게 된다. 그러나 분산투자를 한다고 해서 모든 위험의 크기가 줄어드는 것은 아니다.

◎ 〈그림 27〉 분산투자와 투자위험

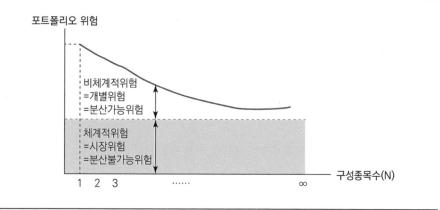

<그림 27>과 같이 편입자산의 수가 증가하면 포트폴리오의 위험은 완전히 제거되지 않고 일정한 수준까지만 하락한다. 포트폴리오의 편입자산을 증가시켜 다각화를 통한 분산투자효과를 추구하여도 시장 전반에 기인하는 위험은 제거할 수 없는데 이를 체계적 위험, 시장위험, 또는 분산불가능위험 등으로 지칭한다. 체계적 위험은 세계 경제위기나 천재지변, 전쟁, COVID-19 등과 같이 모든 자산이나 투자 대상의 가치에 영향을 미치는 위험을 의미한다. 반면 분산투자에 의하여 제거 가능한 위험을 비체계적 위험, 개별위험, 분산가능위험 등으로 지칭한다. 비체계적 위험은 경영자의 횡령, 산업재해, 근로자의 파업 등 특정기업이나 산업의 가치에만 고유하게 미치는 위험으로 자산을 분산함으로써 이러한 위험을 회피하거나 그 크기를 줄일 수 있다.

또한, 분산투자는 투자대상 자산이나 지역, 통화 및 시기 등을 통한 분산이 가능하다. 즉, 기대수익률의 상관관계가 낮은 자산으로 포트폴리오를 구성하거

나, 투자대상 지역을 여러 나라에 분산할 수 있다. 또한 외환리스크를 줄이기 위해 달러화, 엔화나 유로화 등 다양한 통화에 분산투자하는 방법이 있다. 이와 더불어 동일한 투자대상에 투자하지만 투자하는 시기를 달리하여 분산투자하는 방법도 있는데, 적립식 펀드 투자 등이 이에 해당한다. 즉, 시장상황에 관계없이 일정 금액을 일정 기간마다 정기적으로 적립하여 투자한다면, 변동성이 상대적으로 높은 자산인 주식형 펀드 등에 일시에 투자하는 것보다 매입 평균단가를 낮추는 투자가 가능할 수 있다.

레버리지 효과와 투자위험

분산투자와 같이 투자위험을 줄이는 전략도 있지만 기대수익률을 더욱 높이기 위해 투자위험을 오히려 늘리는 전략도 존재한다. 대표적인 것이 레버리지(leverage) 투자이다. 영어로 'leverage'는 지렛대를 의미한다. 지렛대를 이용하면 실제 힘보다 몇 배 무거운 물건을 움직일 수 있는데, 금융에서는 실제 가격변동률보다 몇 배 많은 투자수익률이 발생하는 현상을 지렛대에 비유하여 레버리지로 표현한다.

투자에 있어 가격변동률보다 몇 배 많은 투자수익률이 발생하려면, 즉 레버리지 효과가 발생하려면 투자액의 일부를 타인자본, 즉 부채로 조달하여야 한다. 예를 들어, 자신의 자금 100만원으로 10,000원인 주식을 100주 매입한 뒤 주가가 20% 상승한 12,000원에 매도하였다면 거래비용은 무시하고 자기자본 100만원에 대한 투자수익률은 주가변동률과 같은 20%가 될 것이다. 그러나 투자자금 100만원 중에서 60%인 60만원은 대출자금을 사용하였고 나머지 40만원만 자기자본이라고 가정 하면 투자수익률은 20%의 2.5배인 50%로 크게 높아진다. 발생한 총수익은 20만원으로 동일하지만 투자에 사용한 자기자금은 40만원밖에 안되기 때문이다. 물론 거래비용과 대출이자 등을 감안한다면 수익률이 좀 더 줄어들 것이다. 가격이 하락하는 경우에도 동일한 논리가 성립한다.

	자기자금 100만원으로 10,000원 주식 100주 매입	자기자금 40만원과 타인자본 60만원으로 10,000원 주식 100주 매입
주가 20% 상승	$\dfrac{(12{,}000-10{,}000)\times100}{1{,}000{,}000}=20\%$	$\dfrac{(12{,}000-10{,}000)\times100}{400{,}000}=50\%$
주가 20% 하락	$\dfrac{(8{,}000-10{,}000)\times100}{1{,}000{,}000}=-20\%$	$\dfrac{(8{,}000-10{,}000)\times100}{400{,}000}=-50\%$

결과적으로 투자의 레버리지는 총투자액 중 부채의 비중이 커지면(동일한 의미로, 자기자본의 비중이 작아지면) 증가하게 된다. 다음 공식에 따라 투자의 레버리지를 계산하면 된다.

> 투자 레버리지 = 총 투자액 / 자기자본

개인이 부채를 사용하여 레버리지가 높은 투자를 하는 것은 결코 바람직하지 못하다. 특히 주식과 같이 리스크가 큰 투자에서 레버리지를 통해 리스크를 더욱 확대한다는 것은 건전한 투자를 넘어 사실상 투기라고 할 수 있다. 개인의 투자는 부채 없이 여유자금으로 하는 것이 원칙이다. 또한 레버리지를 높이기 위해 사용한 부채에는 이자부담이 수반된다는 점도 고려해야 한다.

 ## 03 금융투자상품 가입 시 유의사항

금융투자과정

금융투자상품은 복잡한 구조를 통해 수익의 기회를 만들기도 하지만, 상품에 내재된 투자위험을 금융소비자들이 이해하는 데 어려움을 겪을 수 있다. 따라서 판매자와 투자자 모두에게 상당한 주의가 필요하다. 금융투자의 과정은 일반적으로 다음과 같은 단계로 진행된다.

투자목표 설정	내재가치 분석과 평가	포트폴리오 구성	포트폴리오 수정	성과측정

- 투자목표 설정: 투자자의 목표 수익률과 감당할 수 있는 위험수준, 투자금액을 정하며, 투자에 수반되는 제약조건인 규제, 유동성, 투자기간, 세금 등을 고려해야 한다.
- 내재가치 분석과 평가: 금융투자 전략에는 적극적 전략과 소극적 전략이 있다. 적극적 전략은 시장위험에 상응하는 수익률을 초과하여 달성하려는 전략이며, 소극적 전략은 시장위험이 요구하는 정도의 수익률을 추구하려는 전략이다. 가치분석에는 기술적 분석과 기본적 분석을 병행한다.
- 포트폴리오 구성: 포트폴리오는 자산의 집합이다. 내재가치평가를 바탕으로 포트폴리오에 포함될 개별 자산의 종류와 각 자산에 배분할 금액을 결정한다. 또한 투자자의 개인적인 특성을 고려해서 투자전략을 수립한다.
- 포트폴리오 수정: 새로운 정보가 발생하거나, 일정기간이 경과하면 포트폴리오를 재구성(rebalancing)해서 최적포트폴리오를 결정한다.
- 성과측정: 포트폴리오의 수익률이 벤치마크 포트폴리오와 비교하여 적절한 위험수준에서 달성되었는지를 평가한다.

표준투자권유준칙

금융투자상품은 투자손실의 위험성이 있는 상품이기에, 전문성이 상대적으로 부족한 금융소비자를 보호할 필요가 있다. 「자본시장과 금융투자에 관한 법률(이하 '자본시장법')」에서는 금융회사가 공통으로 사용할 수 있는 표준투자권유준칙을 제정하고, 일반투자자에게 금융투자상품을 판매할 경우 표준투자권유준칙을 지키며 판매할 것을 규정하고 있다.

금융투자협회는 이 투자권유준칙과 관련하여 금융투자상품을 판매하는 금융회사가 공통으로 사용할 수 있는 표준투자권유준칙을 제정하였다.

금융투자상품의 매입과정을 표준투자권유준칙에 따라 단계별로 보면 다음과 같다.

- 1단계 - 방문목적 확인 및 투자자 구분: 금융회사는 투자자의 방문 목적을 파악하고, 투자를 희망할 경우 일반투자자인지 혹은 전문투자자인지 구분한다. 전문투자자는 국가, 한국은행, 은행, 증권회사 등 자본시장법에서 구체적으로 나열하고 있으며 여기에 해당하지 않는 경우에는 일반투자자이다.

- 2단계 - 투자자 정보 파악: 투자자 정보에 근거한 투자권유를 희망하는지 파악하고 희망할 경우 투자자에 대한 정보가 필요하다. 판매자는 투자목적, 재산상황, 투자경험 등의 투자자 정보를 파악하기 위하여 "투자자 정보 확인서"를 이용한다. "투자자 정보 확인서"는 기초정보를 수집하는 부분과 위험선호도를 파악하는 부분 등으로 구성되어 있다.

- 3단계 - 설명의무: 금융회사는 파악한 투자자 정보에 근거하여 투자자의 유형을 분류하고, 그에 알맞은 적합한 금융투자상품을 선정하여 추천한다. 금융회사는 추천한 투자상품의 중요한 내용을 충분히 설명할 의무가 있으므로, 해당 상품의 투자설명서나 상품소개서 등을 이용한 상담을 통해 투자자는 자세한 내용을 들을 수 있다.

- 4단계 - 관련 서류의 교부 등: 충분한 설명을 들은 투자자는 최종적으로 투자 여부를 결정하게 된다. 각종 필요한 서명을 하고 반드시 교부받아야 하는 투자설명서 등을 전달받게 되는데, 금융회사 직원에게 상품에 대한 설명을 들었다 하더라도, 서명하는 내용을 꼼꼼히 재확인하고 투자설명서의 내용과 직원의 설명, 그리고 서명하는 서류의 내용을 비교하여 모두 일치하는지 확인해야 한다.

- 5단계 - 사후관리: 표준투자권유준칙에는 없지만, 투자자는 금융투자상품의 가입 후, 정기적으로 상품의 성과, 현황 및 자신의 상황(자신의 가치관, 재정 상황, 가족 등)을 고려하여 계속 투자할지 여부를 판단해야 한다. 또한 투자의 목표(목적)에 알맞은 수단인지, 다른 대안은 없는지 등을 자신의 상황에 비추어 판단할 필요가 있다. 투자는 한 번의 의사결정으로 끝나는 것이 아니라, 투자를 하고 있는 동안 지속적인 사후관리가 필요하다.

◎ 〈그림 28〉 표준투자권유준칙상의 프로세스

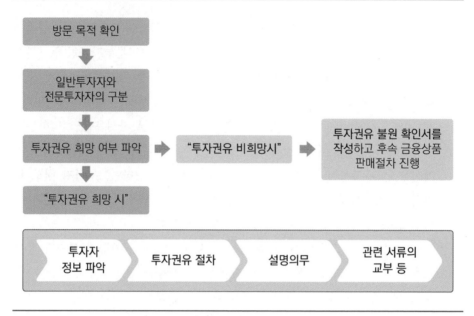

자료: 금융감독원(www.fss.or.kr)

투자위험에 대처하는 방법

금융투자상품 투자 시에는 원금손실 위험이 항상 존재한다. 금융투자상품 중 주식·채권·펀드 등은 투자 원금의 범위 내에서 손실이 발생할 수 있으나, 선물·옵션 등 파생상품은 원금을 초과하는 손실(즉, 원금을 전부 내고도 추가로 금전을 내야 하는 위험)이 발생할 수도 있다.

투자위험에 대처하기 위해서는

① 상품의 내용을 알고 투자하여야 한다. 주식, 채권, 펀드, 구조화 상품, 파생상품 등 상품별 각기 다른 특징과 투자위험, 보수·수수료 수준 등을 알고 투자할 필요가 있다. 특히 ELS, DLS 등 구조화 상품과 레버리지 ETF나 인버스 ETF, 선물·옵션 등은 어떤 조건에서 수익이 나고 손실이 나는

지 상품의 특징과 손익구조 등을 잘 이해하고 투자할 필요가 있다. 또한, 펀드투자 시에는 판매회사 직원으로부터 실제로 투자설명서를 제공 받고, 상품내용에 대한 충분한 설명을 들어 상품특징 등을 이해한 후 서명을 하고 투자할 필요가 있다.

② 판매보수, 판매수수료 등 투자비용을 감안하여 선택하여야 한다. 연금상품이나 적립식 상품과 같이 장기간 가입하는 금융투자상품의 경우에는 투자비용의 차이가 투자성과에 큰 차이를 가져올 수 있기 때문에 각 금융협회의 홈페이지 등에서 동일유형의 상품을 비교한 후 투자비용이 적은 상품을 골라 투자할 필요가 있다. 판매채널별로는 온라인으로 상품을 선택하면 투자비용이 오프라인보다 약 30~50% 저렴하다.

③ 투자위험을 줄이기 위해 분산투자하는 것이 좋다. 일부 자산에만 집중투자를 하는 것은 아주 위험한 투자방법이다. 투자 대상을 주식, 채권, 펀드, 예금 등으로 다양하게 포트폴리오를 구성하고, 투자지역도 국내뿐만 아니라 해외 등으로 분산하는 것이 바람직하다. 또한 적립식 투자 등을 통해 투자시기를 분산하는 것도 투자위험을 줄일 수 있는 방법이다.

④ 투자를 실행한 이후 투자수익률 등을 정기적으로 확인하는 등 사후관리를 지속적으로 하여야 한다. 금융투자상품 가입 이후 시간이 경과함에 따라 국내외 경제환경이나 투자대상 기업의 경영환경 등 상황이 변하기 때문에 투자의 지속여부, 포트폴리오 조정필요 여부 등에 대한 주기적인 검토와 판단이 필요하다. 장기로 투자하면서 사후관리를 전혀 하지 않고 방치하는 것은 아주 위험한 투자행태라고 할 수 있다.

⑤ 수익보다는 위험을 먼저 생각해야 한다. 대부분의 투자자들이 투자상품을 고르는 기준으로 가장 먼저 '수익률'을 살펴본다. 그러나 기대수익이 높다면 위험도 높으며, 기대수익률이 점점 높아질수록 원금손실의 위험도 함께 커진다. 투자자는 안전하게 투자하는 대신에 기대수익을 낮추거나 높은 수익을 추구하는 대신에 손실 위험을 감수하는 것을 선택해야 한다.

⑥ 투자에 실패할 경우를 생각해야 한다. 만약 투자에 실패해 투자한 원금을 전부 잃을 때에도 생활에 지장이 없도록 금융투자상품은 여유자금만으로 투자해야 한다. 학자금, 치료비, 전세자금 등 단기간 내에 용도가 정해진

자금으로 투자해서는 안 된다. 여유자금으로 투자해야 하는 이유는 먼저, 투자는 내재가치 등에 근거하여 중장기적 관점에서 투자하는 것이 바람직하다는 것이다. 다른 한 가지는 투자를 하게 되는 경우 기업 경영환경이나 금융시장 상황 등의 급변에 따라 일시적으로 큰 손실을 입을 수도 있는데, 이 경우 회복될 때까지는 일정기간이 필요하기 때문에 반드시 여유자금으로 투자할 필요가 있다고 하겠다.

⑦ 레버리지 효과와 환율 변동위험에 유의해야 한다. 금융회사 대출 등 레버리지를 활용하여 주식 등에 투자하는 경우 주가 하락 시 반대매매 등으로 손실 규모가 확대될 수 있으므로 대출 등을 이용한 투자는 자신이 감내할 수 있는 범위 내에서 신중하게 결정하여야 한다. 또한, 해외 증권이나 파생상품 등에 직접투자하는 경우 상품가격 하락위험 외에 환율변동으로 인한 환차손으로 투자손실 폭이 확대될 수 있으므로 유의할 필요가 있다.

⑧ 판매회사 직원과의 충분한 상담을 통해 투자정보를 얻어야 한다. 짧은 시간의 상담만으로는 복잡한 금융투자상품에 대해 충분히 이해하고 적절한 투자 판단을 내리기 어려울 수 있다. 금융회사 직원의 적극적인 권유에 흔들려서 충동적으로 투자하지 않고, 직원의 설명을 참고해 스스로 냉정하게 투자 여부를 판단할 필요가 있다.

⑨ 마지막으로, 투자결과는 수익·손실 여부를 불문하고 전부 투자자에게 귀속된다는 점을 염두에 두어야 한다. 만약 손실이 발생하더라도 금융회사가 불완전판매 등 위법행위를 하지 않은 이상 금융회사에 그 책임을 물을 수 없다. 따라서 금융투자상품 투자자들은 위와 같은 투자위험에 대처하는 방법을 명심하고 자기책임하에 투자 의사결정을 하여야 한다.

불공정거래에 빠지지 않기

정상적인 증권분석 방식 대신에 불법 또는 편법으로 주가를 조작하는 시세조종, 미공개정보를 이용한 내부자 거래, 고객 주문정보 이용 및 종목추천 전 매매행위 등을 통해 초과수익을 노리는 불공정거래 행위의 유혹이 있더라도 결코 빠져서는 안 된다. 시세조종, 내부자거래, 선행매매 등 불공정거래를 하다가 적발되는 경우 형사처벌을 받게 된다.

먼저 시세조종은 특정 주식에 대한 시장의 수요와 공급에 따라 형성되는 시세를 자의적으로 등락시키고 그 등락된 시세가 타인에게 공정한 시세라고 오인시킴으로써 자신의 이득을 취하는 행위를 말한다. 시세조종행위의 유형으로는 시장의 시세보다 고가로 주문을 내거나 실제 매매체결 의향이 없으면서 다른 투자자들에게 많은 수량의 주문이 있는 것처럼 오인하게 할 목적으로 매매체결 가능성이 희박한 호가를 대량으로 낸 후에 정정하거나 취소하는 허수주문, 통정매매, 가장매매 등이 있다.

내부자거래는 상장회사의 임원 등의 내부자가 신제품 개발, 합병, 영업양수도 등 상장회사의 중요정보가 공개되기 전에 이를 자신의 매매에 이용하거나 타인으로 하여금 이용하게 하는 행위를 말한다.

이외에도 고객의 주문정보를 처리하는 증권회사의 임직원이 고객의 매수·매도 주문정보를 자신의 매매에 먼저 이용하거나 특정 종목에 대한 매수추천을 하기 전에 자신이 먼저 매수하는 행위 등 선행매매(front running) 행위는 자본시장법에서 금지하는 불공정거래 행위로서 형사처벌의 대상이 된다.

우리나라 자본시장에서 흔히 발생하는 불공정 거래의 유형을 요약하면 <표 9>와 같다.

▌〈표 9〉 불공정 거래의 유형

시세조종 (주가조작)	• 거래가 성황을 이룬 듯이 오인케 할 목적으로 서로 짜고 거래(통정매매)하거나 스스로 매수·매도(가장매매)하는 행위 • 고가주문, 허수주문 등을 통해 주가를 인위적으로 변동시키는 행위
미공개정보 이용 (내부자 거래)	• 기업의 중요 정보가 공개되기 전에 회사 내부자 등이 매매에 이용하거나 타인에게 이용하게 하는 행위
불건전 거래행위	• 고객의 주문정보 이용, 종목추천 전 매매, 위법일임매매, 과도한 투기적 거래, 고객의 위법주문의 수탁행위 등 증권·선물회사 임·직원의 규정 위반 행위
기타	• 임원, 주요 주주 및 대량보유자(5%)의 주식의 소유 및 변동 보고의무 위반

자료: 금융감독원(http://www.fss.or.kr)

투자성향분석

투자성향이란 수익 및 투자위험에 대한 본인의 기대 수준을 말한다. 금융투자상품에 투자할 때는 높은 수익을 위해서 손실이 발생해도 감내할 수 있는지 아니면 손실은 가급적 피하고 싶은지, 손실을 감내할 수 있다면 어느 정도의 손실까지 감내할 수 있는지 등을 먼저 살펴보아야 한다. 투자목표란 투자의 수익을 통해 본인이 얻고자 하는 경제적 이익을 말한다. 노후자금 마련, 결혼자금 마련, 단순 재테크 등 본인의 투자목표와 투자가능 기간, 예상하는 기대수익률 등을 확인해 둘 필요가 있다.

아래의 표는 금융회사가 투자자의 투자성향을 파악하여 투자자 유형을 분류하기 위해 조사하는 항목의 예시이다. 각 내용에 체크하여 자신은 어떤 투자자로 분류될지 확인해 보자.

▌〈표 10〉 투자자 정보 확인과 투자성향분석

문항		배점
1. 고객님의 연령대는 어떻게 되십니까?	① 19세 이하 ② 20세 ~ 40세 ③ 41세 ~ 50세 ④ 51세 ~ 60세 ⑤ 61세 이상	1~4
2. 고객님께서 투자하고자 하는 자금의 투자 가능 기간은 얼마나 되십니까?	① 6개월 미만 ② 6개월 이상 ~ 1년 미만 ③ 1년 이상 ~ 2년 미만 ④ 2년 이상 ~ 3년 미만 ⑤ 3년 이상	1~5
3. 다음 중 고객님의 투자경험과 가장 가까운 금융상품은 어느 것입니까? (중복응답 가능)	① 은행 예·적금, 국채, 지방채, 보증채, MMF, CMA 등 ② 금융채, 신용도가 높은 회사채, 채권형펀드, 원금보장형 ELS 등 ③ 신용도 중간 등급의 회사채, 원금의 일부만 보장되는 ELS, 혼합형 펀드 등 ④ 신용도가 낮은 회사채, 주식, 원금이 보장되지 않	1~5

	는 ELS, 시장수익률 수준의 수익을 추구하는 주식형펀드 등 ⑤ ELW, 선물옵션, 시장수익률 이상의 수익을 추구하는 주식형펀드, 파생상품펀드, 주식 신용거래 등	
4. 고객님께서는 금융상품 투자에 대한 본인의 지식수준이 어느 정도라고 생각하십니까?	① 매우 낮은 수준: 투자의사결정을 스스로 내려본 경험이 없는 정도 ② 낮은 수준: 주식과 채권의 차이를 구별할 수 있는 정도 ③ 높은 수준: 투자할 수 있는 대부분의 금융상품의 차이를 구별할 수 있는 정도 ④ 매우 높은 수준: 금융상품을 비롯하여 모든 투자대상 상품의 차이를 이해할 수 있는 정도	1~4
5. 고객님께서 투자하고자 하는 자금은 고객님의 전체 금융자산(부동산 등 제외) 중 어느 정도의 비중을 차지합니까?	① 10% 이하 ② 10% 초과~20% 이하 ③ 20% 초과~30% 이하 ④ 30% 초과~40% 이하 ⑤ 40% 초과	1~5
6. 다음 중 고객님의 수입원을 가장 잘 나타내는 것은 어느 것 입니까?	① 현재 일정한 수입이 발생하고 있으며, 향후 현재 수준을 유지하거나 증가할 것으로 예상 ② 현재 일정한 수입이 발생하고 있으나, 향후 감소하거나 불안정할 것으로 예상 ③ 현재 일정한 수입이 없으며, 연금이 주 수입원임	1~3
7. 고객님의 투자원금에 손실이 발생할 경우 다음 중 고객님이 감내할 수 있는 손실 수준은 어느 수준입니까?	① 무슨 일이 있어도 투자 원금은 보전되어야 한다. ② 투자원금에서 최소한의 손실만을 감수할 수 있다. ③ 투자원금 중 일부의 손실을 감수할 수 있다. ④ 기대수익이 높다면 위험이 높아도 상관하지 않겠다.	2~6

각자 위의 투자자 정보를 실제로 한 번 확인해보도록 한다. 이 투자자 정보 확인서는 항목별로 배점이 있으며, 배점을 합계하여 투자성향을 5단계로 분류한다. 문항별 배점은 다음과 같다.

- 1번: ① 또는 ②로 응답한 경우 4점, ③으로 응답한 경우 3점, ④로 응답한 경우 2점, ⑤로 응답한 경우 1점
- 2번: ①로 응답한 경우 1점, ②로 응답한 경우 2점, ③으로 응답한 경우 3점, ④로 응답한 경우 4점, ⑤로 응답한 경우 5점

- 3번: ①로 응답한 경우 1점, ②로 응답한 경우 2점, ③으로 응답한 경우 3점, ④로 응답한 경우 4점, ⑤로 응답한 경우 5점 (중복응답한 경우 가장 높은 점수로 배점)
- 4번: ①로 응답한 경우 1점, ②로 응답한 경우 2점, ③으로 응답한 경우 3점, ④로 응답한 경우 4점
- 5번: ①로 응답한 경우 5점, ②로 응답한 경우 4점, ③으로 응답한 경우 3점, ④로 응답한 경우 2점, ⑤로 응답한 경우 1점
- 6번: ①로 응답한 경우 3점, ②로 응답한 경우 2점, ③으로 응답한 경우 1점
- 7번: ①로 응답한 경우 −2점, ②로 응답한 경우 2점, ③으로 응답한 경우 4점, ④로 응답한 경우 6점

1번부터 7번까지의 응답 결과에 따른 점수를 합산(총점 32점)하고 이를 100점으로 환산하는데 예를 들어, 1번부터 7번까지의 합이 26점이라면 (26점/32점)×100=81.3점과 같이 계산한다. 이러한 점수결과에 따라 자신의 투자성향을 다음과 같이 5단계로 파악할 수 있다.

- 20점 이하: 안정형
- 20점 초과 ~ 40점 이하: 안정추구형
- 40점 초과 ~ 60점 이하: 위험중립형
- 60점 초과 ~ 80점 이하: 적극투자형
- 80점 초과: 공격투자형

채권투자의 이해

01 채권의 개요

채권이란 자금을 조달하기 위한 목적으로 발행하는 차용증서이다. 채권발행자는 채권보유자에게 정해진 날짜(이자지급일 및 상환일)에 정해진 금액(이자 및 원금)을 지급할 것을 약속한다. 채권은 미래의 현금흐름이 사전적으로 결정되는 성격을 가지기 때문에 고정수익증권(fixed income security)이라고 한다. 채권의 발행자는 정부, 지방자치단체, 은행, 기업 등이며 투자자는 자산운용회사, 보험회사, 은행, 개인 등으로 투자자 계층이 다양하다.

채권은 발행자 입장에서는 미래에 갚아야 할 부채이기에 재무상태표에 타인자본으로 계상되므로 부채증권(debt security)이라 부르기도 한다. 채권보유자 입장에서는 약정된 일정에 따라 이자를 지급받고 만기 시 원금을 회수할 수 있다. 채권을 만기까지 보유하지 않고 유통시장에서 만기 전에 매도하는 경우는 이자수익 외에도 매매차이에 따라 자본이득 또는 손실을 볼 수 있다.

채권의 특성

수익성

일반적으로 채권의 수익은 이자소득과 자본소득으로 구성된다. 이자소득은 이자지급일마다 표면이자율에 따라 지급받게 되며, 거시경제 환경이나 채권발행자의 경영실적과는 직접적 관련성이 적은 고정소득이다. 이에 반해 자본소득은 시세차익을 의미하는 것으로 채권의 가격변동에 따른 유동적 소득이다.

안정성

일반적으로 채권발행자는 정부, 지방자치단체, 공공단체, 금융기관 및 신용등급이 높은 주식회사 등이므로 채무불이행위험이 비교적 낮다고 할 수 있다. 그러나 만기 전 급격한 경제상황 또는 경영실적 악화 등으로 채권의 가격 및 권리에 부정적인 영향을 미치는 사건이 발생할 수 있으므로 투자기간 중에는 항상 주의가 필요하다.

유동성

유동성은 채권가치의 손실을 최소화하여 신속하게 현금으로 전환할 수 있는 정도를 말한다. 채권은 유통시장을 통하여 채권 만기 전에도 자유로운 중도매매가 가능하여 유동성이 높다고 볼 수 있다.

채권과 주식의 비교

채권과 주식은 발행자 입장에서는 직접금융을 통한 대표적인 자금조달 방법이며, 투자자 입장에서는 유동성이 높은 현물투자 대상으로 투자 포트폴리오를 구성하는 대표적인 자산군이다. 최근에는 보다 용이한 자본조달을 추구하는 발행자의 니즈와 다양한 투자기회를 누리려는 투자자의 욕구가 증가하면서 주식

의 채권화, 채권의 주식화 등 주식과 채권의 하이브리드 형태 같은 다양한 금융
상품이 증가하고 있다.

┃〈표 11〉 주식과 채권의 비교

구분	주식	채권
증권의 성격	출자증권으로 자기자본	대부증권으로 타인자본
투자자의 지위	주주(회사경영 참여)	채권자(경영참여 불가)
수익형태	배당금, 주식매매 차익	이자수익, 채권매매 차익
투자회수	주식매도, 주식매수청구권	채권매도, 만기 시 상환
상환여부	상환없음(예외: 상환주식)	만기상환(예외: 영구채)

살펴보기 50년 만기 국고채 발행

2016년 글로벌 저금리 추세가 지속되며 전 세계적으로 초장기채 발행에 대한 관심이 확대[1]되는 가운데, 우리나라도 장기재정 소요에 선제적으로 대응하고 재정자금을 안정적으로 운용하기 위하여 50년 만기 신규 국고채 시범 발행을 추진하였다.

2016년 8월에 50년 만기 신규 국고채 시범 발행 검토 방침을 발표한 이후 정책제안요청서 등을 통해 시장참가자들의 의견을 수렴하였으며, 국고채 전문딜러 및 보험사, 각계 연구원 등 총 36개 기관이 정책 제안서를 제출하여 50년 만기 국고채 발행 과정에 참여하였다.

정부는 2016년 9월 중 50년물 발행을 위한 인수단 구성을 마무리하였으며, 2016년 10월 11일 1.1조원을 1.574%(10년물 기준금리 대비 +0.04%)에 성공적으로 발행하였다. 이에 따라 2012년 9월에 국고채 30년물 발행을 시작한 이후 4년 만에 국고채 만기가 6개 종류(3년, 5년, 10년, 20년, 30년, 50년)로 확대되었다. 이후 2017년 3월에 경쟁입찰 방식으로 1차례 추가 발행(2,190억 원, 2.225%)하였고, 2018년에는 총 4차례(3, 6, 9, 12월) 2.1조 원 발행, 2019년은 총 8차례 3.2조원 발행에 성공하였다. 2020년에는 2월부터 격월로 정례 발행하였다.

[1] 최근 호주, 영국, 미국, 일본, 프랑스, 이태리, 스페인 등은 만기 30~70년물을 발행했으며, 멕시코, 벨기에, 아일랜드, 오스트리아 등은 만기 100년물(century bonds)를 발행하는 등 전세계적으로 초장기채 발행이 증가하고 있다.

자료: 국채 백서(2020), 기획재정부. p28.

채권의 분류

채권은 발행주체, 이자지급방법, 보증유무, 상환기간 및 모집방법 등에 따라 다양하게 분류될 수 있다.

┃〈표 12〉 채권의 분류

기준	해당 채권
발행주체	국채, 지방채, 특수채, 회사채, 외국채
상환기간	단기채, 중기채, 장기채
이자지급방법	할인채, 복리채, 단리채, 이표채
보증유무	보증채, 무보증채
액면이자 확정여부	고정금리채, 변동금리채, 역변동금리채
상환방법	만기상환, 분할상환
발행가액	액면발행채, 할인발행채, 할증발행채
내재옵션여부	수의상환채, 전환사채, 신주인수권부사채, 상환요구채, 교환사채

① 발행주체에 따른 분류

국채	국가가 재정정책의 일환으로 발행하는 채권으로 정부가 원리금의 지급을 보증함. 일반재정적자를 보전하거나 재정자금의 수급조절을 위하여 발행되는 일반국채, 특정사업의 재원조달을 위한 사업국채, 국가의 보상재원을 마련하기 위한 보상채권 등이 있음
지방채	지방정부 및 지방공공기관 등이 지방재정법의 규정에 따라 특수목적 달성에 필요한 자금을 조달하기 위해 발행하는 채권임
특수채	특별한 법률에 의해서 설립된 기관이 특별법에 의하여 발행하는 채권으로서 정부가 원리금의 지급을 보증하는 것이 일반적임
금융채	금융회사가 발행하는 채권으로서 금융회사의 중요한 자금조달 수단의 하나임. 주로 장기 산업자금에 사용됨
회사채	상법상의 주식회사가 발행하는 채권임. 채권자는 주주들의 배당에 우선하여 이자를 지급받게 되며 발행회사가 도산하거나 청산할 경우 주주들에 우선하여 회사자산에 대한 청구권을 갖게됨

② 상환기간에 따른 분류

단기채	통상적으로 상환기간이 1년 이하의 채권으로 통화안정증권, 우리나라에서는 금융채 중 일부가 해당됨
중기채	상환기간이 1년 초과 5년 이하의 채권으로, 우리나라에서는 대부분의 회사채 및 금융채가 만기 3년으로 발행되고 있음
장기채	상환기간이 5년 초과인 채권으로, 우리나라에서는 주로 국채가 만기 5년 또는 10년으로 발행되고 있음

③ 이자지급방법에 따른 분류

이표채	이자 지급일에 정기적으로 이자를 지급받는 채권으로 가장 일반적인 형태임
할인채	표면상 이자가 지급되지 않는 대신에 액면금액에서 상환일까지의 이자를 공제한 금액으로 매출되는 채권임. 무이표채(zero-coupon bond)라고도 불리며 이자가 선급되는 효과가 있음.
복리채	정기적으로 이자가 지급되는 대신에 복리로 재투자되어 만기상환 시에 원금과 이자를 동시에 지급하는 채권을 말함

④ 보증유무에 따른 분류

보증채	원리금의 상환을 발행회사 이외의 제3자가 보증하는 채권임. 보증의 주체가 정부인 정부보증채와 시중은행이나 보증기관 등이 보증하는 일반보증채로 나뉨
무보증채	제3자의 보증없이 발행회사의 신용에 의해 발행·유통되는 채권임. 우리나라에서는 과거에 보증채가 많이 발행되었으나, 외환위기 이후부터 무보증채의 발행이 급속히 증가하였고, 현재에는 대부분이 무보증채로 발행되고 있음.

⑤ 특수한 형태의 채권

일반사채와는 달리 계약 조건이 다양하게 변형된 특수한 형태의 채권이 등장하여 다양한 목적으로 발행되고 있는데 대표적으로는 전환사채, 신주인수권부사채, 교환사채 등이 있다. 전환사채(CB: Convertible Bond)는 발행 당시에는 순수한 회사채의 형태로 발행되지만 일정 기간이 경과된 후 보유자의 청구에 의하여 발행회사의 주식으로 전환될 수 있는 권리가 붙어 있는 사채이다. 따라서 전환사채는 사실상 주식과 채권의 중간적 성격을 갖고 있다. 신주인수권부사채(BW: Bond with Warrant)는 보유자에게 일정기간이 경과한 후에 일정한 가격(행사가격)

으로 발행회사의 일정 수의 신주를 인수할 수 있는 권리, 즉 신주인수권이 부여된 사채이다. 교환사채(EB: Exchangeable Bond)는 회사채의 형태로 발행되지만 일정기간이 경과된 후 보유자의 청구에 의하여 발행회사가 보유 중인 다른 주식으로의 교환을 청구할 수 있는 권리가 부여된 사채이다.

▌〈표 13〉 특수한 형태의 채권의 비교

구분	전환사채(CB)	신주인수권부사채(BW)	교환사채(EB)
발행목적	일반 회사채보다 낮은 이자비용으로 자금조달 등		
권리	전환권	신주인수권	교환권
대상 주식	발행회사의 신주	발행회사의 신주	발행회사 보유 상장법인 주식 또는 자기주식
권리 행사 시 대금 납입	사채금액과 대체	별도 대금납입 (현금납입형) 사채금액과 대체(대용납입형)	사채금액과 대체
사채권	사채권 소멸	사채권 유지(현금납입형) 사채권 소멸(대용납입형)	사채권 소멸
취득가격	전환가격	행사가격	교환가격

02 채권투자의 위험

채권은 비교적 안전한 투자수단이지만 여타 금융상품과 마찬가지로 투자위험을 내포하고 있다. 채권투자의 위험은 크게 체계적 위험과 비체계적 위험으로 구분할 수 있다. 체계적 위험은 시장 위험이라고도 하며 경제 상황 또는 시장 전반에 영향을 미치는 위험을 말하며 이자율 위험과 구매력 위험이 있다. 비체계적 위험은 특정 채권발행자 또는 특정 채권에만 한정되어 영향을 미치는 위험을 말하며, 다양한 채권으로 포트폴리오를 구성하는 경우 이 같은 위험을 회피하거나 축소시킬 수 있다. 채무불이행위험, 수의상환위험, 유동성위험 등이 비체계적 위험에 포함된다.

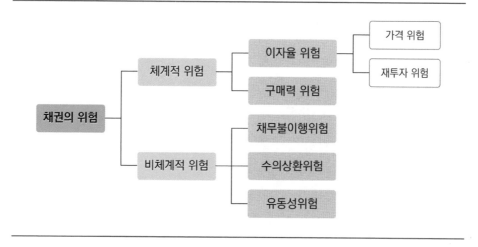

이자율 위험(interest rate risk)

이자율 위험은 가격위험과 재투자위험으로 구분된다. 이자율은 채권의 가격과 반비례 관계를 갖기 때문에 이자율이 상승하는 경우 가격이 하락하게 되며 이를 가격위험이라고 한다. 가격위험은 채권의 만기까지 채권을 보유하는 경우 회피할 수 있다. 재투자위험이란 이자율이 하락하여 이자 또는 원금을 재투자할 때 기존보다 낮은 수익을 얻을 위험을 말한다. 재투자위험은 채권을 만기까지 보유한다 하더라도 제거할 수 없다. 이자를 지급하지 않는 무이표채(할인채)를 보유하는 경우 재투자위험을 회피할 수 있다. 이자율이 하락하는 경우 채권가격은 상승하지만 재투자수익은 감소하게 된다. 반대로 이자율이 상승하는 경우 채권가격은 하락하지만 재투자수익은 증가하게 된다. 가격위험과 재투자위험이 서로 정확히 상쇄되지 않기 때문에 어느 위험이 더 크냐에 따라 투자 결과가 달라질 수 있다.

구매력 위험(inflation or purchasing power risk)

일반적으로 채권은 향후 인플레이션율의 증가에 따른 위험에 노출되어 있다. 명목이자율의 변동이 없는 상황에서 인플레이션 증가율이 높은 경우 투자수익이 감소할 수 있다. 이러한 위험을 제거하기 위하여 인플레이션율에 연동하여 원리금을 지급하는 채권에 투자할 수 있다. 물가연동국고채는 정기적으로 소비자물가지수(CPI)에 연동하여 원리금을 조정하는데, 동 채권에 투자하는 경우 인플레이션 위험을 효과적으로 제거할 수 있다.

채무불이행위험(default risk)

채권발행자의 재정상황이 극도로 악화되는 경우 원리금 지급이 불가능할 수 있으며, 이를 채무불이행 위험이라고 한다. 신용등급이 낮은 채권발행자는 채무불이행 위험이 높기 때문에 투자 시 주의할 필요가 있다. 이와 비슷하게 채권발행자의 신용등급이 강등되어 채권가격이 하락하는 경우가 있을 수 있는데, 이는 신용위험(credit risk)이라고 한다.

중도상환 위험(call risk)

콜옵션부채권은 채권발행자가 만기 이전에 원금을 상환할 수 있는 권리, 즉 콜옵션이 부여된 채권을 말한다. 콜옵션부채권의 이자율보다 시장이자율이 낮아지게 되면 발행자는 콜옵션부채권을 상환하고 낮은 이자율로 새로 자금을 조달하고자 할 것이다. 이때 채권투자자는 높은 이자율을 더 이상 받지 못하고, 상환된 원리금을 낮은 이자율로 재투자해야 하는데, 이렇게 당초 예상한 기대수익률 달성에 실패할 가능성이 생기는 것을 중도상환 위험이라 한다.

유동성 위험(liquidity risk)

시장에서 채권을 신속하게 사고 팔 수 있는 경우 환금성이 높다고 할 수 있다. 이와는 반대로 채권을 매수(매도)하려고 해도 매도상대방(매수상대방)을 찾기 어려운 경우 환금성이 낮다고 볼 수 있으며, 이러한 경우 적정가격을 받지 못할 가능성이 높은데 이를 유동성 위험이라 한다. 발행물량이 적은 경우, 시장이 협소한 경우, 시중자금사정이 악화되는 경우에 유동성 위험이 높다. 또한 신용등급이 매우 낮거나 채권발행자가 부도 등의 상황에 직면한 경우 유동성 위험이 높을 수 있다. 유동성에 대한 가장 일반적인 지표는 매수호가와 매도호가 간 스프레드(bid−ask spread)이며, 호가 스프레드가 작을수록 유동성 위험이 낮다고 할 수 있다.

기타 위험

기타의 체계적 위험으로는 외화표시채권에 대한 환율변동위험과 세금 또는 투자규제 등의 정치적·법적 위험 등이 있다. 기타의 비체계적 위험으로는 잔존만기위험, 변동성위험, 수익률곡선위험 등이 있다.

살펴보기 채권가격의 특성

일반적으로 채권가격은 시장이자율, 만기, 표면이자율에 의하여 결정된다.
① 채권가격과 시장이자율: 채권가격은 시장이자율과 역의 관계에 있으며 시장이자율이 하락하면 채권가격은 상승하고 시장이자율이 상승하면 채권가격은 하락한다. 따라서 시장이자율이 하락할 것으로 예상되면 채권을 매입하고 시장이자율이 상승할 것으로 예상되면 채권을 매도하는 것이 유리하다.

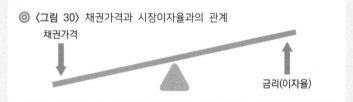

◎ 〈그림 30〉 채권가격과 시장이자율과의 관계
채권가격
금리(이자율)

② 채권가격과 만기: 다른 조건이 일정하다면 채권의 만기가 길수록 일정한 이자율변동에 따른 채권가격의 변동폭이 크다. 따라서 이자율이 하락할 것으로 예상되면 장기채에 대한 투자를 증가시켜 시세차익을 확대하고 이자율이 상승할 것으로 예상되면 보유 채권 포트폴리오의 만기를 줄여서 손실을 최소화할 수 있다.
③ 채권가격과 표면이자율: 다른 조건이 동일하다면 일정한 이자율변동에 대해서 표면이자율이 낮을수록 채권가격의 변동폭이 크게 나타난다. 따라서 채권에 투자하여 높은 매매차익을 얻기 위해서는 표면이자율이 낮은 채권이 유리하다. 다른 조건이 동일하다면 표면이자율이 0%인 순수할인채의 가격변동폭이 가장 크다.

자료: 실용금융(2021), 금융감독원. p.114.

03 채권신용평가

신용평가는 특정 채권 혹은 기업의 채무를 발행한 기업이 만기까지 원리금을 상환할 수 있는 능력을 측정하고 이를 신용등급화하는 제도이다. 원리금 상환능력은 현재나 과거가 아닌 미래의 특정 시기에 특정 규모의 현금이 창출될 가능성에 의해 좌우된다. 따라서 현금흐름에 영향을 주는 모든 요소들을 고려하여 미래의 현금흐름을 정확하게 예측하는 것이 신용평가의 핵심이라고 할 수 있다. 신용평가는 투자자에게 투자의사결정에 필요한 정보와 위험프리미엄을 결정하는 기준을 제공함으로써 금융시장의 효율성에 도움을 주고 발행자에게는 시장여건의 변화에 따른 조달 위험을 줄이고 안정적인 자본조달의 기회를 제공한다.

세계 3대 신용평가회사로는 S&P(Standard & Poor's), 무디스(Moody's), 피치(Fitch Group)가 있으며, 우리나라의 신용평가회사는 한국신용평가(KIS), 한국기업평가(KR), NICE신용평가 등이 있다.

채권의 등급은 금융채무의 전반적인 상황가능성에 따라 AAA부터 D까지 10등급으로 분류되며 각각의 등급정의는 <표 14>와 같다.

▎〈표 14〉 채권신용등급

투자 등급	AAA	금융채무의 전반적인 상환가능성이 최고 수준이다.
	AA	금융채무의 전반적인 상환가능성이 매우 높지만, 상위등급(AAA)에 비해 다소 열위한 면이 있다.
	A	금융채무의 전반적인 상환가능성이 높지만, 상위등급(AA)에 비해 경제여건 및 환경변화에 따라 영향을 받기 쉬운 면이 있다.
	BBB	금융채무의 전반적인 상환가능성이 일정수준 인정되지만, 상위등급(A)에 비해 경제여건 및 환경변화에 따라 저하될 가능성이 있다.
투기 등급	BB	금융채무의 전반적인 상환가능성에 불확실성이 내포되어 있어 투기적 요소를 갖고 있다.
	B	금융채무의 전반적인 상환가능성에 대한 불확실성이 상당하여 상위등급(BB)에 비해 투기적 요소가 크다.
	CCC	금융채무의 채무불이행의 위험 수준이 높고 전반적인 상환가능성이 의문시된다.

	CC	금융채무의 채무불이행의 위험 수준이 매우 높고 전반적인 상환가능성이 희박하다.
	C	금융채무의 채무불이행의 위험 수준이 극히 높고 전반적인 상환가능성이 없다.
	D	상환불능상태이다.

자료: 한국신용평가(www.kisrating.com)

주식투자의 이해

01 주식의 개요

주식(stock 또는 share)은 주식회사의 지분권을 표시하는 유가증권이다. 주식은 상환의무가 없고 경영실적에 따라 배당만 하면 되기 때문에 발행기업 입장에서는 매우 안정적인 자금조달 수단이 되며 자기자본으로서 기업의 재무구조를 개선시키는 효과가 있다. 또한 투자자 입장에서는 유용한 자금운용 수단이 된다.

주식회사의 주주는 유한책임을 원칙으로 하므로 출자한 자본액의 한도 내에서만 경제적 책임을 지게 된다. 따라서 출자한 회사가 파산하여 갚아야 할 부채가 주주 지분 이상이 되더라도 주주는 지분가치를 초과한 부채에 대해 책임을 지지 않는다.

주주가 출자한 회사에 대한 권리는 크게 자신의 이익을 위한 자익권과 회사 전체의 이익과 관련된 공익권으로 나뉜다. 이익배당청구권이나 잔여재산분배청구권, 신주인수권 등은 자익권에 속한다. 한편, 주주의 공익권으로는 주주총회에서 이사 선임 등 주요 안건에 대한 의결에 지분 수에 비례하여 참여할 수 있는 의결권, 회계장부와 관련된 주요 정보의 열람을 청구할 수 있는 회계장부 열람청구권, 이미 선임된 이사를 임기 전이라도 일정 수 이상의 주주 동의를 얻어 해임을 요구할 수 있는 이사해임요구권, 그리고 일정 수 이상의 주주 동의로 임시 주주총회 소집을 요구할 수 있는 주주총회 소집요구권 등이 포함된다.

이와 같이 일반적인 자익권과 공익권을 갖는 주식을 보통주(common stock)라고 하고, 이러한 보통주와 구별되는 몇 가지 특징을 갖는 주식으로 우선주 (preferred stock)라는 것이 있다. 우선주는 보통주에 있는 의결권이 없는 반면에, 이익배당이나 잔여재산 분배에 관해 우선적 지위가 인정된다. 즉, 보통주에 앞서 우선적으로 회사 이익에 대해 배당을 받고, 회사가 청산될 경우에도 부채를 제외한 잔여재산에 대해서 보통주보다 우선적으로 분배를 받게 된다.

주식투자를 통해 얻을 수 있는 수익에는 자본이득과 배당금이 있다. 자본이득은 주식의 매매차익으로 주식의 가격이 변동하여 차익이 발생하는 것을 말한다. 배당금은 기업에 이익이 발생할 경우 주주에게 분배해 주는 돈으로, 배당금을 받기 위해서는 기업에서 정하는 배당기준일까지 주식을 보유하고 있어야 한다.

 ## 주식투자의 실무적 기초

매매체결방법

한국거래소의 주식 매매시간은 오전 9시부터 오후 3시 30분까지이고, 매매체결방식은 가격우선원칙과 시간우선원칙을 적용하여 개별 경쟁으로 매매거래가 체결된다. 즉, 매수주문의 경우 가장 높은 가격을, 매도주문의 경우 가장 낮은 가격을 우선적으로 체결하고, 동일한 가격의 주문 간에는 시간상 먼저 접수된 주문을 체결하게 된다.

다만, 시초가와 종가의 경우는 시간의 선후에 상관없이 일정 시간 동안 주문을 받아 제시된 가격을 모아 단일가격으로 가격이 결정되는 단일가매매제도를 채택하고 있다. 따라서 오전 8시 30분부터 주문을 내는 것이 가능하고 여기에서 제시된 가격과 수량을 통해 오전 9시에 단일가로 매매가 체결되면서 시초가가 결정되고, 폐장 10분 전인 오후 3시 20분부터는 매매 없이 주문만 받다가 오후 3시 30분에 단일가로 매매가 체결되면서 종가가 결정된다. 이러한 정규주문 거래 외에도 장이 끝난 오후 4시부터 오후 6시까지 시간외 거래가 가능하며 기관투자자들 간의 시간외 대량매매에 주로 활용되고 있다.

〈표 15〉 거래소 주식 매매거래 시간

체결방식	시간
장 전 종가매매	08:30~08:40
단일가매매	08:30~09:00, 15:20~15:30
정규시장매매	09:00~15:30
장 후 종가매매	15:30~16:00 (체결은 15:40부터, 10분간 접수)
시간외 단일가매매	16:00~18:00 (10분 단위, 총 12회 체결)

자료: 금융감독원(http://www.fss.or.kr)

주문방법

주문가격은 원하는 매수 또는 매도가격을 지정하여 주문하는 지정가 주문 (limit order)과 가격을 지정하지 않고 주문시점에서 가장 유리한 가격에 우선적 으로 거래될 수 있도록 주문하는 시장가 주문(market order)이 있다. 대부분의 주 식거래는 지정가 주문에 의해 이루어지고 시장가 주문은 거래량이 갑자기 증가 하면서 주가가 급등하는 종목을 매수하고자 할 때 종종 이용된다.

한편, 우리나라 주식시장에는 단기간 주가 급등락으로 인한 주식시장의 불안 정을 예방하고 개인투자자 보호를 위해 일일 최대가격변동폭을 제한하는 가격 제한(price limit)[2]제도를 두고 있어, 전일 종가 대비 ±30% 이내에서 가격 변동 이 허용되어 상한가 및 하한가가 결정된다. 또한 증권시장의 가격 급등락을 완 화하고 투자자에게 주의를 환기시키기 위한 가격안정화장치로 매매거래중단 (CB: Circuit Breakers)제도와 사이드카 제도를 두고 있다. CB제도는 증시의 내·외적 요인에 의해 주가지수가 일정수준 이상 급락하는 경우 시장참여자들에게 냉정한 투자판단의 시간(Cooling–off Period)을 제공하기 위해 증권시장 전체의 매매거래를 일시적으로 중단하는 제도이다.

---

2) 공정한 가격형성을 도모하고 급격한 시세변동에 따른 투자자의 피해방지 등 공정한 거래질 서 확립을 위해 하루 동안 가격이 변동할 수 있는 폭을 기준가격 대비 상하 30%로 제한(코 넥스시장 15%)하고 있다.

매매가 체결된 주식의 결제시점은 체결일을 포함하여 3영업일(T+2)이다. 예를 들면, 목요일에 매매가 체결된 주식은 토요일과 일요일 외에 다른 휴장일이 없다면 다음 주 월요일이 결제일이 되어 개장 시점에 매입의 경우는 증권계좌에서 매입대금이 출금되면서 주식이 입고되고, 매도의 경우는 증권계좌에 매도대금이 입금되면서 주식이 출고된다.

거래비용

주식거래에도 세금과 거래비용이 발생한다. 개인투자자의 경우 보유한 주식으로부터 배당금을 받게 되면 금융소득으로 간주하여 소득세가 과세된다. 일반적으로 개인의 모든 소득은 합산하여 종합과세되는 것이 원칙이나, 이자나 배당과 같은 금융소득은 연간 총액이 2,000만원 초과인 경우에만 종합과세하고 2,000만원 이하인 경우에는 분리과세되어 기존 소득에 상관없이 일률적으로 14%의 소득세와 1.4%의 지방소득세를 합한 15.4%의 세금이 원천징수된다.

반면에, 우리나라는 현재 한국거래소에 상장된 주식의 매매에 의해 발생하는 자본이득에 대해 소액개인투자자에게는 과세를 하고 있지 않다. 한편, 주식거래를 할 때마다 세금이 발생하는데 유가증권시장에서 거래되는 종목의 경우는 매도 시 거래세와 농어촌특별세가 매도가격의 0.08% 및 0.15%씩 부과되고, 코스닥 종목의 경우는 매도 시 매도가격의 0.23%가 거래세로 부과되어 결국 두 시장모두 매도 시 매도가격의 0.23%가 세금으로 나가게 된다. 그리고 매매를 하게되면 중개기관인 증권회사에 거래수수료를 지급해야 하는데 증권회사별로 온라인 거래 여부, 거래금액 규모 등에 따라 매입 및 매도 시 거래대금의 0.001%에서 0.5%까지 부담하게 된다.

주식거래 방법

　금융과 경제, 주식과 주식시장의 기초적 이론에 대해 학습하면서 배운 것을 실제 현장에 적용해 보는 것은 가장 효율적인 학습법 중의 하나이다. 특정기업 주식에 단 한 주라도 투자하기 위해서는 기본적 분석과 기술적 분석이 필요하므로 자연스레 거시경제에 대한 이해와 일상생활에서 접하는 금융경제 현상에 대하여 관심을 갖게 될 것이다. 하지만 학생들의 경우는 아직 소득이 없기 때문에 주식계좌를 개설해서 실천해 보는 것이 무리라고 생각할 수도 있다. 다행히도 대부분의 증권사 HTS는 모의투자시스템을 기본적으로 탑재하고 있으며, 증권사에서 지급한 가상 사이버머니를 통해 주식투자 연습을 할 수 있도록 시스템이 되어 있다. 증권사 모의투자 프로그램을 이용하여 주식투자 연습을 하고, 관심 있는 기업의 주식을 단 한 주라도 실제로 투자 경험을 해본다면 투자에 대한 이해와 투자근력을 키우는 데 도움이 될 것이다.

　주식거래를 위해서는 먼저 증권사 영업점·제휴은행을 방문하거나 온라인상에서 비대면 계좌개설을 해야 한다. 비대면 계좌개설은 스마트폰(app/web)을 통해 실명확인 후 계좌를 개설한다. 다음으로 회원가입(ID등록) 및 계좌를 연결하고 공동인증서를 설치한 후 프로그램을 다운로드하여 거래를 시작한다. 계좌개설 방법(영업점/온라인)에 따라 매매수수요율이 다르게 적용된다. 각 증권사 사이트에서는 초보자도 쉽게 접근할 수 있도록 친절하게 안내하고 있다.

◎ 〈그림 31〉 신규 고객 온라인 이용 가이드 예시

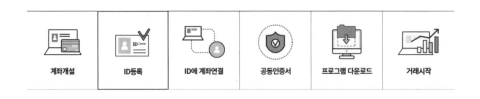

| 계좌개설 | ID등록 | ID에 계좌연결 | 공동인증서 | 프로그램 다운로드 | 거래시작 |

자료: 한국투자증권

◎ 〈그림 32〉 모의투자 시스템 안내 예시

자료: 한국투자증권

증권계좌가 개설되고 HTS를 컴퓨터 혹은 스마트폰에 설치한다면 이론적으로 배웠던 것들을 확인할 수 있다. 증권사 홈페이지에서는 리서치센터에서 작성한 거시경제보고서나 경기전망 자료, 간략한 시황자료 등을 찾을 수 있다. 리서치 자료는 하나의 증권사 자료보다는 여러 곳의 증권사 자료를 같이 비교, 조사하

◎ 〈그림 33〉 주식차트

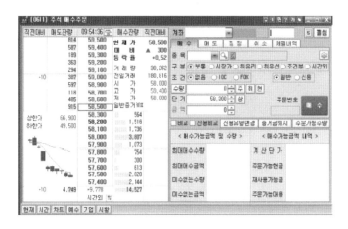

는 방법을 권장한다. HTS의 차트창에서는 가장 기본이 되는 추세선과 이동평균선 등의 기능을 살펴본다. 시장에 대한 지속적인 관심과 학습, 반복적인 경험으로 자신에게 맞는 투자분석 방법을 찾는 것이 좋은 투자 대안이다.

 살펴보기 공매도

공매도(Short Selling, 空賣渡)는 일반적으로 증권을 소유하지 않은 자가 가격이 하락할 것으로 예상하는 경우 이익을 기대하고 증권을 매도하는 것을 말한다. 우리 증시에서는 소유하지 않은 증권의 매도를 원칙적으로 금지하고 있으나, 일정한 경우 차입한 증권으로 매도하는 것은 허용하고 있다. 투자자는 자신이 보유한 증권의 가격하락에 따른 손실을 회피(헤지)하거나, 고평가된 증권의 매도를 통한 차익을 얻기 위해 주로 공매도를 활용하고 있다. 공매도는 주식시장에 추가적인 유동성을 공급하여 가격발견의 효율성을 제고하고 투자자의 거래비용을 절감한다. 또한, 부정적인 정보가 가격에 빠르게 반영될 수 있도록 하여 주가버블 형성을 방지하고 변동성을 줄이는 등 순기능이 있어 전 세계 대부분의 증권시장에서는 공매도를 허용하고 있다. 하지만, 소유하지 않은 증권을 매도하여 결제일에 결제불이행 발생의 우려가 있고, 시장불안 시 공매도가 집중될 경우 주가하락 가속화 및 변동성 확대 등 안정적인 시장의 운영에 잠재적인 위험요인으로 작용할 수 있다. 이에 따라, 각국의 증권시장에서는 공매도를 허용하되 공매도에 따른 잠재적인 위험을 관리하기 위해 관리수단을 도입하고 있고, 우리 증권시장에서도 각각의 위험을 방지하기 위한 시장관리방안을 마련하고 있다.

자료: 2019 주식시장 매매제도의 이해(2019), 한국거래소. p.102-103.

 생각하기

주식투자시 요주의 할 5적(賊)

① 자칭 '주식 전문가'

[인터넷 팝업광고(예시)]
"맨몸으로 시작해서 수백억 원대의 자산가로 등극한 주식투자 전문가 OOO!! 그가 운영하는 유일한 커뮤니티에서 지속적인 고수익을 올릴 수 있는 노하우를 만나보세요"
O월O일 OO에서 카페 최초로 오프라인 투자설명회를 개최합니다. 관심 있는 분들의 많은 참여 바랍니다(설명회 참석 문의 ☎ 02-0000-0000).

최근 신문, 인터넷 등에서 이런 광고 문구를 자주 접할 수 있는데, 인터넷 주식 카페, SNS(소셜네트워크서비스) 등을 통한 비대면 투자자 모집이 많아지면서 증권사기가 빈발하고 있다. 투자전문가라 사칭하고 고수익을 얻을 수 있다면서 돈을 빨리 보내라고 한다면 조심하여야 한다. 입금된 투자금을 챙겨 잠적해버리는 사기꾼인 경우가 많다. 특히, 자칭 '주식전문가'들이 증권방송이나 광고성 프로그램에 출연해 유명세를 만들어내고, 그 유명세를 발판으로 투자금을 받아 가로채는 사례도 빈발하고 있다. 방송매체에 대한 신뢰성을 악용하여 허위광고를 하고 투자자를 속이는 것이다. 증권TV 방송광고도 광고주 요청대로 방영되는 것이므로, TV 광고라고 해서 그 내용을 전적으로 신뢰하는 것은 위험할 수 있다. 아무래도 증권전문 방송에서 하는 말이니까 "풍문으로 듣는 것보단 더 믿을 만하겠지." 하는 생각이 들 수 있겠지만, 이러한 허위·과장 광고와 '주식전문가'라는 말에 현혹되지 말고 제도권 금융투자회사에 방문하여 투자조언과 다양한 정보를 직접 듣고 확인한 후 투자에 나서는 것이 좋을 것이다.

② '대박! 추천종목'

[인터넷 증권카페 게시글(예시)]

"카페운영자 OOO입니다. 제가 추천해드릴 종목은 코스닥 상장종목인 'OO건설'입니다. 작년까지 실적이 저조했으나, 최근 중동진출이 점차 가시화되어 향후 성장성이 매우 높다고 볼 수 있습니다. 현재 저점으로 판단되니 강력 매수추천!! 드립니다. 적극 투자하시어 높은 수익 얻으시기 바랍니다."

주식관련 카페나 사이트 등에 자주 올라오는 게시글 유형입니다. 대놓고 사라고 권유하지는 않지만 "OO회사 요즘 좀 잘나가지 않나요??" 등 댓글도 동원하고, 은근히 호재가 있다는 분위기를 풍기며 "이번엔 이 종목이다"라고 유인하는 경우가 많다. 이처럼 주식카페 회원들을 상대로 특정종목에 호재성 정보가 있다는 허위사실을 유포하여 투자를 유인하는 사례에 주의하여야 한다. 이들은 ① 특정종목을 적극 홍보한 후 주가가 오르면 보유주식을 매도하여 차익을 얻거나, ② 자기가 보유한 비상장주식이 유망하다는 말에 속은 카페회원에 팔아 넘겨 이익을 실현하기도 한다. 특히, 비상장주식은 유통되는 시장이 없어 되팔기도 매우 어려울 수 있으므로 투자추천만을 믿고 매수하는 경우 좀 더 주의할 필요가 있다.

③ 'OOO' 테마주

[투자자들의 대화(예시)]

갑: 지난주에 실시한 차기 대통령 후보 여론조사 결과 봤어?
을: 당연히 봤지. OO당의 OOO후보가 1위던데, 요즘 대세잖아
갑: 그럼 OO산업 주식 오르겠네. OOO후보와 관련 있는 회사잖아.

을: 그래?? 그럼 당장 사야겠다.
〈1개월 후〉
갑: OOO후보 지지율이 많이 떨어졌네. OO산업 주식 어때?
을: 망했어!!

위의 대화처럼, 많은 수익을 얻을 것으로 기대하며 각종 테마주에 맹목적으로 투자했다가 낭패를 보는 경우가 많다. 테마주는 기업의 경영실적과 무관하게 풍문만으로 단기간 급등하다가, 루머가 소멸되면 급락하는 등 주가의 변동성이 크고 예측이 어려워 투자자가 언제든지 막대한 손실을 입을 수 있는 위험이 있다. 기업 내재가치에 대한 심도 있는 분석 없이, 단지 테마주라는 풍문만으로 거래가 급등한 종목에 '묻지마 투자'나 '추종매수'를 하는 경우 투자결과는 대체로 좋지 않은 것으로 분석되고 있다. 그러므로 테마의 실체를 확인하고, 풍문을 동원한 투기세력의 공격대상은 아닌지 유의하면서, 금융감독원 전자공시시스템(http://dart.fss.or.kr) 등에 공시된 기업의 사업내용, 영업실적 등 내재가치를 주의 깊게 살펴 우량한 종목에 투자하는 것이 현명한 투자방법일 것이다.

④ '미등록 사설업자'

[인터넷 주식카페 게시글(예시)]
• 이번 회차에 주식투자를 일임해주신 분들은 모두 목표수익을 초과달성하였습니다.
• 다음 회차에는 수익률 최소 30%를 목표로 회원을 모집합니다.
• 망설여지시나요? 저는 1년 동안 철저한 검증을 받았습니다. 기회는 왔을 때 잡는 겁니다!

인터넷 블로그나 주식카페 등을 보면, 투자실적을 과시하며 주식투자 전문가를 자처하는 이들이 고수익을 보장하면서 주식 운용을 맡기도록 유도하는 경우가 많다. 이들 '미등록 투자일임업자'에게 주식투자를 맡기는 경우 투자성과가 좋지 않은 경우가 상당수 있으며, 각종 수수료, 성과보수 등의 명목으로 가져가는 비용이 많아 손실이 발생하는 경우도 많다. 일부 '미등록 투자일임업자'는 약속된 수익 달성 등을 위해 일임받은 증권계좌들을 주가조작에 이용하여 투자자들이 자기도 모르는 사이에 증권범죄에 연루되는 사례도 있다. 증권계좌가 주가조작에 사용된 경우 증권계좌를 맡긴 사람 역시 처벌을 받을 수 있으니, 주식투자를 일임하고자 하는 때에는 등록한 금융투자회사를 이용하는 것이 바람직하다.

자료: 금융감독원(www.fss.ok.kr)

증권분석

주식은 미래에 받을 이자와 원금이 확정되어 있는 채권과 달리 정해진 배당이나 매도금액 등 투자수익금이 사전에 정해지지 않는다. 또한 발행회사를 상대로 상환요구도 할 수 없기 때문에 미래의 현금흐름에 대한 불확실성이 큰 편이다. 주식은 채권에 비해 가격변동이 매우 심한 편에 속하는데 실제로 우리나라에서 주가의 하루 상·하한선은 ±30%로 가치평가가 어렵다. 주식분석은 투자종목 선정과 매매시점 포착을 위해 유용한 정보를 수집하고 분석하는 제반 활동으로서, 크게 기본적 분석과 기술적 분석으로 나뉜다. 기본적 분석은 거시경제요인, 산업요인, 기업요인 등에 관한 정보를 이용하여 배당평가모형이나 상대가치평가모형 등으로 주식의 내재가치를 구하는 방법으로 투자종목의 선정에 주로 활용된다. 기술적분석은 과거 시장정보인 주가나 거래량으로부터 반복적이고 예측 가능한 패턴을 파악하여 미래의 주가를 예측하는 방법으로 투자시점의 포착에 주로 활용된다.

01 기본적 분석

기본적 분석이란 기업의 경영 및 수익에 영향을 줄 수 있는 외부 경제 및 산업환경 등의 요인을 분석하여 기업의 내재가치를 평가하는 방법이다. 여기서 내재가치란 기업의 현재 순자산액을 나타내는 자산가치와 장래 수익성을 나타내는 수익가치의 합이다. 현재 해당기업의 주가가 내재가치보다 낮다면 현재 주가는 상대적으로 저평가되어 있기 때문에 매수하여 수익을 얻고, 반대로 내재가치보다 현재 해당기업의 주가가 높다면 현재 주가는 상대적으로 고평가되어 있기 때문에 매도하여 손실을 최소화 하는 것이다.

기본적 분석을 위해서는 거시경제분석, 산업분석 및 기업분석 등이 기본적으로 필요하다. 기본적 분석의 접근방법은 두 가지로 구분된다. 먼저 상향식 접근방법(bottom-up approach)은 기업의 내재가치를 먼저 분석한 후, 산업시장을 분석하고, 거시경제를 분석하는 방법이다. 다음으로 하향식 접근방법(top-down approach)은 거시경제분석과 산업시장을 분석한 후 최종적으로 기업의 내재가치를 분석하는 방법이다. 보통은 하향식 접근방법을 많이 사용한다.

◎ 〈그림 34〉 기본적 분석의 일반적인 접근방법

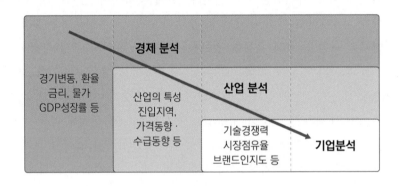

경제분석 및 산업분석

대부분의 기업들은 어느 정도 여러 거시경제변수들에 영향을 받기 때문에, 기업의 가치를 평가하기 위해서는 경제분석 및 산업분석이 중요하다. 경제분석은 거시경제적 관점에서 환율, 국제수지, 원자재 가격 등의 해외적 요인과 정부의 제반 정책, 경기, 물가 등의 국내적 요인으로 구분할 수 있으며. 정책적 변수로는 통화량, 금리 등의 통화정책적 변수와 세금, 실업, 정부지출 등의 재정정책적 변수 등이 있다.

산업분석은 특정기업이 속한 산업에 중요한 영향을 미치는 요인들을 광범위하게 분석하여, 해당 산업의 구조적 특성과 동향을 파악함으로써 투자유망업종을 선정한다. 기업분석에서는 경제 및 산업분석을 토대로 개별기업의 미래 수익성을 예측하고, 기업의 내재가치를 추정함으로써 투자유망종목을 선택하게 된다.

기업분석

기업분석에는 재무상태표, 손익계산서, 현금흐름표 등의 재무제표를 이용하여 특정기업의 유동성, 활동성, 수익성 등을 파악하는 재무제표분석과 업계에서의 경쟁적 지위, 성장잠재력, 연구개발력, 제품의 구성 및 시장의 지위, 지배구조, 경영전략 및 노사관계 등을 분석하는 질적 분석이 있다. 재무비율 분석이란 재무제표의 중요한 정보만을 정리하여 간결한 수치로 나타내어 분석하는 기업분석 방법이다. 재무비율은 일반적으로 부채비율, 유동성비율, 활동성비율, 수익성비율로 분류되며, 재무비율 분석을 통해 동종 산업 내 다른 기업들과 특정 기업의 재무적 특성을 비교 분석하거나 특정 기업의 재무비율을 시계열로 분석할

◎ 〈그림 35〉 기업의 재무상태와 경영성과를 나타내는 재무제표

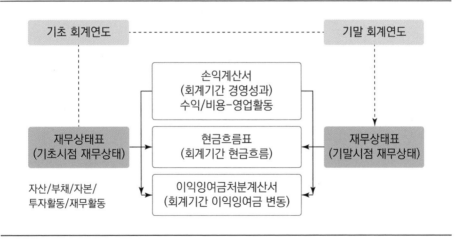

수 있다. 재무비율은 쉽게 계산할 수 있고 이해하기 쉬워 널리 사용되고 있으나, 기업마다 회계처리 방법이 다르고, 비율분석의 기준이 되는 표준비율 선정이 어렵기 때문에 분석 결과를 해석하고 활용하는 데 신중해야 한다.

부채지표(leverage measures)

부채지표는 기업이 자산 또는 자기자본에 비하여 얼마만큼의 부채를 사용하고 있는가를 보여준다. 일반적인 부채비율은 총자산 대비 총부채로 측정하지만, 종종 자기자본 대비 부채의 비중으로 측정되기도 한다. 부채의 레버리지효과는 기업의 영업이익을 증폭시킬 수 있기 때문에 영업이익에서 이자비용 등의 금융비용을 차감한 주주의 이익, 즉 당기순이익을 높이는 데 기여할 수 있으나 당기순이익의 변동성을 크게 하여 재무리스크를 높인다. 특히, 과도한 부채는 기업의 파산 가능성을 높이게 되므로 부채비율이 과도하게 높은 주식은 투자를 피하는 것이 안전하다.

$$부채비율(\%) = \frac{총부채}{자기자본} \times 100$$

이자보상비율

이자보상비율은 부채로부터 발생하는 이자비용을 같은 기간의 영업이익으로 얼마만큼 커버할 수 있는지를 살펴보는 지표로 활용한다. 이자보상비율이 높으면 이자비용을 커버하기에 충분한 영업이익이 있다는 의미이고, 만일 이자보상비율이 1보다 작다면 영업이익으로 이자비용도 감당하지 못한다는 의미로 기업이 심각한 재무적 곤경에 처해 있다고 해석할 수 있다.

$$이자보상비(배)율 = \frac{영업이익}{이자비용}$$

유동성지표(liquidity measures)

유동성지표는 기업이 부담하고 있는 단기부채를 충분하게 상환할 수 있는 능력을 살펴보는 지표로서 1년 이내에 만기가 돌아오는 유동부채 대비 현금성이 있는 유동자산의 비율로 측정한다. 다만, 유동자산에 포함되는 재고자산의 경우는 기업이 정상적인 영업 활동을 하기 위해 항상 필요한 자산이므로 이것을 제외한 나머지 유동자산, 즉 당좌자산만으로 유동성을 측정하는 당좌비율을 사용하기도 한다. 유동성비율이 높을수록 단기부채를 상환하기 위한 유동자산 또는 당좌자산이 충분한 것이나, 지나치게 높은 비율은 불필요하게 많은 자금을 수익성이 낮은 현금성 자산으로 운용하고 있다는 의미가 되기도 한다.

$$유동비율(\%) = \frac{유동자산}{유동부채} \times 100$$

$$당좌비율(\%) = \frac{유동자산-재고자산}{유동부채} \times 100$$

활동성지표(activity measures)

활동성지표는 기업이 보유하고 있는 자산을 기업이 얼마나 잘 활용하고 있는가를 보기 위한 지표로서 주로 총자산 대비 매출액으로 측정한 총자산회전율로 측정한다. 자산회전율이 낮다면 매출이 둔화되었거나 비효율적인 자산에 투자하여 자산의 활용도가 낮다는 의미가 된다. 다만 철강, 자동차, 조선과 같이 자본집약적 산업의 경우는 총자산회전율이 낮은 경향이 있기 때문에 산업별 특성을 고려하여 지표를 평가할 필요가 있다. 한편, 재고자산 대비 매출액으로 측정한 재고자산회전율 등도 활동성지표로 활용된다.

$$총자산회전율(회) = \frac{매출액}{총자산}$$

$$재고자산회전율(회) = \frac{매출액}{재고자산}$$

수익성지표(earnings measures)

수익성지표는 기업의 경영성과를 나타내는 가장 중요한 재무비율지표로서 크게 매출액과 투자자본 대비 수익률로 측정한다. 먼저, 매출액 대비 수익률을 각각 당기순이익과 영업이익으로 측정한 매출액순이익률(ratio of net income to sales)과 매출액영업이익률(ratio of operating profit to sales)이 있는데, 당기순이익은 영업외 수익과 영업외 비용의 영향을 받기 때문에 영업이익만으로 측정한 매출액영업이익률이 더 많이 사용된다. 한편, 총자산 대비 당기순이익으로 측정한 총자산이익률(ROA: Return On Asset)은 기업이 자산을 활용하여 이익을 창출하는 능력을 나타내고, 자기자본이익률(ROE: Return On Equity)은 주주의 몫인 자기자본을 얼마나 효율적으로 활용하여 이익을 창출하였는지를 보여주는 지표로서 주주의 부를 극대화한다는 측면에서 주식시장에서 가장 중요한 재무비율 지표로 자주 인용된다.

$$\text{매출액순이익률(\%)} = \frac{\text{당기순이익}}{\text{매출액}} \times 100$$

$$\text{매출액영업이익률(\%)} = \frac{\text{영업이익}}{\text{매출액}} \times 100$$

$$\text{총자산이익률(ROA)(\%)} = \frac{\text{당기순이익}}{\text{총자산}} \times 100$$

$$\text{자기자본이익률(ROE)(\%)} = \frac{\text{당기순이익}}{\text{자기자본}} \times 100$$

DART는 상장법인 등이 공시서류를 인터넷에 제출하면 투자자 등이 인터넷을 통해 관련 정보를 조회할 수 있도록 마련한 종합적 기업공시시스템이다. 기업의 사업내용, 재무상황, 경영실적 등 전반에 대한 정보를 담고 있는 사업보고서 등을 열람할 수 있고, 증권의 공모발행을 위한 증권신고서, 투자설명서, 증권발행실적보고서 등을 검색할 수 있다.

또한 DART 홈페이지와 달리 공시서류를 일일이 열람하지 않고도 주요 공시정보를 쉽게 파악할 수 있도록 지원하는 공시정보 개방 전용 서비스인 'Open DART'(opendart.fss.or.kr)도 이용 가능하다. Open DART의 '공시정보 활용마당'에서는 여러 회사의 재무·비재무 정보를 한 화면에서 직접 비교하고 다운로드하여 활용할 수도 있다.

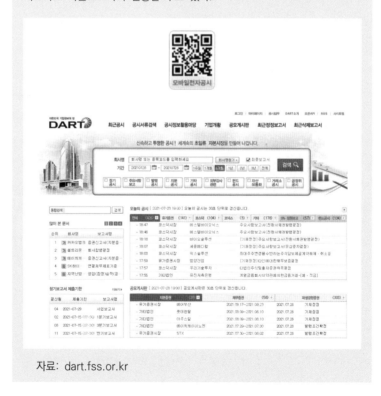

자료: dart.fss.or.kr

💬02 기술적 분석

기술적 분석은 과거의 주가 및 거래량의 추세와 변동패턴에 관한 역사적 정보를 이용하여 미래 주가를 예측하고 매매시점을 포착하는 분석기법이다. 기술적 분석은 과거 증권가격 움직임의 양상이 미래에도 반복된다고 가정 하고, 증권가격의 패턴을 결정짓는 증권의 수요와 공급이 이성적 요인뿐 아니라 비이성적 요인이나 심리적 요인에 의해서도 결정된다는 것을 전제하고 있다. 기술적 분석은 주로 과거 주가흐름을 보여주는 주가 차트(chart)를 분석하여 단기적인 매매 타이밍을 잡는 방법으로 주로 이용된다.

기술적 분석은 기본적으로 다음과 같이 가정 하고 있다.
① 주식시장은 수요와 공급에 의해서만 결정된다.
② 주가는 지속적인 추세를 따르며 상당기간 움직인다.
③ 추세의 변화는 수요와 공급에 의해서 변한다.
④ 수요와 공급의 변화는 도표에 의해 추적 가능하며, 주가모형은 스스로 반복하는 경향이 있다.

이런 가정이 성립한다면 기술적 분석은 투자자들의 심리적 요인을 파악할 수 있으며, 기본적 분석의 한계점을 보완할 수 있다. 기본적 분석은 내재가치를 분석하여 미래 적정 주가를 계산할 수는 있지만 매매시점을 포착하기는 어렵다는 한계점이 있다. 반면, 기술적 분석은 추세 변화 등의 분석을 통해 매매시점을 포착할 수 있다는 점에서 기본적 분석의 한계점을 보완할 수가 있다.

그러나 기술적 분석은 과거 주가 패턴이 미래에도 반복될 것이라는 비현실적인 가정과 동일한 주가 흐름을 보고도 투자자마다 다르게 해석할 수도 있다는 점, 차트에만 집착하기 때문에 전반적인 시장변화에 대한 원인을 분석하지 못한다는 단점이 있다. 따라서 합리적인 투자자라면 차트에만 의존하지 말고 기본적 분석을 병행하여 분석할 필요가 있다.

차트의 기본구조(캔들차트)

차트의 가장 기본으로 양초모양을 보이고 있다.

◎ 〈그림 36〉 캔들차트

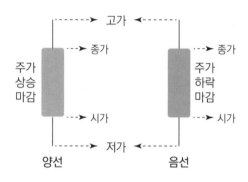

추세선 분석

추세분석은 추세가 일단 형성되면 상당기간 지속된다는 가정에서 출발한다.

지지선과 저항선

지지선은 주가가 하락하는 것을 밑에서 받쳐주는 힘이고, 저항선은 주가가 상승하는 것을 위에서 막아주는 힘이다. 지지선을 돌파하여 하락하는 경우는 매도 타이밍으로, 저항선을 돌파하여 상승하는 경우는 매수타이밍으로 본다. 저항선과 지지선을 지속적으로 돌파하지 못하면 추세 전환의 신호로 인식할 수 있다.

◎ 〈그림 37〉 지지선과 저항선

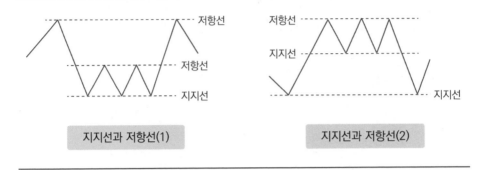

지지선과 저항선(1)

지지선과 저항선(2)

추세선(trend line)

추세선은 의미 있는 2개의 고점 혹은 저점을 연결한 선으로 상승 추세선, 하락 추세선, 평행 추세선이 있다.

◎ 〈그림 38〉 추세선의 종류

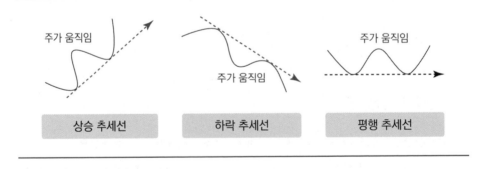

상승 추세선

하락 추세선

평행 추세선

이동평균선(MA: Moving Average)

이동평균선 분석은 일정기간 주가의 평균치를 현재의 주가방향과 비교 분석하여 매매 타이밍과 미래 주가를 예측하는 방법으로, 기간에 단기, 중기, 장기로 구분하며 보통 단기로는 5일, 20일의 평균을 이용하고, 중기는 60일, 장기는

120일 선을 이용한다. 이동평균선을 이용한 주가분석은 크게 이격도 분석, 방향성 분석, 배열도 분석, 지지선－저항선 분석, 크로스 분석 등이 있는데, 크로스 분석이 차트 분석에서 가장 많이 사용되고 있는 기법이다.

크로스분석은 이동평균선 간 교차되는 시점을 찾아 주식의 매수 혹은 매도 타이밍을 잡는 분석방법이다. 보통 단기 이동평균선이 중기 혹은 장기 이동평균선을 상향 돌파하는 경우를 골든크로스라고 하며 매수 타이밍으로 본다. 반면에 단기 이동평균선이 중기 혹은 장기 이동평균선을 하향 돌파하는 경우를 데드크로스라고 하고 매도 타이밍으로 본다.

◎〈그림 39〉 이동평균선 크로스 분석

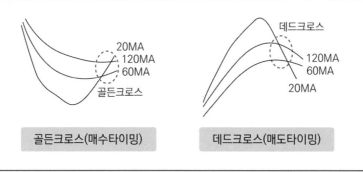

03 주식가치의 평가

주식투자를 위한 기본적 분석의 핵심은 기업의 가치와 현재 주가를 비교하여 주가가 기업가치에 비해 낮은 저평가 주식은 매입하고 주가가 기업가치에 비해 높은 고평가 주식은 매도하는 것이라고 할 수 있다. 주식가치를 평가하는 방법에는 기업의 사업특성에서 발생하는 내재가치를 평가하는 절대가치평가모형과 다른 자산의 가치와 비교하는 상대가치모형이 있다.

배당평가모형

배당평가모형은 주식에 정해진 만기가 없으며 기업이 영구적으로 존속한다는 가정 하에 얻게 될 미래 현금흐름을 적절한 할인율로 할인한 현재가치이다. 주식을 보유한 경우에 얻게 될 미래 현금흐름에는 주식을 보유하는 기간에 받는 배당금과 주식을 매도할 때 받는 처분가격이 있다. 따라서 주식가치는 미래에 예상되는 배당금을 적절한 할인율인 자기자본비용으로 할인한 현재가치가 된다.

$$주가 = \frac{주당배당금}{할인율} \quad (1\text{-}1)$$

식(1-1)은 배당의 변동 없이 매년 일정한 배당을 지급한다는 가정 하에 주식가치를 평가하는 모형으로 제로성장배당모형 또는 고정배당모형이라고 한다. 배당이 일정한 비율로 계속 성장한다면 배당의 미래가치는 다음과 같이 나타낼 수 있다.

$$주가 = \frac{기대배당금(배당성장률)}{요구수익률-배당성장률} \quad (1\text{-}2)$$

예를 들어, 올해 주당 1,000원씩을 배당한 기업의 배당금은 향후 매년 5%씩 영구적으로 증가할 것으로 전망되고 투자자들의 요구수익률이 10%라고 가정할 때, 이 주식의 내재가치는 21,000원이 된다.

$$\frac{1,000(1+0.05)}{0.1-0.05} = 21,000원$$

상대가치평가모형

배당평가모형을 살펴보기 위해서는 미래의 배당흐름과 적절한 할인율을 알아야 하는데 현실적으로 미래의 배당흐름을 정확하게 예측하기가 쉽지 않다. 이에 대한 대안으로 실무에서는 상대가치평가모형을 자주 사용한다. 상대가치평가모형은 평가대상기업과 영업 및 경제적 특성이 유사하다고 판단되는 다른 기업의 주가배수(price multiple)를 평가대상기업에 적용하여 간접적으로 기업가치를 평가하는 것이다. 상대가치평가모형에서 자주 사용되는 주가배수로는 주가수익비율, 주가순자산비율, 주가매출액비율 등이 있다.

주가수익비율(PER: Price Earnings Ratio)

주식가격을 1주당 순이익(EPS: Earnings Per Share)으로 나눈 값이며 기업이 벌어들이는 주당순이익에 대해 증권시장의 투자자들이 어느 정도의 가격을 지불하고 있는가를 뜻한다. 기업의 순이익 한 단위에 대한 시장의 평가를 상대적으로 보여준다고 볼 수 있다. 주가수익비율은 기업의 본질적인 가치에 비해 주가가 고평가되어 있는지 또는 저평가되어 있는지를 판단하는 기준으로 사용된다. 주가이익비율이 상대적으로 높으면 주가가 순이익에 비해 고평가되어 있다는 것을 뜻하며, 반대로 낮으면 주가가 순이익에 비해 저평가되어 있다는 것을 뜻한다. 이때 비교하는 기준은 유사한 위험을 지닌 주식들의 PER을 이용하는 방법이나 동종 산업의 평균 PER을 이용하는 방법, 그리고 해당 기업의 과거 수

년간의 평균 PER을 이용하는 방법 등을 사용한다.

$$PER = \frac{주가}{주당순이익(EPS)}$$

그러나 PER 계산에서 분모로 사용되는 주당순이익[3](EPS)은 해당 기업의 최근 실적을 의미하는 반면에 분자가 되는 주가는 기업의 미래가치를 반영하여 결정되기 때문에 두 값 사이에 괴리가 발생할 수 있다. 예를 들면, 최근 실적은 좋았으나 향후 기업 전망이 좋지 못하면 PER이 낮을 수 있고, 반대로 최근 실적은 부진하지만 향후 기업의 성장 가능성이 높으면 PER이 높게 형성된다. 일반적으로 높은 성장은 기대되지 않지만 안정적인 수익을 창출하는 산업의 경우는 PER이 낮고, 현재 수익은 작지만 성장성이 높은 산업은 PER이 높게 형성되는 경향이 있다. 예를 들면, 기술집약적인 산업이나 신생 벤처기업의 경우는 시장에서 PER이 높게 형성된다. 따라서 PER의 절대적인 수준에 의해 수익 대비 주가의 고평가 또는 저평가를 판단하는 것은 바람직하지 못하다. 다만, 해당 기업의 과거 수년 동안의 평균값이나 기업이 속한 산업의 평균값과 비교하여 수익 대비 현재 주가수준을 판단하는 기준으로는 자주 사용된다.

주가장부가치비율(PBR: Price Book value Ratio)

PER과 함께 주식투자에서 널리 사용되는 주가장부가치비율(PBR: Price Book value Ratio)은 시장가치(market value)를 나타내는 주가를 장부가치(book value)를 보여주는 주당순자산[4](BPS: Book value Per Share)으로 나눈 비율로서 주당가치를 평가함에 있어서 시장가격과 장부가치의 괴리정도를 평가하는 지표이다.

---

3) 주당순이익은 최근 1년(분기별로 이익을 발표하는 기업의 경우 최근 4분기) 동안 기업의 당기순이익을 발행주식 수로 나눈 값으로 계산된다.

4) 주당순자산은 기업의 순자산을 발행주식 수로 나눈 것이다. 기업의 순자산은 장부금액으로 기업이 청산된다고 가정 하여 구한 값으로서, 기업의 총 자산에서 총 부채를 뺀 것이 자기자본인데 여기에서 상표권, 영업권 등 무형자산과 배당금, 임원상여금 등 사외 유출분을 제외하면 순자산이 된다.

$$PBR = \frac{주가}{주당순자산(BPS)} = \frac{주당시장가격}{주당장부가격}$$

주당순자산이란 기업 청산 시 장부상으로 주주가 가져갈 수 있는 몫을 나타내므로 PBR이 낮을수록 투자자는 낮은 가격에 주당순자산을 확보하게 된다. 만일 PBR이 1보다 작다면 해당 기업이 지금 장부가치로 청산한다고 가정해도 보통주 1주에 귀속되는 몫이 현재 주가보다 많다는 의미가 된다. 그러나 회계원칙의 보수성으로 인해 장부상의 자산은 시장가격보다 낮은 가격으로 작성될 수밖에 없고, 경영자의 능력, 기술개발력, 브랜드가치와 같이 화폐단위로 표시할 수 없는 항목은 순자산에 반영되지 못하고 있기 때문에 대부분 주식의 PBR은 1보다 큰 값을 갖는 것이 일반적이다.

다만, PBR이 지나치게 높은 경우는 현재 주가가 고평가되었다고 판단할 수 있다. 그런데 미래 성장성이 큰 기업의 PBR은 높은 경향이 있으므로 PER과 마찬가지로 PBR도 해당 기업의 과거 수년 동안의 평균값이나 기업이 속한 산업의 평균값과 비교하여 자산가치 대비 현재 주가수준을 판단하는 기준으로 사용하는 것이 바람직하다.

가치투자의 창시자

증권분석의 창시자인 미국의 벤저민 그레이엄(Benjamin Graham)의 저서 「증권시장분석(Security Analysis)」과 「현명한 투자자(Intellgent Investor)」는 가치투자의 필독서로 여겨진다. 그레이엄은 주식투자는 단기적인 시세 변동을 관찰하여 수익을 올리는 행위가 아니라, 한 기업에 대한 투자의 개념으로 이해해야 한다고 했다. 그는 기업의 재무제표와 시장을 분석하는 행위는 투자로 볼 수 있지만, 단순히 도표와 단기적인 흐름을 분석하고 예측하는 행위는 투자가 아니라고 보았다. 가치 투자자이며 버크셔 헤서웨이 지주회사로 세계 최고의 부자 대열에 있는 워렌 버핏이 그의 제자다. 스스로 장기 투자자라고 말하는 워렌 버핏은 '내가 선호하는 투자 기간은 영원하다'라는 말을 남기기도 했다.

자료: 인플레이션(2021), 하노 백 외, 다산북스. p.304.

핵심내용 정리

• 투자와 투기, 투자의 위험, 투자수익률

• 투자위험 관리와 분산투자

• 레버리지 효과와 투자위험

• 자본시장법 「표준투자권유준칙」

• 채권
   - 대부증권으로 타인자본, 이자수익과 매매차익
   - 채권투자의 장점; 안정성, 유동성
   - 채권투자의 위험: 이자율위험, 구매력 위험, 채무불이행위험, 중도상환위험, 유동성위험

• 특수한 형태의 채권
   - 전환사채, 신주인수권부사채, 교환사채 등

• 주식
   - 출자증권으로 자기자본, 지분청구권, 배당금과 주식매매차익
   - 주주평등의 원칙, 유한책임

• 재무제표
   - 특정시점의 재무상태와 일정기간 동안의 경영성과 등을 표시한 회계보고서
   - 재무상태표, 포괄손익계산서, 자본변동표, 현금흐름표, 주석으로 구성

• 증권가치 분석
   - 기본적 분석과 기술적 분석
   - 기본적 분석: 상향식 접근방법, 하향식접근방법
   - PER, PBR, PSR

• 금융감독원 전자공시시스템(DART)

다양한 투자상품

금융과 사회
금융으로 세상읽기

SECTION 01 펀드

SECTION 02 파생상품

SECTION 03 구조화상품

01

펀드

01 펀드의 개요

투자의 방법은 운용주체에 따라 직접투자와 간접투자로 나눌 수 있다. 직접투자는 투자운용을 투자자 본인이 직접 수행하는 것이며, 간접투자는 자산운용회사, 투자자문회사 등 금융회사가 취급하는 간접투자상품에 가입하여 투자 운용을 위탁하는 것이다. 금융회사가 취급하는 간접투자상품에는 펀드(자산운용회사), 투자일임 자문계약(투자자문회사), 랩어카운트(증권회사), 신탁(은행과 증권회사), 변액보험(보험회사) 등이 있으며, 이 중 펀드는 자산운용회사가 운용하는 간접투자상품이다.

펀드는 투자자로부터 모은 자금을 전문 운용회사가 주식, 채권, 파생상품이나 실물자산 등 여러 종류의 자산에 투자하여 운용한 후 수수료 및 보수를 제외한 성과를 투자자에게 돌려주는 금융투자상품이다. 「자본시장법」에서는 펀드를 집합투자기구로 규정하고 있으며, 투자자는 집합투자기구가 발행한 증권인 집합투자증권을 매입하여 펀드에 투자하게 된다.

펀드의 특징

펀드투자는 직접투자와 비교하면 다음과 같은 특징을 가진다.

① 소액의 자금으로도 다양한 투자자산에 쉽게 투자할 수 있다. 채권이나 부동산은 거액의 자금이 필요하여 소액투자로는 부적합하지만, 채권형펀드나 부동산펀드는 소액의 자금으로도 간접적으로 투자할 수 있다. 따라서 소액투자자는 펀드 가입을 통해 투자기회 포트폴리오를 확대할 수 있다.

② 분산투자에 따른 위험분산효과를 높일 수 있다. 직접투자가 가능한 주식이라도 소액투자자에게는 자금규모가 제한적이기 때문에 충분한 분산투자를 하기 어렵다. 소액투자자는 펀드투자를 통해 위험분산효과를 극대화할 수 있다.

③ 전문성을 가진 펀드매니저가 투자를 운용한다. 대부분의 개인투자자는 전문적 운용인력에 비해 정보 수집과 분석, 운용역량이 낮고 시간도 부족하다. 개인투자자는 펀드투자를 통해 운용 전문성을 간접적으로 확보할 수 있다.

④ 직접투자보다 적은 비용을 부담한다. 펀드투자의 비용은 규모의 경제로 인해 직접투자에 소요되는 비용보다 절감될 수 있다.

⑤ 투자 과정의 전체 단계를 통제할 필요가 없다. 펀드투자에서는 증권 및 매매시점 선택에 대한 의사결정을 펀드매니저에게 위탁한다. 만약 투자일임 자문계약, 랩어카운트에 가입하면 증권선택과 매매시점 선택에 대해서도 일정 부분 관여가 가능하다.

펀드의 운용구조

펀드의 운용에는 자산운용회사, 펀드판매회사, 자산보관회사(수탁회사), 사무관리회사가 참여한다. 자산운용회사는 펀드를 설정하고 운용전략, 증권선택, 증권매매 등의 일연의 투자 과정에서 의사결정을 한다. 펀드의 판매 및 환매는 증권회사, 은행, 보험회사 등 펀드판매회사의 업무이며, 자산운용회사가 직접 판매를 담당하기도 한다. 자산보관회사는 펀드에 투자된 자금과 증권 및 자산을 관리하는 회사이다. 자산운용회사가 파산하더라도 투자자들의 자금과 증권 및 자산은 보호된다. 사무관리회사는 펀드의 기준가 계산과 회계처리 등 펀드와 관련된 각종 사무관리를 한다.

◎ 〈그림 41〉 펀드의 운용구조

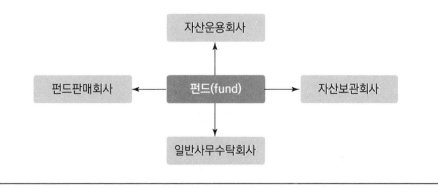

펀드 비용

펀드투자에서 발생하는 각종 수수료와 보수는 펀드 관련 금융회사에 귀속된다. 수수료는 펀드 가입이나 환매 시에 지불하는 비용이며, 보수는 지속적이고 정기적으로 지불하는 비용이다. 자산운용회사는 운용 서비스의 대가로 펀드자산의 일정비율에 해당하는 운용보수를 받는다. 펀드 판매회사는 판매수수료와 판매보수를 받는다. 자산보관회사가 받는 수탁보수와 사무관리회사가 받는 사무관리보수가 있지만, 운용보수와 판매보수에 비해서는 낮은 수준이다. 또한 환매수수료는 펀드에 가입 후 일정기간이 경과하기 전에 펀드를 해지할 때 발생한다.

02 펀드의 종류

기본유형

펀드는 다양한 기준에 의해 분류되지만 대표적으로 중도환매 가능 여부, 투자자금의 추가불입 가능 여부, 투자자금의 모집대상, 투자방식 등에 의해 구분할 수 있다.

┃〈표 16〉 기본유형

기준		펀드의 유형
환매 여부	개방형펀드	언제든지 환매가 가능한 펀드로, 운용 후에도 추가로 투자자금을 모집하는 것이 가능함.
	폐쇄형펀드	원칙적으로 만기까지 환매가 불가능한 펀드로, 첫 모집 당시에만 자금을 모집하고 기간이 끝나면 전 자산을 정산해서 상환이 이루어짐
추가불입 여부	단위형펀드	추가입금이 불가능하고 투자기간이 정해져 있음
	추가형펀드	수시로 추가입금이 가능
투자자의 수	공모형펀드	불특정 다수의 투자자로부터 자금을 모집
	사모형펀드	49인 이하의 소수의 거액 투자자로부터 자금을 모집
투자 방식	거치식펀드	일시에 거금을 투자
	적립식펀드	정기적(매월, 매분기 등)으로 일정금액을 투자
	임의식펀드	투자금이 있을 때마다 임의로 투자

투자대상에 따른 펀드 유형

펀드는 투자대상이 무엇이냐에 따라 주식이나 채권에 투자하는 증권펀드, 부동산에 투자하는 부동산펀드, 금·구리 같은 상품에 투자하는 실물펀드, 다른 펀드에 투자하는 재간접펀드, 선박이나 도로 등 특수자원에 투자하는 특별자산펀

드 등이 있다. 부동산, 특별자산(도로, 항만, 선박 등)에 투자하는 펀드를 증권펀드
와 구분하여 대체투자펀드라고도 한다. 또한, 증권펀드는 주식 및 채권에 어떤
비율로 투자하느냐에 따라 주식형, 채권형, 혼합형으로 구분이 가능하다.

▌〈표 17〉 투자대상에 따른 펀드의 유형

주식형 (주식에 60% 이상 투자)	성장주펀드	성장주에 주로 투자하는 펀드
	가치주펀드	시장에서 저평가되는 가치주를 발굴하여 투자하는 펀드
	배당주펀드	배당금을 많이 주는 기업에 투자하는 펀드
	섹터형펀드	특정 섹터의 주식에 주로 투자하는 펀드
	인덱스펀드	KOSPI200지수와 같은 지표를 따라가도록 설계한 펀드
채권형 (채권에 60% 이상 투자)	하이일드펀드	BBB 이하인 투기등급채권 등에 투자하는 펀드
	MMF 펀드	양도성예금증서, 기업어음, 국공채, 환매조건부채권 등 유동성이 높은 단기금융상품에 투자하며, 수시입출금이 용이한 펀드
	국공채펀드	국공채에 투자하는 펀드
	회사채펀드	BBB+ 이상인 우량기업의 회사채에 투자하는 펀드
혼합형		주식과 채권에 각각 60% 미만으로 투자하는 펀드
파생상품펀드		파생상품에 투자하며 구조화된 수익
부동산펀드		부동산에 투자, 환금성에 제약, 중위험·중수익 추구
실물펀드		선박, 석유, 그림, 금 등 실물에 투자, 환금성에 제약
특별자산펀드		수익증권, 출자지분에 투자, 환금성에 제약
재간접펀드		다양한 펀드에 분산투자

멀티 클래스 펀드

멀티클래스(multi-class) 펀드는 하나의 펀드 안에서 투자자 그룹별로 다른
판매보수와 수수료 체계를 적용하는 펀드이다. 즉, 보수와 수수료의 차이로 인
하여 클래스별로 펀드의 기준 가격은 다르게 산출되지만, 각 클래스는 하나의
펀드로 통합 운용되는 펀드이다. 투자자는 투자기간이나 투자금액 등을 고려하

여 자신에게 적합한 종류(클래스)를 선택할 수 있다.

▌〈표 18〉 펀드 클래스의 유형

구분	클래스	내용
판매 수수료	수수료선취(A)	가입 시 선취판매수수료가 부과되지만, 판매보수가 낮아 장기투자에 적합
	수수료후취(B)	가입 후 일정기간 내에 환매 시 후취수수료가 부과되지만, 단기에 환매가능성이 낮은 장기투자에 적합
	수수료미징구(C)	선취·후취 판매수수료가 없으나 판매보수가 높은 펀드로서 단기투자에 적합
	수수료선후취(D)	선취·후취 판매수수료가 모두 부과되는 펀드
판매 경로	온라인(e)	인터넷 전용펀드로 오프라인으로 판매되는 펀드보다 판매수수료 및 판매보수가 저렴하나 별도의 투자권유 및 상담서비스는 제공되지 않음
	오프라인	오프라인 전용펀드로 온라인으로 판매되는 펀드보다 판매수수료 및 판매보수가 높으나 별도의 투자권유 및 상담서비스가 제공
	온라인슈퍼(S)	한국포스증권에서 판매하는 저비용 펀드
	직판(J)	자산운용회사가 직접 판매하는 펀드
기타	보수체감(CDSC)	보유기간이 경과함에 따라 판매보수가 낮은 종류의 펀드로 자동 전환하는 펀드
	무권유저비용(G)	별도의 투자권유 없이 투자자가 펀드를 매수하는 클래스이기 때문에 오프라인으로 판매되는 다른 펀드보다 판매수수료 및 판매보수가 낮은 펀드
	개인연금(P1)	연금저축계좌를 통해 매입이 가능한 펀드
	퇴직연금(P2)	퇴직연금 및 개인퇴직연금계좌(IRP)를 통해 매입이 가능한 펀드로 일반펀드보다 판매보수, 수수료가 저렴
	주택마련(H)	장기주택마련저축의 용도로 판매되는 펀드

인덱스펀드

인덱스펀드는 벤치마크 지수의 성과를 복제하고자 하는 펀드이다. 펀드 종류는 크게 엑티브펀드와 인덱스펀드로 구분되는데 엑티브펀드는 펀드의 기준으로 삼는 벤치마크 수익률보다 높은 추가수익률을 추구하는 펀드를 말한다. 보통 시장 벤치마크 수익률은 KOSPI지수를 수익률로 선택하며 이보다 추가수익률을 추구하기 때문에 공격적인 투자형태를 가진 펀드를 말하는 것이다.

반면 인덱스펀드는 펀드의 기준으로 삼는 벤치마크 수익률을 그대로 따라가는 펀드를 말한다. 따라서 소극적으로 운용되는 펀드라고 말하며 수익률 변동성과 투자비용이 낮다는 장점이 있다. 액티브펀드 중에서 높은 펀드비용을 상쇄할 정도로 인덱스펀드보다 초과 성과 달성에 실패하는 펀드가 많기 때문에 전 세계적으로 인덱스펀드의 비중이 높아지고 있는 추세이다.

상장지수펀드(ETF: Exchange Traded Funds)

상장지수펀드는 특정지수의 변동 또는 특정자산의 가격변동과 수익률이 연동되도록 설계된 펀드로서 증권거래소에 상장되어 주식처럼 거래되는 펀드이다. ETF도 펀드이기 때문에 그 속성은 일반펀드와 동일하지만, 특정지수 등에 연동되어 거래되기 때문에 이해하기 쉽고, 가입 및 환매절차와 조건이 복잡한 일반펀드와 달리 주식처럼 실시간으로 거래할 수 있으며, 지수나 시장수익률 대비 초과수익을 추구하는 액티브펀드처럼 펀드매니저가 적극적으로 운용하지 않아 운용보수가 저렴한 등 편리한 점이 많은 펀드이다.

국내에서는 자산운용회사가 자사의 브랜드를 붙여, 예를 들면 KODEX, TIGER 등의 이름으로 ETF를 발행하고 있다. ETF시장 개설 초기에는 KOSPI200과 같은 시장대표지수를 복제하여 추적하는 ETF가 주류였으나, 그 이후 특정 업종의 상장기업 주가 흐름을 추종하는 섹터ETF, 해외 시장대표지수 등을 추종하는 해외 ETF, 금과 같은 상품 가격 또는 상품선물지수를 추종하는 상품 ETF, 채권지수를 추종하는 채권 ETF, 통화지수를 추종하는 통화 ETF 등의 다양한 상품이 지속적으로 출시되어 거래되고 있다.

해외펀드

해외펀드는 해외의 증권 또는 자산에 투자하는 펀드이다. 투자대상에 따라 해외 주식형 펀드, 해외 채권형 펀드, 해외 부동산펀드 등이 있다. 해외펀드의 장점은 위험분산효과이다. 국내 자산만으로 포트폴리오를 구성하면 국내 경제에 충격이 발생했을 때 투자자산 가치가 급락할 수 있다. 예를 들어, 1997년 외환위기 기간 동안 국내 주식, 채권, 원화가치가 큰 폭으로 하락할 때 미 달러화 자산을 가지고 있었다면 포트폴리오의 가치를 안정시킬 수 있었을 것이다.

해외펀드에 투자 시에는 환율변동 위험을 고려해야 한다. 투자 지역이 전 세계에 걸쳐 있는 글로벌 펀드라면 펀드를 구성하는 통화가 다양해서 환율변동으로 인한 효과를 어느 정도 상쇄시킬 수 있다. 그러나 특정 국가에 투자하는 펀드라면 현지국가의 통화가치 상승이나 하락이 투자가치에 영향을 미치게 된다. 펀드 운용에서는 이익이 나더라도 환손실로 인해 손실이 발생하는 경우가 있으므로 이를 방지하기 위해 환헤지(foreign hedge)를 하기도 한다.

환헤지를 하는 것이 유리한지, 불리한지 여부는 해당국 주가와 해당국 통화가치가 같은 방향으로 변동하는가, 반대 방향으로 변동하는가에 좌우된다. 그러므로 해당국 주가와 해당국 통화가치 간 상관관계에 따라 환헤지 의사결정을 해야 한다.

📢 **금융꿀팁** ETF 투자 시 유의사항

> **1. ETF는 원금 손실 우려가 있는 펀드상품이다.**
> ETF는 저렴한 비용으로 분산투자가 가능하고 상장주식처럼 실시간 거래가 가능하지만, 은행 예금과 달리 원금보장상품이 아니므로 원금 손실위험에 대해 숙지한 후 신중하게 투자해야 한다.
>
> **2. 상품·운용회사에 따라 수수료와 보수가 상이하다.**
> 운용보수, 판매보수, 신탁보수 등 비용이 펀드자산에서 차감되며 장기투자하는 경우 투자비용이 수익률에 미치는 영향이 크므로, 투자 전에 수수료 및 비용을 반드시 확인해야 한다.

3. 추적오차와 괴리율이 큰 ETF 투자는 신중하게 결정한다.

ETF 순자산가치가 기초지수를 따라가지 못하는 "추적오차"가 큰 ETF나 ETF 시장가격과 순자산가치의 차이인 "괴리율"이 큰 ETF는 거래를 피하는 것이 바람직하다.

4. 레버리지 ETF와 인버스 ETF는 수익구조가 일반 ETF와 다르므로 유의할 필요가 있다.

레버지리 ETF는 주가지수 등의 움직임의 2배로 상승 또는 하락하며, 인버스 ETF는 주가지수 등이 상승하면 하락하고, 주가지수 등이 하락하면 상승하기 때문에 위험이 높으므로 투자에 유의할 필요가 있다.

5. 해외지수나 원자재 ETF는 환율위험을 내재하고 있다.

해외상장지수나 농산물·원자재 선물 등을 기초자산으로 하는 ETF는 기본적으로 환율변동 위험에 노출되므로 투자 시 유의해야 한다.

자료: 실생활에 유용한 금융꿀팁(2019), 금융감독원.

부동산투자회사(REITs: Real Estate Investment Trusts)

흔히 리츠라고 불리는 부동산투자회사는 투자자금을 모아 부동산 개발, 매매, 임대 및 주택저당채권(MBS) 등에 투자한 후 이익을 배당하는 간접투자상품이다. 리츠는 소액투자자의 부동산 투자기회 등을 확대하기 위해 2001년 「부동산투자회사법」 제정을 통해 국내에 도입된 것으로, 부동산 펀드와는 달리 상법상의 주식회사이다. 리츠는 부동산 등에 총 자산의 80% 이상을 투자하고, 수익의 90% 이상을 배당으로 지급한다. 따라서 리츠를 이용하게 되면 소액 개인투자자라도 대규모 자금이 필요하고 거래비용 및 세금이 부담되는 부동산 투자를 간접적으로 할 수 있게 된다. 또한, 현금화가 매우 어려운 부동산 투자의 단점을 증권시장에 상장된 리츠 주식의 매매를 통해 해결할 수 있는 장점이 있다. 한편, 해외부동산에 투자하는 리츠의 경우 환위험에 노출될 수 있어 유의할 필요가 있다.

03 펀드 투자 시 유의사항

첫째, 펀드는 투자상품으로 투자성과에 따라 손실이 발생할 수 있으며 투자결과에 대한 책임은 전적으로 본인이 감수해야 한다. 그러므로 펀드 투자 시에는 자신의 투자목적, 투자성향, 자금용도 등에 적합한 투자의사 결정이 필요하다.

둘째, 펀드는 분산투자를 원칙으로 하고 있지만, 특정 섹터나 특정 해외 지역에 집중된 펀드는 해외펀드의 경우 국가리스크가 발생할 수 있다. 따라서 펀드의 경우에도 섹터, 투자지역, 투자시점 등을 분산해서 투자하는 것이 바람직하다.

셋째, 비용부담이 적은 펀드를 골라 가입할 필요가 있다. 펀드에 따라 판매보수·수수료 부과체계가 다양하고 환매조건이 다르기 때문에, 펀드에 가입하기 전에 선취·후취 판매수수료 및 환매수수료 부과 여부, 판매보수 및 운용보수 수준 등의 관련 정보를 꼼꼼하게 따져 가입하는 것이 좋다.

넷째, 과거 수익률이 미래 수익률을 보장하는 것은 아니다. 펀드를 선택할 때 최근 수익률이 우수한 펀드를 고르는 경향이 있는데, 과거 성과가 미래에도 계속 이어진다는 보장이 없다. 또한, 'high risk high return'의 원칙처럼 기대수익률이 높은 고수익 펀드에 투자하면 손실 가능성도 그만큼 높아지게 된다.

다섯째, 펀드 가입 후에도 지속적인 사후관리가 필요하다. 가입한 펀드의 수익률이 유사한 펀드의 수익률이나 시장수익률에 못 미치는 경우에는 일시적 또는 지속적 현상인지 알아본 후, 필요한 경우에는 펀드 해지나 교체 여부 등을 검토하는 것이 좋다.

시간분산투자법: 적립식 투자

본인의 감정을 통제하고 투자를 하거나 시장에서 투자를 종료하고자 하는 유혹을 뿌리칠 수 있는 한 가지 방법은, 매월 또는 일정한 간격으로 돈을 따로 떼어 정기적인 투자를 하는 것이다. 적립식 투자의 장점은 효과적으로 예산을 수립할 수가 있고, 어떠한 상황이 발생하더라도 본인이 투자하기로 한 금액에는 변동이 없으므로 투자 계획이 단기적 시장 뉴스에 영향을 받지 않는다.

따라서, 가격이 낮을 때는 주식 또는 펀드 좌수를 더 많이, 가격이 높을 때는 더 적게 매수할 수 있으므로 가격 변동의 영향이 실질적으로 고르게 된다. 수시로 시장에 진입 혹은 청산하거나 불규칙하게 뭉칫돈을 투자하는 경우와 비교할 때 더 높은 수익률을 기록할 가능성이 커진다.

이러한 "매입 단가 평준화" 기법의 이점은 다음과 같은 가설적 사례에서 알 수 있다. 매월 소액을 정기적으로 투자한 투자자의 경우 주가가 하락했을 때 주당 평균 비용이 하락하는 효과가 있다.

예시 전략1:
주가와 관계없이 매달 $1,000달러를 적립식으로 꾸준히 투자

617.3
Total shares purchased

$19.44
Average cost per share

| Shares | 40 | 40 | 50 | 50 | 56 | 62 | 67 | 67 | 59 | 50 | 40 | 37 |

예시 전략2:
연초에 $12,000달러를 일시금으로 투자

480
Total shares purchased

$25.00
Average cost per share

자료: 블랙록자산운용(www.blackrock.com/kr)

파생상품

파생상품(derivatives)이란 기초자산의 가치변화에 연계하여 그 가치가 결정되는 금융상품으로 매매계약은 현재시점에 체결되지만 물품의 인도와 대금 지급은 장래 일정시점 또는 일정요건을 충족했을 때 발생한다. 파생상품은 크게 장내·외 파생상품 및 파생결합증권으로 구분하며 거래유형에 따라 선물(선도), 옵션, 스왑으로 분류할 수 있다.

파생결합증권은 법상 파생상품은 아니지만 기초자산의 가치변화와 연계하여 가치가 결정된다는 점에서 파생상품과 유사하다. 파생상품은 다양한 형태로 존재할 수 있는데, 이 중에서도 주식, 채권, 외화 등의 금융상품과 금, 은 등의 물품·원자재(commodity) 등을 기초자산으로 하는 선물 또는 옵션의 형태로 많이 거래된다.

파생상품은 가격 외의 거래조건을 표준화하여 거래소에서 거래되는 장내파생상품(선물, 옵션)과 거래소 밖에서 거래되는 장외파생상품(선도, 스왑 등)으로 구분할 수 있다. 선물과 옵션 등의 파생상품은 불확실한 미래 가격변동에서 오는 위험을 줄이는 헤지(hedge)하는 것이 본래의 목적이나, 기초자산의 미래 가격변동을 예상하고 레버리지를 이용한 투기적 목적으로도 많이 활용된다.

｜〈표 19〉 장내 · 외 파생상품 및 파생결합증권 비교

	장내 파생상품	장외 파생상품	파생결합증권
법적 성격	파생상품 (투자원금 초과손실 가능)		증권 (최대 원금 손실)
주요 상품	코스피200선물 · 옵션, 달러선물 · 국채선물 등	장외파생 투자매매업자 (주로 은행 및 해외IB)	ELS, DLS, ELW
발행 주체	선물 · 옵션 매도자	장외파생 투자매매업자	증권사
거래	거래소에서 표준화된 상품 거래	거래소 이외에서 맞춤형 상품 매매	ELS · DLS: 장외상품 ELW: 거래소 상장
주요 참여자	외국인 및 개인투자자	대형금융회사 및 법인	개인투자자 중심
기타	기초자산, 거래단위, 만기 등이 표준화	일반투자자와의 거래는 위험회피 목적으로 제한	증권 발행규제 및 강화된 투자자보호 적용

자료: 한국의 금융제도(2016), 한국은행.

01 선물계약

선물의 개념

선물(futures) 또는 선물계약(futures contract)은 거래당사자인 선물매도자와 선물매입자가 미래의 일정 시점에 선물거래의 대상이 되는 기초자산을 현재시점에서 약정한 선물가격으로 매입하거나 매도하기로 체결한 계약을 의미한다. 즉, 현재 합의된 가격으로 미래에 한쪽은 자산을 매입하기로, 다른 한쪽은 매도하기로 약속하는 계약이다.

예를 들어, 사과를 생산하는 농부는 가을에 수확하게 될 사과의 가격이 얼마일지 모른다. 만약 농부가 사과의 가격을 알 수만 있다면 그는 자기 수입이 얼마가 될지를 알 수 있으며 이를 바탕으로 보다 합리적인 지출계획을 세울 수 있을 것이다. 사과로 쥬스를 만드는 음료회사의 경우에도 원료가 되는 사과의 가격을 미리 알 수만 있다면 사과쥬스의 원가를 정확히 계산할 수 있고 이를 토대로 쥬스의 가격을 정하고 수익 또한 예상할 수 있게 된다. 이처럼 선물계약은 불확실한 기초자산의 미래가격을 확실한 것으로 고정하고자 하는 거래당사자 간의 니즈가 그 배경이 된 것이다.

선물거래의 기능

선물계약의 가장 기본적이고 중요한 역할은 가격변동리스크를 줄이는 헤징 (hedging) 기능이다. 즉, 가격변동리스크를 회피하고 싶은 투자자(hedger)는 선물시장에서 포지션을 취함으로써 미래에 가격이 어떤 방향으로 변하더라도 수익을 일정 수준에서 안정시킬 수 있게 된다. 예를 들어, 3개월 후 수출대금으로 1,000만 달러를 수취할 예정인 수출업자는 3개월 후 환율이 얼마가 되느냐에 따라 원화로 받게 될 금액이 변동한다. 즉, 환리스크가 발생한다. 3개월 후 수출대금을 받게 되어 있는 것은 선물환을 매수한 것과 같으므로 3개월 후 달러당 1,110원에 100만 달러를 매도할 수 있는 선물환 계약이 가능하다면, 선물환 매도계약을 통해 3개월 환율 변동에 상관없이 111억원의 원화자금을 확보할 수 있게 된다.

다음으로 선물거래는 현물시장의 유동성 확대에 기여한다. 선물거래는 현물의 가격변동 위험을 헤지할 수 있으므로 그만큼 현물의 투자위험이 감소되는 결과를 가져와 투자자들은 현물시장에서 보다 적극적으로 포지션을 취할 수 있게 된다. 이에 따라 신규 투자자들이 유입될 여지가 증대되고, 특히 기관투자가의 적극적인 투자가 유도되어 현물시장의 유동성이 확대되는 효과를 가져온다.

또한, 선물거래는 장래의 가격정보를 제공하는 기능을 한다. 선물시장에서 경쟁적으로 형성되는 선물가격은 미래의 현물가격에 대한 기대값을 의미한다. 물론 선물가격이 미래의 현물가격과 꼭 일치한다는 것을 의미하지는 않지만, 미래의 현물가격을 예상할 수 있는 가격예시 기능을 갖고 있다.

마지막으로, 선물거래는 새로운 투자수단을 제공한다. 선물거래는 비교적 적은 비용으로 큰 금액의 거래를 할 수 있으므로 레버리지가 높은 투자수단을 제공한다. 또한 선물과 현물 간의 가격차이를 이용한 차익(arbitrage)거래나 선물 간의 가격차이를 이용한 차익 스프레드(spread)거래 등의 새로운 투자기회를 제공한다.

선물계약의 종류

선물계약은 거래대상이 되는 기초자산의 종류에 따라 크게 상품선물과 금융선물로 구분된다. 상품선물(commodity futures)은 기초자산이 실물상품인 선물로서 초기에는 농산물, 축산물 등에 한정되었으나 점차 확대되어 현재는 임산물, 비철금속, 귀금속, 에너지 등에 이르기까지 다양하다.

금융선물(financial futures)은 기초자산이 금융상품인 선물로서 금리에 의해 가격이 결정되는 장단기 채권을 기초자산으로 하는 금리선물(interest rate futures), 개별주식 및 주가지수를 거래대상으로 하는 주식관련선물(stock−related futures), 그리고 주요국의 통화를 대상으로 하는 통화선물(currency futures)이 있다.

우리나라에서는 1996년 5월 국내 최초로 코스피200선물이 상장되어 거래되기 시작했다. 현재 한국거래소에 상장되어 거래되는 선물로는 가장 활발하게 거래되는 코스피200선물을 비롯하여 미니코스피200선물, 기술주 중심의 코스닥시장 특성을 반영한 코스닥150선물, 코스피200지수 구성종목을 산업군별로 재분류하여 산출한 코스피200섹터지수선물, 코스피·코스닥시장 통합지수인 KRX 300선물 등 다양하다.

금리선물로는 각각 3년, 5년, 10년 만기 국채선물이 있고, 통화선물은 각각 미국 달러화, 일본 엔화, 중국 위안화, 유로화에 대한 원화 환율을 거래하는 선물이 있으며, 상품선물로는 금선물, 돈육선물이 있다.

선물의 손익구조

선물계약은 크게 선물매입(long position)과 선물매도(short position)로 구분된다. 선물매입은 최종거래일에 현재시점에서 약정한 선물가격으로 기초자산을 매입하기로 약정한 행위이며, 선물매도는 최종거래일에 현재시점에서 약정한 선물가격으로 기초자산을 매도하기로 약정한 행위이다.

선물계약자는 최종거래일에 현물가격에 관계없이 선물가격으로 기초자산을 인수하거나 인도해야 하는 의무가 있다. 따라서 선물계약의 손익은 청산일의 현물가격이 체결일의 선물가격보다 얼마나 상승 또는 하락하는지에 의하여 결정된다. 이익과 손실의 크기는 동일하기 때문에 선물계약의 손익의 합은 항상 0이 된다.

선물매입자는 선물가격에 기초자산을 매입해야 한다. 따라서 선물매입자는 매입포지션 청산일의 현물가격이 체결일의 선물가격보다 상승하면 이익을 얻게 되고, 체결일의 선물가격보다 하락하게 되면 손실을 보게 된다. 반면, 선물매도자는 선물가격에 기초자산을 매도해야 한다. 따라서 선물매도자는 매도포지션 청산일의 현물가격이 체결일의 선물가격보다 하락하면 이익을 얻게 되고, 체결일의 선물가격보다 상승하면 손실을 보게 된다.

◎ 〈그림 42〉 선물의 손익구조

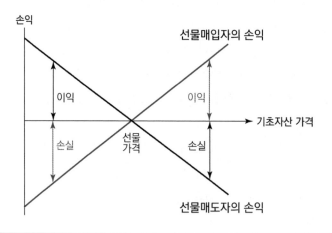

📝 **살펴보기**　베어링스 은행의 파산과 선물 투기거래의 위험성

　　선물 투기거래로 인해 파멸에 이른 개인이나 금융회사의 사례는 수없이 많다. 그중에서도 베어링스(Barings) 은행의 파산은 대표적인 사례로 꼽힌다. 1995년 2월 27일 영국왕실인 원저궁의 주거래 은행이기도 한 역사와 전통을 자랑하는 베어링스 은행이 파산하는 사건이 일어났다. 그 배경을 살펴보면 선물거래에 있어서 레버리지 효과가 얼마나 위험한지 알 수 있다.

　　싱가포르 국제통화거래소(SIMEX)에서 주가지수선물거래를 통해 1993년 베어링스 그룹 전체이익의 20% 이상을 벌어들이는 성공을 거두었던 닉 리슨(Nick Leeson)은 1994년 말에 1만 9천까지 떨어진 Nikkei225 주가지수선물이 2만대 이상으로 오를 것으로 판단하여 상당액의 매입 포지션을 취하였다. 그 이유는 당시 미국에서 고금리 정책의 기미가 보였기 때문인데, 미국의 금리가 오르면 달러가 강해지고 따라서 엔화가 상대적으로 약해지므로 엔고에 시달리고 있는 일본경제가 회복되어 Nikkei지수 또한 올라갈 것으로 판단하였기 때문이다.

그러나 1995년 새해의 Nikkei지수는 1만 8천까지 폭락했고, 이어 1월 17일 고베 대지진으로 다시 1천 포인트 이상 하락했다. 이에 리슨은 본사에 10억 달러를 긴급 지원 요청하였고 이 돈으로 70억달러의 주가지수선물을 더 사들여 지수의 인위적인 상승을 시도했다. 그러나 곧이어 미국의 금리억제정책이 발표됨에 따라 Nikkei지수는 1만 7천대로 다시 폭락하여 13억 달러에 이르는 손실과 함께 베어링스 은행은 결국 파산하게 되었다.

이처럼 선물 등 파생상품은 투자를 잘못 하는 경우 투자원금을 초과하는 천문학적인 손실이 발생하여 거대한 은행도 파산할 정도로 매우 위험한 금융상품이다. 그래서 금융회사들은 거래금액 한도를 정하고, 거래절차 등에 대한 내부통제를 철저히 하고 있으며, 감독기관도 파생상품 거래에 대한 감독을 한층 강화하고 있다.

자료: 실용금융(2021), 금융감독원. p154.

 **옵션계약**

옵션의 개념

옵션이란 장래의 일정시점 또는 일정기간 내에 특정 기초자산을 미리 정한 가격에 팔거나 살 수 있는 권리를 말한다. 선물계약은 매입측과 매도측 쌍방이 모두 계약이행의 의무를 지게 되나, 옵션계약의 경우에는 계약당사자 중 일방이 자기에게 유리하면 계약을 이행하고 그렇지 않으면 계약을 이행하지 않을 수 있는 권리를 갖는 데 반해, 계약상대방은 이러한 권리행사에 대해 계약이행의 의무만을 지게 된다. 따라서 옵션계약의 경우는 계약이행의 선택권을 갖는 계약자가 의무만을 지는 계약상대방에게 유리한 조건에 상응하는 대가인 옵션프리미엄을 지급하고 계약을 체결하게 된다.

옵션거래의 기능

옵션은 다양한 투자수단을 제공하는 데 널리 활용되고 있다. 전통적인 금융상품인 주식, 채권 등과 결합하거나 옵션 간의 결합을 통해 다양한 형태의 수익구조를 갖는 투자수단을 만드는 데 활용되고 있다. 따라서 투자자들은 각자의 위험에 대한 선호나 향후 가격변화에 대한 예상 또는 자신의 자금사정이나 투자목적에 따라 적합한 투자전략을 다양하게 구사할 수 있다. 또한, 선물거래의 가장 큰 기능이 헤징이듯이 옵션도 불확실한 미래가격변동에 따른 위험을 헤지하는 수단으로 활용된다.

그러나 헤징을 위해 선물과 옵션을 이용하는 데는 근본적인 차이가 존재한다. 선물거래는 헤지로 거래할 기초자산의 가격을 고정시킴으로써 위험을 제거하는 반면, 옵션거래는 미래에 가격이 불리한 방향으로 움직이는 것에 대비한 보호수단을 제공하며 가격이 유리한 방향으로 움직일 때는 이익을 취할 수 있게 해준다.

한편, 선물시장과 마찬가지로 옵션시장에도 투기거래가 존재한다. 옵션의 거래비용은 옵션매입자의 경우 옵션프리미엄에 한정되기 때문에 옵션투자 시에는 적은 투자비용으로 레버리지가 매우 높은 투자손익이 발생할 수 있다.

옵션가격과 행사가격

옵션가격이란 옵션매입자가 옵션이라는 선택권을 갖는 대가로 옵션매도자에게 지급하는 금액이며, 옵션프리미엄(option premium)이라고도 한다. 옵션가격은 기초자산의 현재가격 및 행사가격, 기초자산의 배당, 옵션의 만기, 무위험이자율 등의 조건에 의해 결정된다. 이와 다른 개념으로서 행사가격(exercise price 또는 strike price)은 옵션매입자가 옵션이라는 선택권을 행사할 수 있는 기초자산의 가격을 의미하므로, 차이를 구분할 필요가 있다.

옵션계약의 종류

옵션계약은 선택권의 종류에 따라 콜옵션(call option)과 풋옵션(put option)으로 구분된다. 콜옵션은 기초자산을 매입할 수 있는 옵션으로, 콜옵션의 매입자는 장래의 일정시점 또는 기간 내에 특정 기초자산을 정해진 가격으로 매입할 수 있는 선택권을 가지며, 콜옵션의 매도자는 선택권 행사에 응해 기초자산을 매도해야 한다. 풋옵션은 기초자산을 매도할 수 있는 옵션으로, 풋옵션의 매입자는 장래의 일정시점 또는 기간 내에 특정 기초자산을 정해진 가격으로 매도할 수 있는 선택권을 가지며, 풋옵션의 매도자는 선택권 행사에 응해 기초자산을 매수해야 한다.

또한 옵션은 권리행사시기에 따라 유럽식 옵션과 미국식 옵션으로 구분할 수 있다. 유럽식 옵션(European option)은 옵션의 만기일에만 권리를 행사할 수 있는 형태의 옵션이다. 반면 미국식 옵션(American option)은 옵션의 만기일이 될 때까지 언제라도 권리를 행사할 수 있는 형태의 옵션을 말한다.

이 외에도 옵션은 기초자산에 따라 개별 주식을 기초자산으로 하는 주식옵션(stock option), 주가지수를 기초자산으로 하는 주가지수옵션(stock index option), 주요국의 통화를 기초자산으로 하는 통화옵션(currency option), 금리변동과 연계되는 금융상품이 기초자산이 되는 금리옵션(interest rate option), 현물을 기초자산으로 하는 선물계약 자체를 기초자산으로 하는 선물옵션(options on futures) 등으로 구분할 수 있다. 한국거래소에 상장되어 활발하게 거래되는 상품으로는 코스피200옵션, 미니코스피200옵션, 개별주식 옵션, 미국 달러옵션 등이 있다.

옵션의 손익구조

콜옵션 매입은 옵션 기초자산의 가격이 상승할 것으로 예상될 경우에 활용되고, 콜옵션 매도는 옵션 기초자산의 가격이 하락하거나 일정수준 이상으로는 상승하지 않을 것으로 예상될 경우에 각각 활용되는 포지션이다. 콜옵션 매입자는 만기시점 기초자산의 가격이 행사가격에 콜옵션 프리미엄을 가산한 가격인 손익분기점 이상으로 상승해야 이익이 발생한다.

풋옵션 매입은 옵션 기초자산의 가격이 하락할 것으로 예상될 경우에 활용되고, 풋옵션 매도는 옵션 기초자산의 가격이 상승하거나 일정수준 이상으로는 하락하지 않을 것으로 예상될 경우에 각각 활용되는 포지션이다. 풋옵션 매입자는

◎ 〈그림 43〉 옵션의 손익구조

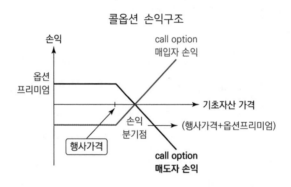

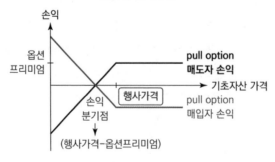

자료: 실용금융(2021), 금융감독원. p.157.

만기시점 기초자산의 가격이 행사가격에 풋옵션 프리미엄을 차감한 가격인 손익분기점 이하로 하락해야 이익이 발생한다. 풋옵션 매도자는 만기시점 기초자산의 가격이 손익분기점 이상이면 이익이 발생한다.

살펴보기 뉴욕증시, '네 마녀의 날' FOMC 관망 속 하락··· 다우 0.48%↓

> 뉴욕증시에서 주요 지수가 일제히 하락했다. 17일(미 동부시간) NYSE에서 다우존스30 산업평균지수는 전거래일 대비 166.44P(0.48%) 하락한 3만 4584.88에 장을 마쳤다. S&P500지수는 40.76p(0.91%) 하락한 4432.99에, 기술주 중심의 나스닥지수는 137.96p(0.91%) 떨어진 1만 5,043.97에 거래를 마감했다. 다음 주 21~22일 예정된 연방공개시장위원회(FOMC) 정례회의를 앞두고 투자자들은 테이퍼링과 금리인상 속도를 주시하며 관망하는 분위기였다.
>
> 연준 위원들은 다음 주 회의에서 금리 전망치를 담은 점도표를 내놓는다. 시장은 올해 테이퍼링 가능성을 어느 정도 가격에 반영하고 있다. 다만 테이퍼링 속도와 시점에 대해서는 불확실성이 계속되고 있고, 점도표에서 금리인상 시점이 당겨질지도 좀 더 지켜봐야 하는 상황이다.
>
> 이날은 개별 주식 선물과 주식 옵션, 주가지수 선물 및 지수 옵션의 만기가 동시에 돌아오는 '네 마녀의 날(쿼드러플 위칭데이)'라는 점에서 변동성에 대한 경계감이 높았다. 골드만삭스에 따르면 개별 주식옵션 7500억 달러가량의 만기가 이날 도래했다. 옵션 만기 도래 물량이 평소보다 커 시장의 변동성이 커질 수 있다는 우려도 개장 초 나왔다. 골드만삭스의 존 마셜 파생상품 리서치 팀장에 따르면 8월에서 10월 사이 S&P500지수 변동성은 일반적으로 27%가량 높아지는 경향을 보인다. 그는 "투자자들의 불확실성에 따른 계절적 변동, 코로나19의 불확실성, 그리고 상당한 통화 및 재정정책 변화 등에 따라 다음달까지 변동성이 증가할 것으로 예상한다"고 분석했다.
>
> 개별 종목 중에 인베스코의 주가가 스테이트 스트리트의 자산관리 사업부와 합병을 논의하고 있다는 보도에 5.56% 급등했다. 업종별로 자재, 유틸리티, 기술, 통신, 산업 관련주가 1% 이상 하락했고, 11개 업종 중에서 헬스 업종만이 상승했다. 대형 기술주들은 이날 대부분 약세를 보였다.
>
> (중략) 한편 시카고옵션거래소(CBOE)에서 변동성 지수(VIX)는 전장보다 2.12p(11.34%) 오른 20.81을 기록했다.

자료: 서울파이낸스(http://www.seoulfn.com), 2021.09.18.

03 스왑계약

스왑의 개념

스왑(Swap)계약이란 두 당사자가 가지고 있는 미래의 서로 다른 자금흐름을 일정기간 동안 서로 교환하기로 계약하는 거래이다. 스왑은 주로 장외에서 거래되는데, 그 이유는 스왑은 두 당사자가 자신의 자금흐름을 서로 교환하는 것이므로 계약형태가 다양하여 표준화하기 어렵기 때문이다.

스왑의 종류 및 기능

스왑은 대상이 되는 기초자산의 종류에 따라 통화스왑(Currency Swap), 금리스왑(Interest rate Swap), 주식스왑(Equity Swap), 상품스왑(Commodity Swap) 등으로 나눌 수 있다. 통화스왑의 경우 이종 통화 간에 원금과 이자의 자금흐름을 서로 교환하는 것이므로 환율변동위험을 헤지할수 있다. 예를 들어, 달러화와 원화를 스왑하여 원금과 이자를 서로 교환하게 되면 환위험을 헤지할 수 있다. 또한, 금리스왑을 하여 변동금리와 고정금리의 현금흐름을 서로 교환하게 되면 금리변동 위험을 헤지할 수 있다.

📝 **살펴보기**   한·중 통화스왑 70조 확대…"무역연계 증가 선반영"

> **韓·中 중앙은행 원·위안 통화스왑 확대**
>
> 한국과 중국이 원화와 위안화간 통화스왑 계약을 한화 70조원(4000억위안) 규모로 확대 연장했다. 미·중 무역갈등이 지속되는 가운데 위안화를 무역결제수단으로 확대하기 위한 중국의 위안화 국제화 제고 노력이 한·중 통화스왑의 확대로 이어졌다는 분석이 나온다. 우리 정부 입장에서도 코로나19 충격을 가장 먼저 빠져나와 V자형 회복세를 보이고 있는 중국과의 교역 확대에 대비할 수 있다는 점에서 긍정적이다. 이주열 한국은행 총재와 이강

중국 인민은행 총재가 22일 원·위안 통화스와프의 규모와 기간을 확대하기로 합의했다고 기획재정부와 한은은 밝혔다.

이번 갱신계약을 통해 통화스왑 규모는 기존 계약(64조원, 3600억위안)보다 6조원 커졌고, 계약기간도 기존 3년에서 5년으로 늘었다. 달러로 환산한 규모도 560억달러에서 590억달러로 증가했다. 이로써 한·중 통화스와프는 오는 2025년 10월까지 유지된다. 한은 관계자는 "계약기간과 규모가 확대된 것은 향후 한·중간 무역 연계가 더욱 긴밀해질 것을 감안해 수요 증가분을 선반영했기 때문"이라고 말했다.

한·중간 통화스왑 자금은 무역실수요 지원을 위해 주로 활용된다. 우리 정부는 원화와 위안화 간 무역결제 지원제도를 구축, 스왑자금은 국내기업의 대중(對中) 위안화 결제 및 중국기업의 대한(對韓) 원화 결제에 쓰이고 있다. 현재 양국의 원화와 위안화 간 무역결제규모는 공개하지 않고 있지만, 우리나라와 중국 간 무역 증가 및 무역결제시 위안화 활용 확대 정책 등으로 자금 수요는 꾸준히 늘어날 것으로 정부는 보고있다. 이밖에도 기재부는 2012년부터 통화스왑 자금을 활용한 비거주자(외국중앙은행-현지은행-현지기업 간)간 원화 대출 거래에 대해서 신고의무를 면제해주고 있다.

한·중 통화 스와프는 글로벌 금융위기 당시 2009년 4월 단기 유동성 지원과 교역 촉진을 위해 1800억위안(한화 38조원, 263억달러 상당) 규모로 체결됐다. 이번이 세번째 만기연장으로 지난 2011년 유럽재정위기 대응을 위해 중도에 통화스왑 규모를 2배로 확대한 이후 세 번째 만기 연장 계약만에 규모가 확대한 것이다.

中정부 위안화 국제화 차원 통화스왑 확대

중국은 글로벌 금융위기 이후 위안화 국제화 제고의 일환으로 2010년 이후 26개국(2018년 3월까지 대외공표 기준 추산)과 위안화를 기초통화로 한 통화스왑을 맺고 있다. 아울러 역내 아세안(ASEAN) 국가 및 주요국과의 무역시 위안화를 결제통화로 사용하기 위해 노력하고 있다. 그러나 위안화의 국제결제 비중은 지난 4월 1.66%로 2년 전과 비율이 같다. 위안화 국제화를 위해서는 중국 자본시장 개방도 확대 및 외환시장 자율화 등 넘어야할 산이 많다는 지적이다.

통화스왑은 외환이 부족해지는 위기에 닥쳤을 때 서로 다른 통화를 미리 약정된 환율에 따라 교환(Swap)하는 외환거래다. 유사시 외화가 바닥났을 때 상대국 통화를 빌려 쓰는 일종의 '외화 안전판' 역할을 한다.

교역이나 국제금융거래시 자국 통화의 활용도를 높이기 위한 목적으로도 활용된다. 통화스왑이 체결되면 이후 원·달러 환율이나 신용부도스와프(CDS) 프리미엄 등 각종 금융지표가 안정화하는 흐름을 보인다.

이번 통화스와프 규모는 중국이 다른 국가와 체결한 통화스와프 중 홍콩(4000억위안)과 마찬가지로 가장 큰 수준이다. 우리나라가 맺은 통화스와프

중에서는 미국(600억달러)에 이어 두번째로 크다. 다만 미국과 맺은 통화스왑은 코로나19에 따른 금융·외환시장 불안에 대비하기 위해 만기가 내년 3월로 짧은 한시적 통화스왑이다.

한은은 "양국 간 통화스와프는 양국 교역 증진, 금융시장 안정, 상대국 진출 금융기관 유동성 지원 등이 목적"이라며 "국제 금융시장의 변동성이 높은 시기에도 무역대금을 자국 통화로 결제할 수 있도록 보장함으로써 역내 금융 안정에 기여할 것"이라고 말했다.

우리나라는 총 8개국과 총 1932억달러 상당의 통화스와프를 맺고 있다. 양자간 통화스와프는 미국(600억달러), 캐나다(사전한도 없음), 스위스(106억달러), 중국(590억달러), 호주(81억달러), 말레이시아(47억달러), 인도네시아(100억달러), 아랍에미리트(UAE·54억달러) 등이다. 캐나다를 제외하면 모두 만기가 정해진 한시적 통화스왑이다. 이외에 ASEAN+3 국가(13개국) 들과 다자간 통화스와프(CMIM·384억달러)를 체결 중이다.

자료: 이데일리(2020.10.22).

구조화상품

구조화상품의 개념과 특징

구조화 상품이란 예금, 주식, 채권, 통화, 파생상품 등의 자산을 가공하거나 혼합하여 만들어진 새로운 금융상품이다. 구조화 상품의 예로는 주식이나 채권, 파생상품 등을 혼합하여 만든 주가연계증권(ELS: Equity Linked Securities), 기타파생결합증권(DLS: Derivatives Linked Securities), 예금과 주식을 혼합하여 만들어진 주가연계예금(ELD: Equity Linked Deposit) 등이 있다.

구조화 상품의 등장 배경은 2000년 이후 전 세계적으로 도래한 저성장, 저금리 현상을 들 수 있다. 저축상품만으로는 재산증식이나 노후대비가 쉽지 않고, 주식 등의 투자는 리스크가 크기 때문에, 그 대안으로 중위험·중수익을 추구하기 위해 개발된 상품이다. 그러나 구조화상품의 기초자산 가격이 일정 범위를 벗어나는 경우 큰 손실이 발생할 수도 있다.

구조화 상품은 기초자산의 수익성이나 리스크를 구조화기법을 이용하여 완화하거나 증폭시킨 것이기 때문에 상품의 구조와 내용이 복잡하여 일반투자자들이 정확하게 이해하기 어려운 상품이다. 그리고 가치에 대한 평가나 정보입수가 어렵고, 유동성 부족으로 중도해지하는 경우 높은 수수료를 부담해야 하는 경우가 많다. 따라서 구조화 상품에 투자하는 경우에는 기초자산, 상품구조 및 유동성 등에 대해 충분히 이해한 후 투자할 필요가 있다. 한편, 구조화 상품은 파생상품이 아닌 증권이기 때문에 파생상품과는 달리 투자원금의 100%까지만 손실이 발생할 수 있는 상품이다.

대표적인 구조화상품

주가연계증권(ELS: Equity Linked Securities)

주가연계증권(ELS)은 특정 주식가격이나 주가지수의 가격변동에 연계하여 사전에 약정된 조건에 따라서 투자 손익이 결정되는 파생결합증권이다. ELS는 투자손익이 주가변동에 연계되어 결정된다는 점에서 주가연계펀드(ELF: Equity-Linked Fund), 주가연계신탁(ELT: Equity-Linked Trust) 또는 주가연계예금(ELD: Equity-Linked Deposit) 등과 유사하지만 투자자의 손익이 발행기관의 발행대금 운용성과와는 무관하게 사전에 약정된 방식에 따라 결정되며, 투자 원리금이 예금보호 대상이 아니라는 점 등에서 다른 상품들과는 구별된다. 주가연계증권은 만기, 수익구조 등을 다양하게 설계할 수 있는 반면에 증권시장에 상장되지 않음에 따라 유동성이 낮고 발행 증권회사의 신용리스크(만기상환불이행위험)에 노출되는 단점이 있다. 기초자산이 일정 수준 이상이면 자동으로 조기상환되는 조건이 부여되고 환매수수료를 부담하는 조건으로 환매를 요구할 수도 있다.

❙〈표 20〉 주가연계상품 비교

	주가연계증권 (ELS)	주가연계펀드 (ELF)	주가연계신탁 (ELT)	주가연계예금 (ELD)
발행기관	투자매매업자 (증권사)	집합투자업자 (자산운용사)	신탁업자 (증권사, 은행)	은행
근거법률	「자본시장법」	「자본시장법」	「자본시장법」	「은행법」
법적형태	파생결합증권	증권집합투자기구	특정금전신탁	예금
예금보호	없음	없음	없음	있음
손익구조	사전에 약정한 수익률	운용성과에 따른 실적배당	운용성과에 따른 실적배당	사전에 약정한 수익률(원금보장)

ELS는 다양한 손익구조를 가지고 있으며 이러한 복잡하고 어려운 손익구조는 투자자들이 ELS 투자 시 위험평가를 어렵게 하는 요인이 된다. 원금보장형 ELS는 운용 자금의 대부분을 안전한 채권에 주로 투자하고 일부 자금은 주가와

연동되는 옵션 등 파생상품에 투자함으로써 초과수익을 확보하는 수익구조를 갖는다. 원금보장형 ELS에서는 기초자산의 가격변동과 상관없이 만기에 지급하기로 약정한 원금의 비율인 원금보장률(floor rate)이 사전적으로 제시되며 만기수익이 제한적이다.

반면 원금비보장형 ELS는 만기에 원금을 보장한다는 조건이 없는 대신에 기대수익률은 높게 제시된다. 국내에 도입되어 있는 ELS의 손익구조는 투자자들의 수요에 따라 Knock−Out형, Step−Down형, Bull Spread형, Reverse Convertible형, Digital형 등으로 다양하게 개발되어 있다.

▌〈표 21〉 ELS의 유형과 손익구조

유형	수익구조
Knock-Out형	만기까지 기초자산 가격의 상승률이 단 한번이라도 사전에 정한 수준에 도달하면 미리 정한 수익률로 만기수익률이 결정됨
Step-Down형	정해진 시점(통상 6개월)마다 주가를 평가하여 사전에 정한 수준 이상으로 유지하면 확정수익률을 지급하고 조기상환됨
Bull-Spread형	만기시점 기초자산 가격의 상승률에 비례하여 수익률 결정
Reverse Convertible형	기초자산의 가격이 사전에 정한 하락 폭 아래로만 떨어지지 않으면 기초자산의 가격이 일정 부분 하락해도 수익률 지급
Digital형	만기시점 기초자산의 가격이 사전에 정한 수준 이상이거나 그에 미치지 못한 경우 수익률이 각각 다른 상품

<그림 44>은 Step−Down형 ELS의 손익구조의 예시이다. 스텝다운형 ELS는 발행 이후 모든 기초자산이 최저 한계가격 미만으로 하락(knock−in)한 적이 없고, 매 조기 상환일(통상 6개월 단위) 현재 최저 성과를 보인 기초자산의 평가가격이 일정 수준(매 조기 상환시점마다 계단식으로 하락) 이상이면 약정 수익률로 조기 상환된다. 조기 상환되지 못할 경우에는 만기 시점에서의 최종 평가 가격에 따라 투자손익이 결정된다.

◎ 〈그림 44〉 스텝다운형 ELS 손익구조 예시

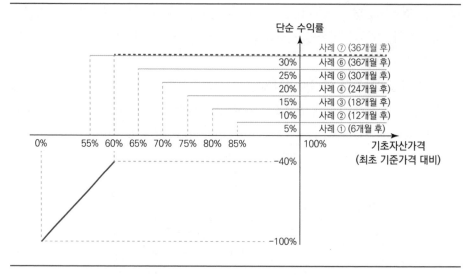

▌〈표 22〉 스텝다운형 ELS의 손익구조 예시

Knock-in 여부[1]	기초자산 가격 조건(최초 기준가격 대비)		수익률
발행일 이후 기초자산의 가격이 최초 기준가격의 55% 이상을 유지	① 1차 조기상환일(6개월): 85% 이상		연 10%
	② 2차 조기상환일(12개월): 85% 이상		
	③ 3차 조기상환일(18개월): 85% 이상		
	④ 4차 조기상환일(24개월): 85% 이상		
	⑤ 5차 조기상환일(30개월): 85% 이상		
	⑥ 만기일(36개월): 55% 이상~60% 미만		
발행일 이후 기초자산의 가격이 최초 기준가격의 55% 미만을 하회한 경우	⑦ 만기일(36개월 후): 60% 이상		연 10%
	⑧ 만기일(36개월 후): 60% 미만		기초자산[1] 가격의 최종하락률

주: 1) 각 시점에서 최저 성과를 보인 기초자산(worst performer)을 기준으로 평가
자료: 한국의 금융시장(2016), 한국은행. p.436.

기타파생결합증권(DLS: Derivatives Linked Securities)

DLS는 기초자산이 주식가격이나 주가지수가 아닌 금리, 환율, 상품가격 등의 변동에 연계되어 사전에 정해진 방법에 따라 투자수익이 결정되는 증권이다. 금리 등이 일정범위 내에 있을 경우 약정수익률이 지급되지만 그 범위를 벗어나면 투자원금의 손실이 발생할 수 있다. DLS의 법적 형식은 증권이므로 다른 증권처럼 투자자금의 100%까지만 손실이 발생할 수 있다. 손익구조 등 다른 특징은 ELS와 유사하다. 한편, 파생결합펀드(DLF: Derivatives Linked Fund)는 금리, 환율 등을 기초자산으로 하는 DLS를 편입한 펀드를 말한다. 따라서 DLF의 손익구조는 DLS와 동일하다.

구조화 상품의 위험성

ELS, DLS 등 구조화 상품은 저금리 시대의 도래에 따라 중위험·중수익 추구 상품으로 개발되었다고는 하나, 상품내용이 복잡하고 주가지수, 금리 등 기초자

◎ 〈그림 45〉 독일국채금리 연계 DLS 예시

추락하는 독일 국채 10년물 금리(단위: %)

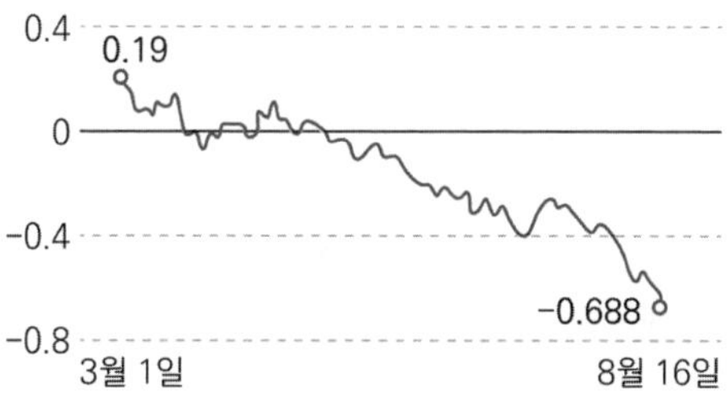

독일 금리 연계 DLS 구조

만기시점 금리	원금 손실 비중
−0.2% 이상	0%
−0.3%	20%
−0.4%	40%
−0.5%	60%
−0.6%	80%
−0.7% 이하	100%

*손익구조: 독일 국채금리 −0.2% 이상(연 4~5% 순익), −0.7% 이하(100% 손실)
*자료: 금융투자협회

자료: 실용금융(2021), 금융감독원. p.163.

산의 가격이 일정범위를 벗어나는 경우 투자원금의 100%까지 손실을 입을 수 있는 위험한 상품이라고 할 수 있다. 이에 ELS, DLS 등 판매회사에 대하여 상품내용 및 투자위험 등을 투자자에게 설명하도록 의무를 부과하고 있다. 따라서 구조화 상품에 투자하기 전에 판매회사로부터 상품내용 및 투자위험 등에 대한 충분한 설명을 들어 상품내용을 잘 이해하고 가입할 필요가 있다.

📢 금융꿀팁 ELS 등에 투자 시 유의사항

> **1. ELS 등의 구조화상품은 원금손실이 발생할 수 있는 상품이다.**
>
> 기초자산의 가격흐름에 따라 원금손실이 발생할 수 있으므로, 금융회사 판매직원이 "사실상 원금보장이 된다."라고 설명하더라도 주의해야 한다.
>
> **2. ELS 등의 구조화 상품은 예금자보호 대상이 아니다.**
>
> 증권회사가 자기 신용으로 발행한 무담보 · 무보증증권으로 발행회사인 증권회사가 파산하면 투자원금과 수익을 돌려받지 못하게 된다.
>
> **3. ELS 등의 구조화 상품의 손익발생조건과 기초자산에 대한 이해는 필수적이다.**
>
> 기초자산의 가격흐름에 따라 손익(수익률)이 결정되는 만큼 기초자산의 가격수준, 과거 가격추세, 향후 가격전망 등에 대하여 충분히 살펴보고 투자결정을 하여야 한다.
>
> **4. ELS 등의 구조화 상품은 일반적으로 제시수익률이 높을수록 더 위험한 상품이다.**
>
> 제시수익률이 높다면 이에 따른 높은 위험성을 이해하고 투자 여부를 결정해야 한다.
>
> **5. ELS 등의 구조화 상품은 손실이 발생하는 경우 손실규모가 크게 나타나는 특성이 있다.**
>
> 수익이 발생할 경우 수익률은 높으나, 손실이 발생할 경우 손실규모가 커지도록 설계된 상품임을 유념해야 한다.
>
> **6. ELS 등의 구조화 상품은 중도환매(상환) 시 원금손실 위험이 있다.**
>
> 중도에 상환을 신청할 경우 중도상환가격에 따라 원금손실이 발생할 수 있으니 투자설명서 등을 통해 중도상환절차와 중도상환가격 결정방법에 대해 사전에 확인하고 투자해야 한다.

7. ELS 등의 구조화 상품의 조기상환은 정해진 조건 충족 시에만 가능하다.

조기상환은 발행 당시 미리 정해진 조기상환조건을 충족해야만 가능하므로 조기상환을 예상하고 단기 필요자금을 투자하기보다는 만기까지 자금의 여유가 충분한지 고려한 후 투자하는게 바람직하다.

8. ELS 등 구조화 상품은 기초자산의 가격회복기간은 한정되어 있다.

만기가 정해진 상품이므로 정해진 기간 내에 기초자산의 가격이 회복되지 못할 경우 손실감수가 불가피하다.

자료: 실생활에 유용한 금융꿀팁(2019), 금융감독원.

핵심내용 정리

• 펀드의 종류
 – 증권펀드(주식형 펀드, 채권형 펀드, 혼합형 펀드)
 – 개방형 펀드, 폐쇄형 펀드
 – 파생상품 펀드, 부동산 펀드
 – 국내펀드, 해외펀드

• 파생상품(derivatives)
 – 주가, 금리, 환율, 실물가격 등 기초자산의 가치 변동에 따라 가격이 결정되는 금융상품
 – 장내파생상품(선물, 옵션)
 – 장외파생상품(선도, 스왑 등)

• 선물계약
 – 선물거래의 기능: 헤징(hedging)기능, 현물시장 유동성 확대, 장래의 가격정보 제공
  새로운 투자수단(차익거래, 차익스프레드거래) 제공

• 옵션계약
 – 헤징기능, 다양한 투자수단 제공

• 스왑계약
 – 통화스왑, 주식스왑, 금리스왑, 상품스왑

• 구조화 상품
 – 예금, 주식, 파생상품 등의 자산을 가공하거나 혼합하여 만들어진 금융상품
 – ELS, DLS, ELD 등

CHAPTER

06

신용 및 부채관리

금융과 사회
금융으로 세상읽기

SECTION 01 신용관리
SECTION 02 신용카드
SECTION 03 부채관리

신용관리

신용의 개념과 중요성

　신용이란 돈을 빌려 쓰거나, 물건이나 서비스를 미리 사용한 뒤 약속한 날짜에 갚을 수 있다는 믿음을 나타낸다. 현대 사회는 신용 사회로 불리는 만큼 신용의 중요성이 커졌기 때문에 신용도 자산이 되는 사회이다. 신용을 이용하면 지금 당장 돈이 없더라도 필요한 물품이나 서비스를 구입할 수 있고, 급하게 돈이 필요할 때에도 신용 거래를 통해 쉽게 돈을 마련할 수 있다.

◎ 〈그림 46〉 신용이란?

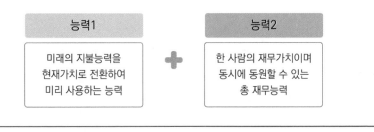

능력1	능력2
미래의 지불능력을 현재가치로 전환하여 미리 사용하는 능력	한 사람의 재무가치이며 동시에 동원할 수 있는 총 재무능력

　신용을 사용한다는 것은 미래 시점의 가치를 현재시점으로 이동시킨다는 것을 뜻한다. 과거에는 빚이라는 표현을 많이 썼지만, 현대 사회에서는 신용도 하나의 자산 도구로서 활용되기 때문에 적절한 사용은 생활의 유용한 수단이 될

수 있다.

신용은 잘 이용하면 지금 현금이 없더라도 미래의 소득을 앞당겨 사용하여 구매력을 증가시킬 수 있는 유용한 도구인 반면에, 과도한 빚이나 채무로 인해 심할 경우 파산에 이르게 되는 양면성을 가지고 있다. 신용은 적절히 잘 이용하면 금리변동이나 인플레이션 상황에서 개인과 가계의 소득과 자산을 보호할 수 있다. 예를 들어, 금리상승 시에는 현재의 낮은 고정금리가 적용된 장기대출상품을 이용할 수 있고, 인플레이션 시에는 대출을 받아 미리 물건을 구매하여 이익을 얻을 수도 있다. 또한 신용카드 등을 이용하여 신용을 잘 사용하는 것은 개인의 신용도를 높일 수 있는 방법이 된다.

신용 사용은 이자 또는 수수료 부담뿐만 아니라 신용카드를 통해 현금 없이 물건을 살 수 있으므로 개인적으로는 과소비나 충동구매 등 비합리적인 소비행동의 원인이 될 수 있고, 가계측면에서는 부채부담이 증가하여 가계건전성이 하락할 수도 있다. 또한 소득에 비해 과도한 신용을 사용한다면 연체, 채무불이행 더 나아가 파산에 이르게 되는 원인이 될 수 있다. 신용은 한 사람의 재무가치를 상징하며, 동시에 그 사람이 동원할 수 있는 총 재무 능력을 뜻하기도 하는 중요한 가치라는 점에서 올바른 신용관리가 매우 중요하다.

개인신용정보와 평가

신용정보의 개념

개인신용정보란 금융거래 등 상거래를 할 때 상대방에 대한 신용도와 신용거래능력 등을 판단할 때 필요한 정보로 신용거래정보, 신용도판단정보, 신용능력정보 등을 말한다. 개인의 신용에 대한 평가는 개인신용정보를 수집하여 이를 바탕으로 이루어진다. 금융회사들은 돈을 빌려주기 위해 돈을 빌리는 사람의 신용도를 먼저 조사하고, 이를 바탕으로 신용이 좋은 사람에게는 더 낮은 이자율을 적용하고 돈을 빌려주며, 신용이 좋지 않거나 신용정보가 없는 사람에게는 높은 이자율을 적용하거나 대출을 거절하기도 하는데, 이 때 평가에 활용하는 자료가 개인

신용정보인 것이다. 개인신용정보는 금융회사에서 돈을 빌릴 때뿐만 아니라, 백화점에서 고객 카드를 신청하거나 결혼정보업체에 등록할 때, 그리고 여러 공공기관의 취업 시에도 개인의 신뢰도를 측정하기 위한 목적으로 다양하게 사용된다.

개인신용정보의 종류

개인신용정보에는 이름, 주민등록번호, 주소 등 개인이 누구인가를 알 수 있는 식별정보와 금융거래 등 상거래와 관련하여 개인의 거래내용을 판단할 수 있는 신용거래정보가 있다. 식별정보는 개인을 식별하기 위한 활용보다는 주로 다른 신용정보들과 결합하여 이용되고 있다. 신용거래정보는 신용정보주체의 거래내용을 판단할 수 있는 정보로서 대출, 보증, 담보 제공, (가계)당좌거래, 신용카드, 할부금융 등 상거래와 관련하여 거래의 종류, 기간, 금액 및 한도 등에 관한 사항이 포함된다. 또한 대출정보, 채무보증정보 등 돈을 빌리고 물품을 구매하면서 생성된 신용도 판단정보와 개인의 소득 및 자산, 재산세 혹은 소득세 납부 실적 등으로 평가하는 신용능력정보, 그리고 금융회사가 보유한 경제 관련 법령 위반정보 및 국세·지방세 체납 정보, 신용회복지원정보, 법원의 심판 및 결정정보 등이 포함된 공공정보가 개인신용정보에 포함된다.

▍〈표 23〉 개인신용정보의 종류

종류	내용
식별정보	성명, 주소, 주민등록번호, 성별, 국적 등 개인을 식별할 수 있는 정보
신용거래정보	금융거래 등 상거래와 관련하여 개인의 거래내용 및 신용도를 판단할 수 있는 정보로서 대출금 및 신용카드대금 등의 연체 정보
신용도판단정보	금융거래 내용을 판단할 수 있는 정보로서 대출, 보증, 담보제공, 신용카드, 할부금융 등의 종류, 기간, 금액 등에 관한 정보
신용능력정보	돈을 빌리거나 신용카드 등으로 물품을 구매하고 이를 잘 갚을 수 있는 능력으로서 소득 및 재산, 소득세 및 재산세 납부 실적 등
공공정보	법원의 재판 결과 관련 정보, 세금 또는 공공요금 등의 체납 정보

자료: 신용상담을 위한 재무관리(2020), 신용회복위원회. 금융소비자 정보포털 파인
(http://fine.fss.or.kr)

개인신용정보의 수집과 관리

개인신용정보는 CB(Credit Bureau)라고 하는 신용정보집중기관 또는 신용평가회사에서 모아 집중적으로 관리한다. CB는 공공 CB와 민간 CB로 구분되는데 공공 CB에는 한국신용정보원이 있고, 민간 CB의 대표적인 회사로는 코리아크레딧뷰로(KCB)와 NICE평가정보가 있다. 공공 CB는 개인신용정보만을 수집하는데 비해, 민간 CB는 신용정보를 기초로 개인의 신용수준을 평가하는 동시에 개인 대출심사 등 신용평가 결과를 필요로 하는 금융회사 등에 제공하는 등 신용정보 수집과 신용평가를 같이 담당한다.

한국신용정보원은 은행연합회 등 5개 금융협회와 보험개발원에서 분산, 관리해오던 신용정보를 안전하고 집중적으로 관리하기 위해 설립된 국내 유일의 종합신용정보집중기관이다. 각 금융회사는 한국신용정보원에 자신의 고객정보를 제공하고, 개인이 대출을 신청하여 신용평가를 하기 위해 신용정보를 활용해야 할 때, 한국신용정보원이 각 금융회사로부터 수집해 놓은 개인정보를 요청하여 이용하게 된다. 한국신용정보원이 수집하는 주요 정보에는 채무불이행정보(연체 90일 이상), 대출 및 채무보증정보, 카드개설정보, 국세청으로부터 받은 세금체납정보, 법원으로부터 파산정보, 소송정보 등의 공공정보 등이 포함된다. 민간 CB인 신용평가회사는 은행, 카드사, 보험사, 캐피탈, 저축은행 등의 금융회사와 백화점, 통신사, 전기/가스회사 등 비금융회사 그리고 공공기관이 제공하는 신용거래 내역과 관련 신용정보를 수집한 후, 이를 평가하고 가공하여 신용정보이용자에게 제공하는 회사를 말한다.

▌〈표 24〉 개인신용정보 관리

관리기관		등록 신용정보	신용정보 제공	신용정보 이용
공적 CB	한국신용정보원	채무 불이행 정보 (연체 90일 이상)	금융회사, 국세청, 법원 등 공공기관	금융회사
		대출 및 채무보증 정보		
		카드개설 정보		
		세금체납 등 공공정보		

관리기관		등록 신용정보	신용정보 제공	신용정보 이용
민간CB	KCB, NICE 평가정보	한국신용정보원에서 받은 정보	한국신용정보원	금융회사 및 비금융회사
		비금융회사에서 받은 정보	비금융회사: 대부업체, 통신회사, 유통회사, 소매회사 등	

자료: 실용금융(2021), 금융감독원. p.179.

신용정보의 활용

KCB, NICE평가정보와 같은 신용평가회사에서 관리하고 제공하는 개인신용정보를 CB정보라고 한다. CB정보는 한국신용정보원에서 수집한 일반적인 신용정보뿐만 아니라 금융거래자의 현황(재산 소유, 직업, 소득 등) 및 거래 이력(상환이력, 금융거래 횟수) 등 금융거래와 관련한 다양한 정보도 포함하여 개인의 신용도를 수치화하여 제공하므로 보다 상세한 정보를 제공한다. 예를 들어, 연체정보도 연체기간 90일 이상이 아닌 5일 이상의 연체정보를 수집하고 대출, 채무보증, 카드 정보 등도 좀 더 상세한 정보를 수집하여 제공한다.

또한 대부업체와 백화점, 통신회사 등 비금융회사와 개별 계약에 의해 연체정보를 수집하고 수집된 자료를 정제, 가공하여 신용평점을 산출하고 이를 필요한 개인과 기관에 제공한다. 금융회사 등 신용정보를 이용하는 회사는 신용평가회사로부터 얻은 신용보고서(credit report)와 신용평점(credit score)을 이용하여 거래 여부 및 금리, 대출 조건 등을 결정하게 된다. 그리고 신용정보를 이용하는 회사에서 발생한 거래고객의 신용정보는 다시 신용평가회사에 전달되어 개인의 신용도를 평가할 수 있는 중요한 자료로 이용된다.

개인신용정보는 개인의 경우 연 3회(4개월에 1회)까지 무료로 자신의 신용정보를 확인할 수 있다. KCB에서 운영하는 올크레딧이나 NICE평가정보에서 운영하는 나이스지키미에 접속하여 자신의 신용정보를 조회할 수 있다. 특히 주민등록증이나 운전면허증 등을 분실한 경험이 있다면 분실한 신분증을 다른 사람이 신용거래에 부정 사용하지 않는지 확인하는 차원에서 자신의 신용정보를 점검해볼 필요가 있다.

개인신용평가

　개인에 대한 신용평가는 신용평가점수제(1~1,000점)로 운영되고 있다. 개인 신용평가점수는 CB사가 개인에 대하여 향후 1년 이내에 90일 이상 연체 등이 발생할 가능성을 수치화한 지표이다. 기존의 신용등급제(1~10등급) 적용에 따른 문제점을 해소하고 체계적인 대출심사를 위해 2021년부터 시행되었다. 신용등급제는 신용등급 구간별 점수 폭이 너무 커서 금융회사는 신용위험을 관리하기가 쉽지 않았다. 금융소비자 입장에서는 신용등급에 따라 금융회사가 제공하는 획일적인 금융서비스를 받아왔으며 1~2점에 따라 등급이 달라져서 다른 대출기준을 적용받는 등의 불이익이 발생했었다.

　예를 들어, 신용점수 665점과 662점은 점수 차이가 크지 않고 신용도가 유사하지만 이를 등급제에 적용하면 각각 6등급과 7등급으로 분류되어 대출심사 시큰 차이가 있었다. 하지만 신용평가점수제 시행으로 은행별로 차별화된 대출가능 판단 기준을 마련하여 운영하게 되면서 신용등급 미달로 대출심사가 거절되었던 금융소비자도 다른 은행에서는 대출심사를 통과하여 대출을 받을 수 있게 되게 된다. 또한 신용이력이 부족하여 신용등급이 좋지 않았던 대학생이나 20대 사회초년생의 경우 더욱 상세한 신용평가를 받을 수 있는 기회가 생기는 등 금융소비자의 불이익이 줄어들 것으로 예상된다

　개인신용을 평가하는 요소에는 신용행동, 신용여력 그리고 신용성향이 있다. 먼저 신용행동은 대출이나 신용카드 사용 등 부채를 빌리고 갚는 신용거래 이력을 뜻하는데 상환이력정보, 현재부채수준, 신용거래기간, 신용거래형태로 구분할 수 있다. 상환이력정보란 채무의 기한 내 상환 여부, 과거 연체경험 정보이며, 현재 부채수준은 현재 보유한 대출, 보증 등 상환이 필요한 채무 정보, 신용거래 기간은 대출, 보증 등 신용거래활동을 시작한 후 거래기간에 대한 정보, 신용거래형태는 신용거래 종류(신용카드, 체크카드)에 따른 채무정보를 의미한다. 이 밖에도 입증된 소득에서 지출수준을 고려한 미래 가처분소득을 의미하는 신용여력과 소비자 개인의 신용개선을 위한 노력 정도를 의미하는 신용성향도 반영된다.

신용평가회사들은 신용평가 시 일정한 가점을 부여하는 신용평가 가점제를 운용하고 있는데, 대표적인 것이 통신·공공요금 성실 납부실적을 꾸준히 제출하면 가점을 받을 수 있는 제도이다. 사회초년생처럼 금융거래 실적이 많지 않은 경우에는 학자금대출 상환 실적, 체크카드 이용 기록 등을 이용하여 신용점수를 올릴 수 있다.

최근에는 교통법규 미준수 등 사회공익을 해치는 행위나 SNS 등의 온라인 활동과 온라인 쇼핑 내역, 공공요금 등 비금융거래 정보를 신용평가에 이용하기도 한다. 우리나라에서도 비금융정보를 전문으로 다루는 민간 CB가 도입되면서 비금융정보에 대한 중요성이 커지고 있다.

자료: 실용금융(2021), 금융감독원. p.182.

한편, 정교한 신용평가를 위해 CB사가 자체적으로 수집하기 어려운 세금, 건강보험, 국민연금, 통신요금, 공공요금 등의 성실 납부내역을 개인이 스스로 CB사에 제출하면 이를 개인의 신용평가에 반영해주고 있다. 이는 금융거래가 거의 없거나 신용정보 등이 부족한 사회초년생이나 현금거래가 많은 자영업자 등의 신용평가에 유리하다. 개인신용평가 결과는 금융회사의 대출가능 여부 또는 카드발급 여부 및 대출한도와 대출금리 결정에 있어서 중요한 기준이 되기 때문에 사회초년기부터 꾸준한 신용정보 관리가 필요하다.

◎ **〈그림 47〉** 개인신용평가점수 평가요소

※ 신용조회정보는 신용평가점수에 반영되지 않음

신용관리 및 연체 시 대처방법

신용관리방법

신용을 좋게 하고 신용도를 높이기 위해서는 좋은 신용기록을 쌓는 동시에 꾸준한 신용관리가 필요하다. 가장 주의해야 할 점은 연체하지 않도록 조심하는 것인데 금융회사 등에서 신용평가를 할 때 가장 큰 비중을 차지하기 때문이다. 금융감독원이 제시한 '현명한 신용관리 요령'을 알아두자.

① 평소 자기 신용등급에 관심 기울이기

신용등급은 금융거래 있어 신분증과도 같다. 대출가능 여부는 물론 대출한도, 대출금리를 결정하는 기본 지표가 되기 때문이다. 신용등급은 떨어지기는 쉬워도 올리는 데는 긴 시간이 필요한 만큼 평소 자신의 신용등급에 관심을 가지고 꾸준히 관리하는 것이 중요하다.

② 소액이라도 절대 연체하지 않기

신용등급을 평가할 때 연체정보는 부정적인 영향을 미치는 가장 중요한 요인이다. 10만원 이상의 금액을 5영업일 이상 연체하면 신용평점이나 신용등급이 하락한다. 주기적으로 납부하는 카드대금이나 통신·공공요금 등은 자동이체를 이용하는 것이 바람직하다.

③ 신용카드 보다는 체크카드 사용하기

신용등급에 결정적인 영향을 미치는 연체를 피하는 첫 걸음은 자신의 상환능력을 벗어난 카드사용을 자제하는 것이다. 이를 실천하는 안전판이 신용카드 보다는 체크카드를 사용하는 것이다.

④ 연체는 오래된 것부터 상환하기

연체기간이 길수록 신용등급에 불리하다. 불가피하게 연체가 발생한 경우, 가장 오래된 연체 건부터 상환하면 연체로 인한 불이익을 최소화할 수 있다.

⑤ 과도한 빚은 고통의 시작임을 명심하기

대출이나 신용카드 사용액은 미래의 자신이 갚아야 할 '빚'이다. 상환능력에 비해 과도한 채무는 연체가능성이 높은 것으로 평가되어 신용등급에도 부정적인 영향을 줄 수 있다. 대출을 받을 때는 반드시 상환능력을 고려하여 신중하게 결정한다.

⑥ 주거래 금융회사 및 자동이체 이용하기

거래 금융회사를 자주 바꾸는 것보다는 주거래 금융회사를 정해 꾸준히 이용하는 것이 신용등급에 유리하다. 신용등급은 보통 신용조회회사(CB)에서 산정한 것을 바탕으로 각 금융회사에서 거래실적 등을 반영, 다시 산정하여 살펴보기 때문이다. 적립식 예·적금, 펀드, 공과금 및 카드대금 등은 주거래은행에 자동이체를 이용한다.

⑦ 타인을 위한 보증은 가급적 피하기

다른 사람을 위해 보증을 서면 보증내역이 신용조회회사에 보내져 신용등급을 산정할 때 반영된다. 이 경우 채무자가 연체를 하지 않더라도 보증인의 신용등급이 하락할 수 있는 만큼, 보증을 서는 것은 가급적 피한다.

⑧ 대출 금융회사는 신중하게 결정하기

신용조회회사들은 신용등급 산정 시 대부업체나 제2금융권 대출, 현금서비스나 카드론이 있을 경우 은행 대출에 비해 부정적으로 평가한다. 따라서 대출을 받기 위해 금융회사를 정할 때에는 대출 가능성이나 금리뿐만 아니라 신용등급에 미치는 영향도 고려할 필요가 있다.

⑨ 신용평가 가점제 적극 활용하기

통신·공공요금 등의 납부실적이 꾸준하면 신용조회회사 신용평가 시 가점을 받을 수 있다. 신용등급이 좋지 않거나 금융거래실적이 많지 않은 사람은 이를 활용하여 신용등급을 개선할 수 있다.

⑩ 내 신용등급 확인하기

자신의 신용등급은 1년에 총 3회까지 무료로 신용조회회사 사이트에 접속하여 확인할 수 있다. 과거에는 신용조회사실이 신용등급에 영향을 준 적이 있으나, 2011년 10월 이후부터 신용등급조회 사실은 신용평가에 반영되지 않는다. 자신의 신용등급에 대한 이의가 있을 때는 신용조회회사 고객센터를 통해서 신용등급 산출 근거 등을 확인할 수 있으며, 수긍할 수 없다면 '금융감독원 민원센터 개인신용평가 고충처리단'에 이의제기를 할 수 있으며, 금감원은 이의제기 내용의 타당성 심사 후 그 결과를 알려준다.

신용상식 테스트

1. 신용정보 조회하면 신용등급이 내려간다. (○, ×)
2. 공과금, 세금, 통신요금은, 금융채무가 아니므로 신용도와 상관없다. (○, ×)
3. 개인간 채무관계로 법원에서 패소하더라도 신용도에는 영향이 없다. (○, ×)
4. 연체금을 갚으면 신용도가 이전으로 회복된다. (○, ×)
5. 금융회사 앞으로 보증을 서준 것은 내가 대출받은 게 아니므로 신용등급에는 영향이 없다. (○, ×)
6. 대출을 아예 안받으면 신용등급이 좋아진다. (○, ×)
7. 금융회사나 금융회사 소속 대출모집인은 내 동의가 없어도 내 신용정보를 알 수 있다. (○, ×)
8. 개인회생·파산·신용회복을 받아 무사히 마쳤으면 신용이 회복되어 바로 대출받을 수 있다. (○, ×)
9. 소득이 높으면 신용등급이 올라간다. (○, ×)
10. A은행에서 대출을 받았지만 B은행, C캐피탈에서는 모를 것이다. (○, ×)

자료: 금융감독원 서민금융 1332.

연체 시 대처방법

채무불이행, 즉 연체는 신용평점 하락에 결정적인 영향을 미친다. 연체정보는 금융회사 채무를 3개월 이상 연체한 경우 한국신용정보원에 등록하도록 되어 있지만, 해당 금융회사에서는 3개월 미만의 연체정보도 보유하고 있기 때문에 민간 CB의 신용평가를 기초로 최종 신용서비스 제공을 결정하게 된다. 따라서 연체를 하지 않는 것이 가장 바람직하지만, 만일 연체를 하였다면 가능한 빨리 연체를 해결하는 것이 좋다. 특히, 교육과학기술부 지원 학자금대출의 대출금, 이자 등이 연체된 경우는 6개월 이상 연체 시(단, 만기 경과 시에는 3개월 이후) 등록된다.

일반적으로 연체정보는 연체금 완납 시 해제된다. 하지만 경우에 따라서는 연체정보 해제 후 기록보존기간이 남아 있기 때문에 해제와 동시에 삭제되지 않는 경우도 있다. 예를 들어 연체금액에 상관없이 연체정보 등록일로부터 90일 이내에 연체금액을 갚거나 대출연체금액이 1,000만원 이하인 경우 그리고 신용카드 연체금액이 500만원 이하인 경우에는 해제와 동시에 연체정보가 삭제된다. 그 이외의 연체정보는 상환일로부터 연체기간 동안 기록이 남아있으며, 최장 1년간 기록이 관리된 후 삭제된다.

채무조정제도

소득원이 없거나 소득에 비해 빚이 너무 많거나 또는 소득이 불안정하여 정상적으로 채무상환이 어려울 경우에는 채무조정제도를 이용하는 것을 고려해 볼 수 있다. 채무조정제도는 상환기간 연장, 분할상환, 이자율 조정, 상환유예, 채무감면 등의 방법으로 상환조건을 변경하여 경제적으로 재기할 수 있도록 지원하는 제도이다. 채무조정제도는 신용회복위원회의 연체 전 채무조정과 프리워크아웃, 개인워크아웃, 법원의 개인회생과 개인파산, 국민행복기금의 채무조정 등이 있다. 채무조정제도에 대한 자세한 사항은 각 기관(신용회복위원회, 법원, 국민행복기금) 홈페이지를 통해 확인할 수 있다.

대학생 및 사회초년생을 위한 채무조정제도로 한국장학재단이 제공하는 신용회복지원서비스에는 분할상환제도, 신용판단정보 회복제도, 정상화(기한이익회복)제도 등이 있다. 또한 신용회복위원회에서 지원하는 대학생 및 미취업청년 지원제도, 소액금융제도 등이 있다.

신용카드

신용카드의 기능

신용카드는 현금이 없어도 필요한 상품을 구입할 수 있고 불편한 잔돈 발생을 막으며 거래기록을 쉽게 남길 수 있기 때문에 매우 편리한 지불 수단이다. 신용카드는 지불의 편리성 외에 신용을 제공하는 기능을 갖고 있다. 즉, 신용카드 고객의 계좌에 지불에 필요한 금액이 당장 없더라도 결제일까지 신용카드사로부터 신용을 제공받아 재화나 서비스를 구입할 수 있고 경우에 따라서는 할부도 가능하다. 이외에도 개인의 신용이나 신분을 나타내거나 외환거래를 할 수도 있고 현금이나 다른 결제 수단에 비해 우대받을 수 있는 다양한 부가서비스(결제 연기, 제휴 할인, 무이자 할부, 포인트 제공, 마일리지 적립 등) 혜택을 받을 수 있는 반면, 신용카드회사 입장에서는 개인정보수집의 수단으로 활용하기도 한다.

신용카드의 장단점

신용카드 사용의 장점은 첫째, 미래의 소득을 미리 앞당겨 사용하여 현재의 구매력을 증가시킬 수 있는 장점이 있다. 둘째, 필요한 물품을 즉시 구입할 수 있어 심리적인 만족도를 높이는 효과가 있다. 셋째, 신용사용으로 현재와 미래의 소득과 소비 불일치를 원활하게 조절할 수 있으므로 개인 및 가계의 재무관리에 융통성을 제공할 수 있다. 넷째, 올바른 신용 사용은 개인의 신용도를 높이는 효과를 가져오기도 한다.

그러나 이러한 장점뿐만 아니라 다음과 같은 단점이 있으므로 유념해서 사용해야 한다. 첫째, 신용은 미래의 구매력을 감소시킨다. 둘째, 신용을 사용함으로써 그에 상응하는 이자나 수수료 등의 비용을 지불해야 한다. 셋째, 신용을 이용하면 과소비나 충동구매의 가능성이 높아지므로, 과소비나 과다부채가 발생하여 가계재무의 건전성이 위험해질 우려가 있다. 넷째, 무분별하고 계획성 없는 신용의 사용은 개인과 가계의 재정을 파산에 이르게 하여 경제활동에 제한을 줄 수 있다.

신용카드의 종류

신용카드와 체크카드

신용카드는 통장에 잔액이 없어도 물품을 구매할 수 있는 기능이 있다. 신용카드로 물품을 구매하면 구매하는 시점보다 약 한 달 뒤 정해진 결제일에 사용한 물품대금을 갚을 수 있다. 이에 비해 체크카드는 통장에 남은 잔액 내에서만 물품구매가 가능하며, 물품구매를 위해 체크카드로 대금을 결제하는 순간 통장에서 결제금액이 빠져나간다. 신용카드는 소득이 없거나, 만 19세 미만인 미성년자에게는 발급되지 않지만 체크카드는 금융회사에 계좌가 있으면 발급이 가능하다. 최근 신용카드로 인한 과소비 방지를 위해 체크카드로 결제한 금액에 대해 신용카드보다 연말정산 시 소득공제 혜택을 더 주고 있다.

또 다른 유사 지불수단으로 선불카드가 있다. 선불카드는 돈을 미리 충전하여 사용하는 카드로 구매보다 먼저 결제가 이루어진다는 점에서 체크카드 및 신용카드와 차이가 있으며, 충전해 놓은 금액 내에서만 사용이 가능하다.

국내전용카드와 국제카드

국내전용카드는 국내에서만 통용되는 카드이고, 국제카드는 국내를 비롯하여 해외에서도 함께 사용할 수 있는 카드이다. 신용카드를 발급받을 때 국내전용카드와 국제카드 중 선택할 수 있으며, 국제카드를 발급받은 경우 해외에서도 국내에서 발급받은 신용카드로 결제할 수 있다. 이처럼 국제카드를 국내에서도 함께 사용할 수 있는 이유는 비자, 마스터카드, 유니온페이, 아메리카익스프레스(아멕스), JCB 등 해외카드사와 제휴를 맺은 국내카드사가 국제카드를 발행하기 때문이다. 이 때문에 국제카드를 보면 우리나라 신용카드사에서 발급한 신용카드 한쪽 귀퉁이에 국제 신용카드사의 로고가 표시되어 있다.

신용카드의 주요서비스

할부거래

할부거래는 구매금액을 정해진 기간 동안 나누어낼 수 있는 신용카드의 주요서비스 중 하나이다. 할부를 이용하면 가전제품, 자동차와 같은 고가의 내구재 구입이 편리해질 수 있으나, 충동구매나 과소비로 이어질 수 있으므로 유의해야 한다. 또한 할부거래를 하면 신용카드사에 할부수수료를 내야 하는데, 보통 대출이자보다 높은 경향이 있다. 한편 할부수수료율은 모든 소비자에게 동일하게 적용되는 것이 아니라 개인의 해당 신용카드 사용실적이 많을수록, 그리고 할부기간이 짧을수록 낮아진다.

살펴보기 할부거래법과 금융소비자보호

> 할부거래법에서는 할부를 이용한 충동구매로부터 소비자를 보호하기 위해 청약철회권, 항변권, 기한전지급권을 명시하고 있다. 청약철회권은 충동구매 등으로 구매결정을 잘못하여 구매한 물품을 판매자에게 반납하고 이미 납부한 돈을 받을 수 있는 소비자권리이다. 청약철회권은 구매한 물품의 하자로

수리나 교환을 요구하는 것과는 전혀 다른 경우이며, 수리나 교환 등 판매자가 계약 시 약속한 내용을 지키지 않으면 소비자는 매월 납부하는 할부금을 지급하지 않을 권리를 갖는데 이것이 항변권이다. 청약철회를 할 수 있는 기간은 물품을 전달받은 날로부터 7일 이내이며, 만일 청약철회 마지막 날이 주말 혹은 국경일이면 그 다음 영업일까지 청약철회를 하면 된다. 이에 비해 항변권 행사는 할부기간 동안 계속 가능하다.

소비자가 청약철회와 항변권을 행사할 수 있는 물품에는 일정한 제한(예 비닐로 포장된 CD의 경우 비닐포장이 벗겨진 것은 복사를 하였다고 간주하여 청약철회가 안 됨)이 있는데, 이는 소비자의 무분별한 권리행사로 상거래 질서를 어지럽힐 수 있기 때문이다. 특히 거래금액이 20만원 이상이고 할부 기간이 3개월 이상이어야만 청약철회와 항변권 행사가 가능하다.

소비자의 기한전지급권은 물품구매 시점에서는 돈이 부족하여 할부로 구매하였지만 할부기간이 끝나기 전에 경제적 사정이 나아져서 할부 잔액을 한꺼번에 납부할 수 있는 경우, 소비자로 하여금 불필요한 할부수수료를 부담하지 않도록 하기 위한 목적으로 시행되고 있다. 신용카드 대금 청구서를 살펴보면 이번 달에 지급할 할부금과 앞으로 갚아야 할 잔액이 명시되어 있으며 이를 참고로 신용카드사에 기한 전 지급을 요청하면 된다.

자료: 실용금융(2021), 금융감독원. p.193.

일부결제금액이월약정

일부결제금액이월약정(리볼빙)은 신용카드로 물건을 구매하고 결제일에 결제금액의 일정 비율만 상환하고 나머지 금액은 다음 결제일로 이월하는 결제방식이다. 일부결제금액이월약정은 카드이용대금을 전액 결제하지 않아도 연체상태를 피할 수 있다는 점에서 유용하다. 하지만 사실상 단기대출상품으로 이월되는 잔액에 대해 일반대출상품보다 높은 이자(수수료)를 부담해야 한다. 따라서 습관적으로 이를 이용하게 되면 이자와 원금에 대한 경제적 부담이 커지게 되므로 자신의 재무상태를 고려하여 신중하게 이용해야 한다.

단기카드대출

단기카드대출이란 소액의 현금이 급하게 필요할 경우, 신용카드를 이용하여 대출을 받는 것으로 흔히 말하는 신용카드 현금서비스를 말한다. 단기카드대출의 사용 한도액과 현금서비스 수수료(이자)는 신용카드회사별로 회원의 신용도, 카드 사용실적 등에 따라 다르다. 한도액은 일반적으로 50만원~300만원 정도이며, 수수료는 카드사 평균 약 19%(2020년 기준)에 이르는 금리이다. 따라서 단기카드대출을 이용하는 경우 가능한 빨리 갚는 것이 좋다.

장기카드대출

신용카드사들은 회원에게 담보나 보증 없이 간편한 절차를 거쳐 대출받을 수 있는 장기카드대출을 제공하며, 이는 기존의 카드론을 말한다. 카드사는 회원의 신용도와 카드 이용실적 등을 고려하여 개인별 대출한도와 대출이자율을 결정하게 되는데, 대출이자율은 카드사 평균 약 13.6%(2020년 기준)에 이른다. 그러나 편리하다고 단기카드대출이나 장기카드대출을 자주 사용하면 신용에 안 좋은 영향을 미칠 수 있다. 앞서 살펴본 바와 같이 단기카드대출이나 장기카드대출은 고금리이고, 계획적으로 사용하는 것이 아니라 급하게 자금이 필요할 때 사용하게 되므로 연체위험이 높다고 여겨지기 때문이다. 따라서 이용의 편리성뿐만 아니라 신용에 미치는 영향을 고려하여 신중히 활용하는 것이 좋다.

신용카드 포인트와 선포인트 서비스

신용카드 가맹점에서 회원이 카드를 사용할 때 결제금액의 일부가 포인트로 적립되는 카드가 있다. 카드회원은 적립된 포인트를 카드이용대금 결제, 물품구입, 연회비 납부 등 현금처럼 사용할 수 있다. 그런데 신용카드 포인트는 적립된 지 일정기간이 지나면 소멸되므로 꼼꼼히 확인해서 사용해야 한다.

선포인트서비스는 카드사가 상품 금액의 일부를 포인트로 먼저 지급해 주고, 이후 회원은 동 금액을 일정기간 동안 카드이용금액에 따라 적립되는 포인트로 상환하는 제도로서 자동차나 TV, 가구 등의 고가품을 구매할 때 유용할 수 있다. 하지만 선포인트서비스는 할인이 아닌 부채이다. 신용카드 이용실적이 부족하여 상환할 만큼의 포인트가 적립되지 못하면 현금으로 상환해야 하며, 미상환 시 연체이자까지 부담해야 한다. 따라서 평소 카드 이용실적을 감안해서 상환 가능한 범위 내에서 포인트를 선지급 받는 것이 좋다.

해외에서 신용카드 사용

해외에서 신용카드를 사용하는 것은 해외여행 시 현금 소지의 위험을 없애고 환전에 따른 수수료를 절약할 수 있고, 여행 후 외국 잔돈이 남지 않는 등의 장점이 있다. 그러나 해외에서 신용카드를 사용할 때 다음 사항에 주의해야 한다.

첫째, 여권의 영문이름과 신용카드의 영문이름이 다를 경우 카드 결제가 거부될 수 있으므로 영문이름이 다를 경우 출국 전에 신용카드와 여권상 영문이름을 일치하도록 교체 발급받는 것이 좋다. 둘째, 출국 전에 '출입국정보 활용서비스'와 문자메시지 서비스(SMS: Short Message Service)를 신청하면 해외에서 신용카드 부정사용으로 인한 피해 예방에 도움이 된다. 소비자가 신용카드사 홈페이지 등을 통해 출입국정보 활용에 동의하면, 소비자가 국내에 있는 경우 해외에서 매출 승인이 제한되어 해외 부정사용을 예방할 수 있다. 또한 신용카드 사용내역에 대한 SMS를 신청하면 카드사용내역은 즉시 휴대폰으로 확인할 수 있어 부정 사용되는 경우 빠르게 신고할 수 있다. 셋째, 해외에서 사용한 신용카드 매출전표(영수증)는 보관하는 것이 좋다. 매출전표 보관은 만약에 있을 매출전표 변조, 과다 청구 등에 대비하여 이의를 제기할 때 증거자료로 매우 중요하다. 해외사용 실적의 거래취소나 환급에 걸리는 기간은 국내보다 길기 때문에 최소한 6개월 정도는 보관하는 것이 좋다. 넷째, 해외에서 신용카드를 분실하거나 도난 당한 경우, 그 사실을 인지한 즉시 국내 카드사에 신고해야 한다. 또한 카드 분실이나 도난 시 체류 국가의 '긴급 대체카드 서비스'를 이용하면 편리하다. 각 나라의 긴급서비스센터를 이용하면 2일 이내 새 카드를 현지에서 발급받을 수 있다.

해외 원화결제서비스(DCC: Dynamic Currency Conversion)란 해외에서 물품 등의 구매 시 현지통화가 아닌 원화로 결제하는 것을 의미한다. 해외에서 카드 이용 시 현지통화로 결제하면 '현지통화 결제 → 미화(USD)'로 변환하여 국제카드사(비자, 마스터 등)로 청구된다. 이때 한국 카드사에서는 미화(USD)를 접수일자의 환율을 적용하고 원화로 변환한 후 소비자에게 청구하는 단계를 거치게 된다. 반면, 원화(KRW)로 결제할 경우 '원화(KRW) → 현지통화 → 미화(USD)'의 단계를 거치게 되면서 추가 수수료(3~8%)가 부과되어 소비자가 결제할 금액이 현지통화로 결제할 때보다 커지게 된다. 따라서 해외에서 카드사용 시에는 현지통화 기준으로 결제하는 것이 유리하다.

한편 카드사에 해외원화결제서비스 차단신청을 하는 방법도 있는데, 이 서비스를 신청하게 되면 해외에서 원화결제가 전면 차단(카드 승인거절)되어 불필요한 수수료 부담을 방지할 수 있다. 또한 해외에서 긴급한 사정이 발생할 경우 카드사 홈페이지, 콜센터 등을 통해 실시간 해제(신청취소)도 가능하다.

자료: 실용금융(2021), 금융감독원. p.196-197.

신용카드 관리

신용카드는 신용으로 재화나 서비스를 구매할 수 있는 유용한 수단이 되나, 관리를 소홀히 하면 상당한 피해를 입을 수 있으므로 잘 관리하며 사용하는 것이 중요하다. 신용카드 관리 방법은 다음과 같다.

① 신용카드 회원가입 시 약관을 잘 읽어보고 카드이용 방법, 회원의 책임, 도난 및 분실 시 보상제도 등을 확인한다.

② 신용카드를 수령한 즉시 카드 뒷면의 서명란에 서명을 한다. 서명하지 않은 채 분실하거나 도난당한 경우 카드사로부터 보상받기 어렵다.

③ 신용카드 비밀번호 및 CVC번호를 주의하여 관리한다.

④ 신용카드 영수증은 잘게 찢어서 버리고, 사용 내역 관리는 SMS 서비스를 활용한다.

⑤ 사용하지 않는 신용카드는 바로 해지한다.

⑥ 연체를 하게 되면 신용도는 점점 떨어지고, 카드 사용과 발급에도 제한이 생기기 때문에 연체가 발생한 후 5일 이내에 최대한 갚을 수 있도록 노력한다.

⑦ 신용카드는 현금과 같이 통용되는 것이므로 절대 타인에게 빌려 주지 않는다.

⑧ 가능한 하나의 카드만 집중적으로 사용하면 관리하기 편하고 혜택을 많이 받을 수 있다.

⑨ 주소가 변경되면 즉시 카드회사에 주소변경을 요청한다.

신용카드 분실 및 도난 시 대처방법

신용카드를 분실했거나 도난당했을 때는 지체 없이 신고하는 것이 부정사용 피해를 줄이는 최선의 방법이다. 신용카드 분실 또는 도난을 인지한 즉시 전화 또는 서면으로 카드사에 신고하고, 접수번호 등 접수내용을 확인하여야 한다. 만약 제3자가 카드를 부정사용한 경우, 신고 접수일로부터 60일 전까지(다만 현금을 부정 인출한 경우는 신고시점 이후부터) 발생한 제3자의 신용카드 부정사용 금액에 대하여는 신용카드회사에 보상을 신청할 수 있다. 하지만 다음의 경우에는 소비자(회원)가 전부 또는 일부에 대해 책임을 질 수 있으므로 주의해야 한다.

- 회원의 고의로 부정사용이 발생한 경우(자신이 사용한 카드대금을 카드분실로 기망하는 경우 등)
- 가맹점이 본인확인을 하려 하였으나 회원 본인의 카드 미서명으로 본인확인을 하지 못한 경우
- 회원이 서명을 하였다고 거짓으로 신고한 경우
- 회원이 고의 또는 과실로 비밀번호를 누설하는 경우(자기 또는 친족의 생명·신체에 대한 위해 때문에 비밀번호를 누설한 경우 등 회원의 고의·과실이 없는 경우는 제외한다)
- 회원이 카드를 타인(가족, 동거인을 포함한다)에게 양도 또는 담보의 목적으로 제공하는 경우
- 회원이 과실로 카드를 노출·방치한 경우(회원의 카드 노출·방치로 인해 가족, 동거인이 카드를 사용한 경우도 포함한다)
- 회원이 합리적인 이유 없이 고의로 카드사에 분실·도난 신고를 지연한 경우

부채관리

부채의 개념

부채는 금융회사나 타인으로부터 빌린 돈, 즉 차입금 또는 외상으로 구입한 재화나 서비스 상당액을 말한다. 이 중 금융회사가 빌려주는 돈을 보통 대출이라고 한다. 개인은 소득이 지출보다 많을 때는 저축을 하게 되지만, 지출이 소득보다 더 많으면 다른 사람이나 금융회사로부터 차입, 즉 부채를 갖게 된다.

부채는 관리만 잘하면 생애기간 발생하는 소득과 지출의 불균형을 해소시키는 매우 중요한 돈 관리 수단이다. 그러나 상환능력을 벗어난 과도한 부채는 경제적·심리적 부담을 가중시키고, 개인을 채무불이행자로 전락시키기도 하여 정상적인 사회 및 개인 생활을 어렵게 만들게 된다. 과도한 채무 부담은 개인에게도 불행한 일이지만 국가경제에도 큰 위협요인이 된다. 금융시장에서 개인의 부도나 채무불이행률이 높아지면 금융기관에도 연쇄적인 파급효과를 일으켜 금융위기로 발전할 수 있기 때문이다.

국내 가계부채 규모는 COVID 19 이후 급격히 증가하여 국가경제의 잠재적인 위험요소로 꾸준히 부각되고 있다. 한국은행 자료에 따르면 2021년 6월말 기준 우리나라 가계부채 잔액은 1,806조원으로 2020년말 잔액인 1,728원 대비 약 78조원 증가하였고, 2020년 6월말 1,637조원 대비 1년 동안 169조원 증가하였다. 가계부채 규모가 빠른 속도로 증가하면 경제회복에 부정적인 요인으로 작용할 수 있으며, 향후 금리 인상 등으로 가계부채의 건전성이 위협받게 되면 금융시장 전체의 위기로 이어질 수 있기 때문에, 가계대출 규모 관리의 중요성이 계속 강조되고 있다.

◎ 〈그림 48〉 가계부채 증가추이

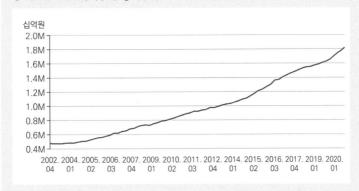

자료: 한국은행 경제통계시스템(htt://ecos.bok.or.kr)

부채의 발생요인

개인 및 가계의 특성

부채가 발생하는 데는 개인 및 가계의 시간선호요인과 소득부진이 영향을 미친다. 시간선호요인은 현재의 소비와 미래의 소비 중 어떤 것을 더 선호하는지를 의미하는데. 동일한 조건을 가진 개인 혹은 가계라도 미래보다는 현재소비를 중시하는 경우 부채를 가질 가능성이 높다. 또한 가계의 소득부족이 지속되면 생활비 등을 위한 신용대출 수요도 확대될 수 있다.

외적 환경요인

이자율에 따라 그 대출수요의 규모가 변하게 된다. 저금리는 가계의 대출수요가 늘어나게 하고 저축의지의 감소 및 소비의 촉진으로 가계부채를 증가시킬 수 있다. 또한 예금 등의 자산에 비해 부동산, 주식 등과 같은 투자자산의 가치가 상대적으로 높아지므로 빚을 내어서라도 투자하려는 경향이 나타나면서 부채가 증가할 가능성이 커진다.

물가상승률도 가계부채 증가에 영향을 미치는 요인이다. 향후 물가가 지속적으로 오를 것으로 기대되면 보유한 화폐의 가치가 감소하므로 금이나 부동산 등 실물자산을 보유하려는 경향이 강하게 나타날 수 있다. 또한 물가상승으로 인한 화폐가치의 하락은 채무자에게는 유리하게 작용하므로 개인이나 가계가 물가상승이 지속되리라 판단할 경우 빚을 내어서라도 실물을 더 많이 보유하려고 하기 때문에 부채가 증가할 수 있다.

부동산관련 정책

부동산 관련 세금 정책이나 대출규제의 변화 등도 가계부채에 큰 영향을 미칠 수 있다. 예를 들어 정부가 2013년 각종 정책을 통해 취득세 인하, 다주택자 양도세 중과 폐지, 최초 주택구입자 자금지원 확대 등을 추진하여 가계의 부동산 매매를 적극적으로 장려하거나, 2014년 주택담보대출 규제를 완화했는데, 이러한 정부 정책은 가계가 부채를 적극적으로 활용하는 요인이 되었을 것이다. 반면에 부동산 시장이 과열됨에 따라 2017년 6월 이후 2020년까지 발표한 정책은 가계부채 및 부동산 가격 안정화를 도모할 목적으로 부동산 관련 취득세, 양도소득세, 종합부동산세 등 각종 세금을 인상하였다. 또한 주택담보대출 관련 대출 목적, 규제지역 해당 여부, 보유주택 수, 실수요 여부, 고가주택 여부 등에 따라 대출 규제를 대폭 강화하였는데 이는 가계의 부채 활용을 제한하는 요인으로 작용할 수 있다.

부채의 영향

가계에 미치는 영향

가계대출이 증가하면 가계의 현금흐름과 실물자산(주로 주택)의 가치가 외부 충격에 쉽게 노출된다. 즉, 부채상환단계에서 가계소득에 외부충격이 발생하면 소비 또는 저축에 악영향을 주어 삶의 질을 악화시킬 뿐만 아니라, 부채상환의 불이행으로 이어질 가능성이 높다. 나아가 담보자산의 경매 등으로 자산 가치가 급락할 수도 있다. 이러한 위험에 대한 노출은 개별 가계의 원리금 상환에 대한 부담의 정도와 보유자산 등에 따라 다르며, 사회초년생, 고령층, 저소득층에 대한 부채의 부정적인 영향은 매우 크다고 할 수 있다.

금융회사에 미치는 영향

지나친 가계대출 증가는 건전성 악화와 부실채권 증가를 통해 금융회사 수익 성을 악화시킬 수 있다. 저축은행 및 신협 등 상호금융조합 가계대출이 최근 들어 높은 증가세를 보이고 있어 외부충격에 대비한 건전성 관리 강화가 필요한 상황이다. 나아가 금융회사의 가계대출 경쟁은 수익기반을 약화시키는 요인으로 작용할 수 있다.

거시경제에 미치는 영향

가계부채는 소비에 단기적으로 긍정적인 효과를 나타내는 반면 투자에는 부 정적인 효과를 유발할 가능성이 높다. 즉, 가계는 차입을 통하여 단기적으로 소 비를 증가시킬 수 있으나, 원리금 상환의 부담이 가중될 경우 소비증가 효과는 상당 부분 사라진다. 특히 차입한 자금을 활용하여 투자 자산에 투자한 경우, 수 익발생이 급격한 소비증가 효과를 유발하고, 수익감소 시 급격한 소비감소 효과 를 유발하게 된다. 또한 가계부채의 증가는 투자재원 감소 및 장기 성장 잠재력 약화로 연결된다.

가계부채가 확대되면 통화정책의 유효성이 제약되고, 재정정책 활용 가능성이 줄어들 수 있다. 즉, 가계부채가 일정 수준 이상으로 증가하면 금리하락에도 불구하고 가계는 추가적인 차입 여력이 줄어들기 때문에 기존의 부의 효과[5]가 발생하지 않을 가능성이 높다. 또한 가계부채의 증가는 대외신뢰도를 악화시킬 우려가 있다.

📝 **살펴보기** LTV와 DSR

> 정부는 LTV와 DSR에 대한 규제를 통해 담보가치와 고객의 상환능력에 비해 과도한 주택담보대출을 억제하고 있다.
>
> • LTV(Loan to Value ratio): 담보인정비율을 의미하는데, 주택을 담보로 금융회사에서 대출을 받을 때 해당 주택의 담보가치에 대한 대출 취급가능 금액의 비율이다.
>
> $$LTV \ 비율 = \frac{대출 \ 취급 \ 가능금액}{주택의 \ 담보가치} \times 100$$
>
> • DSR(Debt Service ratio): 총부채상환비율을 의미하는데 주택을 담보로 돈을 빌리려 할 때 고객의 부채부담능력을 측정하는 지표이다. 즉, 고객의 연소득에 대한 금융회사 대출의 연간 원리금 상환액의 비율이다. 이때 주택담보대출은 물론 기타대출(신용대출, 마이너스통장, 비주택담보대출 등)의 원금과 이자를 모두 반영하여 산출한다.
>
> $$DSR \ 비율 = \frac{금융회사 \ 대출의 \ 연간 \ 대출 \ 원리금 \ 상환액}{연소득} \times 100$$

대출의 활용

대출로 인하여 경제적인 어려움을 겪지 않으려면 대출하기 전에 대출의 필요성과 목적, 상환능력을 충분히 검토해야 한다. 또한 이자율, 상환방법 및 대출기간, 대출비용 등을 고려해야 한다. 대출을 활용할 때 고려해야 할 사항은 다음과 같다.

---

5) 자산가격이 상승하면 소비도 증가하는 효과로 '자산효과'라고도 한다.

첫째, 이자율과 대출한도는 대출의 조건 중 가장 우선적으로 고려해야 할 사항이다. 금융회사들은 각자 원칙에 의해 신용한도를 정해 놓고 그 범위 내에서 대출을 해주게 된다. 따라서 금융회사에 따라 이자율과 대출한도가 달라질 수 있으며 아무리 이자율이 낮다고 해도 필요한 만큼의 대출을 받을 수 없다면 충분히 검토를 해보아야 한다.

둘째, 대출상환방식을 고려해야 한다. 상환방법은 크게 만기일시상환방식과 분할상환방식이 있으며, 이에 따라서 이자 부담액과 월 상환액이 달라진다.

셋째, 대출기간 역시 중요한 고려 대상이다. 대출기간은 보통 1~3년이지만 주택담보대출의 경우에는 최장 30년이다. 대출기간이 길어질수록 분할 상환을 할 경우 월 상환액이 줄어들겠지만 내야 하는 이자는 많아진다. 따라서 무조건 대출기간을 길게 하지 말고 상환능력을 고려해서 대출기간을 정하는 것이 좋다. 또한 대출금을 일찍 상환하는 것에 대한 중도상환수수료가 있다는 것도 고려하여 대출기간을 결정한다. 금융회사는 대출기간보다 빨리 상환이 이루어질 경우 자금운용에 공백이 생길 수 있으므로 이에 대한 보상으로 조기 상환에 대해 중도상환수수료를 요구하게 된다.

넷째, 대출조건으로 담보를 요구하는 경우 신용대출로 차입하는 경우보다 일반적으로 금리가 낮게 적용된다. 또한 대출 관련 각종 수수료는 실질적으로 대출이자를 상승시키는 효과가 있다.

대출기관

대출을 해주는 기관은 제1금융권, 제2금융권, 그리고 제3금융권으로 나눌 수 있다. 제1금융권은 은행을 말하며 대출기관 중에서 대출금리가 가장 낮다. 그러나 대출심사가 까다로워 신용대출의 경우 신용도가 낮으면 대출받기가 힘들다. 제2금융권은 신협 등 상호금융조합, 카드회사, 캐피탈회사, 보험회사, 상호저축은행 등을 말하며 보통 은행보다 대출이자율이 높은 편이나 대출심사가 덜 까다로워서 신용도가 다소 낮은 사람들이 이용하고 있다. 제3금융권은 주로 대부업자를 의미하는데, 연체가 있거나 신용이 좋지 않아 제1, 2금융권에서 대출이 어려운 경우 이용하게 된다. 참고로 우리나라는 「대부업법」 및 「이자제한법」에 따라 2021년 7월 7일부터 법정 최고금리를 연 20%로 제한하였으며 이를 초과하는 이자율은 불법이다.

대출상품 종류

신용대출과 담보대출

신용대출은 금융회사가 고객의 신용도를 판단하여 대출금액과 금리를 결정하는 대출이다. 금융회사는 신용조회회사(CB: Credit Bureau)로부터 고객의 신용평가 결과와 금융회사의 자체적인 신용도 평가기준(예 해당 금융회사와의 거래기간, 거래실적 등)을 적용하여 대출금액과 금리를 결정한다. 그러나 개인의 신용이 불충분할 경우 신용보증회사의 보증을 기초로 신용대출이 이루어지기도 한다.

담보대출은 금융회사가 빌려준 돈을 돌려받지 못할 때를 대비하여 채무자의 부동산이나 경제적 가치가 있는 자산을 담보로 설정하고 담보물의 경제적 가치 이내에서 대출을 해주는데, 이를 담보대출이라고 한다. 담보대출은 채무자가 빌린 돈을 상환하지 않더라도 담보물을 처분하여 대출금액을 회수할 수 있어 일반적으로 신용대출보다 대출금리가 낮다.

금융회사의 담보대출상품으로 대표적인 것은 주택담보대출로 모기지론(Mortgage Loan)이라고 한다. 집을 구매하기 위해서는 최소한 몇 억 원 이상의 목돈이 필요할 뿐 아니라 집값이 계속 오를 것이라는 기대 때문에 저축으로 집값을 모두 모은 후 구입하기보다는 일부 자금을 은행에서 빌려 집을 장만하는 것이 일반적이다. 모기지론은 대체로 상환기간이 10년~30년까지로 매우 길며 대부분의 금융회사에서 취급하고 있다.

소비자금융과 판매신용

　신용대출의 경우 현금을 매개로 이루어지는지의 여부에 따라 소비자금융과 판매신용으로 나눌 수 있다. 소비자금융은 현금을 직접 대출하여 주는 형태를 말하며 현금대출이라고도 한다. 이에 비해 판매신용은 물건을 구입하거나 서비스를 이용하고 그 값을 나중에 일시불로 지불하거나 할부로 지불함으로써 발생하는 부채이다. 판매신용으로는 할부금융회사, 신용카드회사 등이 물품 판매와 관련하여 제공하는 신용을 들 수 있다. 한편 휴대전화 통신비용과 같은 서비스신용도 판매신용에 포함된다. 서비스신용이란 서비스를 미리 공급받고 지속적으로 사용하는 개인이 사용료를 후지급하는 것으로 전화, 전기, 상수도, 도시가스 등의 공과금이 대표적인 예이다.

할부신용과 비할부신용

　부채액을 일정 기간 일정 횟수에 걸쳐 상환하는 부채를 할부신용이라고 한다. 할부신용은 소비자가 일시불로 구입하기 어려운 자동차, 가전제품 등 고가의 내구소비재를 구입하고자 할 때, 할부금융회사 혹은 신용카드회사가 소비자를 대신하여 판매자에게 물품대금을 일시불로 지불해 주고, 이를 일정 기간 동안 할부금(분할한 원금 + 할부수수료)으로 받는 형식을 갖는다. 주로 원금을 매월 균등하게 분할하여 정해진 기간 동안 상환한다. 이에 비해 비할부신용은 일시불로 갚거나 신용카드의 일부결제금액 이월약정(리볼빙)서비스처럼 여러 회에 걸쳐 원하는 만큼씩 갚아 나가는 부채이다.

개별계약형대출과 포괄계약형대출

　개별계약형은 매번 거래마다 대출금액, 대출이자, 대출기간, 상환방법 등에 대해 계약을 체결해야 하는 것으로 일반 대출상품이 이에 속한다. 이에 비해 포괄계약형은 미리 대출한도액, 대출기간, 대출조건 등을 정해 놓고 대출기간 동안 대출한도액 내에서 자유롭게 돈을 인출해서 사용하고 상환할 수 있도록 하는 대출상품이다. 마이너스 통장대출은 포괄계약형대출의 대표적인 예로, 가령 월급이 들어오는 통장에 1천만원을 마이너스 한도액으로 설정해 놓으면 통장에 예금잔액이 없더라도 1천만원 내에서 수시로 필요할 때마다 돈을 인출하고 상환할 수 있다. 대출 사용이 매우 편리해지는 장점이 있으나 개인신용정보상으로는 실제로 돈을 대출하여 사용하고 있지 않더라도 마이너스 한도액 전체가 대출로 기록되므로 신용에 영향을 미칠 수 있으며, 담보대출보다 금리가 다소 높다.

대출금리

대출금리는 대출 시 기준이 되는 금리(이하 기준금리)에 가산금리를 더하고 금융회사마다 우수고객에게 적용하는 우대금리를 차감하여 결정된다. 먼저 기준금리는 개별 금융회사가 결정하는 것이 아니며, 시장 전체의 자금조달비용 등이 반영되어 결정된 것이다. 기준금리로는 금융회사 간 단기자금거래에 이용되는 금리인 콜금리, 3개월 만기인 양도성예금증서(CD) 금리, 그리고 국내 8개 은행의 자금조달 가중평균금리인 코픽스(COFIX)가 많이 사용된다. 대출금의 원천은 은행들이 예금이나 차입 등으로 조달한 자금이기 때문에 기준금리에 금융회사의 자금조달비용을 반영하는 것이다.

한편 가산금리는 금융회사가 직접 결정하며 고객별로 다르게 적용된다. 가산금리는 고객의 신용도, 담보 여부, 대출기간 등 개인적인 요소와 금융회사의 영업비용 등에 의해서 결정되는데 금융회사가 개별 고객에게 돈을 빌려줌에 따라 감수해야 할 위험비용이 반영되어 있다. 또한 우대금리는 금융회사에 따라 금융회사와의 거래실적 등에 의해 결정되는데 대출상품에 따라 우대금리 폭이 다르거나 없을 수도 있다.

> 대출금리 = 기준금리 + 가산금리 − 우대금리

❚〈표 25〉 은행대출 시 사용하는 주요 기준금리

구분	발표기관	내용
COFIX(코픽스)	은행연합회	주요 은행의 자금조달비용을 고려한 금리
CD금리	한국금융투자협회	은행이 발행하는 무기명 유가증권인 양도성예금증서의 금리
금융채	신용평가회사	시중은행 및 금융회사가 발행하는 무담보 채권금리
Koribor(코리보)	은행연합회	국내 은행간 대차시장에서의 단기기준금리

📝 **살펴보기** 코픽스(COFIX)의 개념 및 종류

코픽스(COFIX: Cost of Funds Index)란, 전국은행연합회에서 국내 8개 은행이 제공한 자금조달 관련 기초자료를 이용하여 산출한 자금조달비용지수를 말한다.
- 대상은행: KB국민은행, 신한은행, 우리은행, KEB하나은행, SC제일은행, 한국씨티은행, 농협은행, 중소기업은행
- 대상금융상품: 정기예금, 정기적금, 상호부금, 주택부금, 양도성예금증서, 환매조건부채권매도, 표지어음매출, 금융채(후순위채 및 전환사채 제외) 단, 단기 코픽스는 단기금융 상품(계약 만기 3개월물)을 대상으로 산출
- 코픽스 공시일: 신규, 잔액 코픽스는 매월 15일(공휴일은 익영업일) 15시, 단기 코픽스는 매주 + 3영업일 15시

코픽스는 아래와 같이 '신규취급액 COFIX', '잔액기준 COFIX' 및 '단기 COFIX' 세 가지로 구분하여 공시하고 있다.
- 신규취급액기준 코픽스: 은행이 월중 신규로 조달한 지수산출대상 금융상품에 적용한 금리를 금액으로 가중평균한 금리지수
- 잔액기준 코픽스: 은행이 월말 지수산출 대상 금융상품잔액에 적용한 금리를 금액으로 가중평균한 금리지수
- 단기 코픽스: 은행이 주간 신규로 조달한 지수산출대상 금융상품에 적용한 금리를 금액으로 가중평균한 금리지수

자료: 알기쉬운 경제지표(2019), 한국은행. p.221.

대출상환방식

대출금리가 같더라도 대출상환방식에 따라 실제 납부하는 대출 이자액은 달라진다. 대출상환방식은 크게 일시상환과 분할상환으로 구분한다.

일시상환이란 대출기간 중에는 이자만 내고 원금은 만기에 일시에 갚는 방식으로 만기일시상환이라고도 한다. 한편 분할상환이란 빌린 돈을 조금씩 나누어 갚는 방식으로 원리금균등분할상환과 원금균등분할상환으로 나눌 수 있다.

원리금균등분할상환은 매월 원금과 이자를 합해 동일한 금액을 갚는 방식인데, 이자는 남아있는 원금에 대해 부과되기 때문에 결국 원금균등분할상환에 비해 많은 이자를 부담하게 된다.

반면 원금균등분할상환은 원금을 대출기간으로 나누어 매월 일정한 금액의 원금을 갚고 이자는 대출잔액에 대해 계산하는 방식이다. 대출기간 뒤로 갈수록 남아있는 원금이 줄어들기 때문에 이자도 점점 줄어든다.

이처럼 대출기간과 대출금리가 동일하더라도, 원금이 먼저 상환되는 방식이 이자가 먼저 상환되는 방식보다 총 이자부담액이 적다. 따라서 일시상환보다 분할상환이 유리하며, 같은 분할상환이라도 원리금균등분할상환보다 원금균등분할상환이 이자상환 금액이 적다.

┃〈표 26〉 대출 상환방식에 따른 상환총액의 차이

상환방법	대출금액(원)	대출금리	대출기간	대출이자 합계(원)
만기일시상환				5,000,000
원리금균등분할상환	10,000,000	10%	5년	2,748,227
원금균등분할상환				2,541,667

효율적인 부채 관리

부채로 인한 경제적·심리적 부담을 줄이기 위해서는 부채상환계획을 세워서 효율적으로 관리해야 한다. 부채관리 노하우는 다음과 같다,

① 부채별 금리를 파악한다.

부채를 상환할 때 대출금리가 높은 대출이나 대부업체 대출, 카드사 대출, 캐피탈사 대출, 저축은행 대출 등 신용등급에 더 안 좋은 영향을 미치는 대출을 우선 상환한다. 은행권 대출도 '마이너스통장 → 신용대출 → 예금담보대출' 순으로 금리가 높기 때문에 이에 따라 상환 순서를 정하는 것이 좋다.

② 만기가 짧은 부채부터 상환한다.

부채는 규모를 관리하는 것도 중요하지만 기간을 관리하는 것도 상당히 중요하다. 대출이 연체되면 신용등급 하락은 물론 연체이자를 부담하기 때문에 만기가 짧은 대출은 먼저 갚는 것이 좋다.

③ 좋은 조건의 대출로 갈아탄다.

금리가 올라가면 변동금리가 고정금리보다 높아질 수 있기 때문에 금리상승기에는 고정금리로 갈아타는 것도 좋은 부채관리의 한 방법이다. 대출을 갈아탈 경우 기존 대출의 중도상환수수료 등을 감안해서 결정한다.

④ 저축보다는 빚부터 갚는다.

일반적으로 대출은 예금보다 금리가 높기 때문에 대출상환보다 저축을 먼저 하는 것은 금리상 손해를 볼 수 있다. 비상자금을 제외하고 저축보다는 조금씩이라도 부채를 상환하는 것이 더 나은 방법이 될 수 있다.

⑤ 이자부담은 사용가능한 소득의 30%를 넘기지 않는다.

대출을 받을 때 사용가능한 소득을 감안해서 이자부담을 감내할 수 있는 정도의 부채라야 관리가 가능하다. 대출이자 부담은 사용가능 소득의 30% 이내로 제한하는 것이 바람직하다.

① "신용등급에 관계없이 누구나 대출 가능"

대출받는 사람의 신용등급과 무관하게 누구나 대출이 가능하다는 광고는 불법 사채업자 등이 사용하는 대표적인 허위·과장 광고이다. 대출을 받더라도 살인적인 고금리를 부담하고 강압적 채권추심 등으로 큰 피해를 입을 수 있으니 유혹에 넘어가지 않도록 각별히 유의하여야 한다.

② "원금보장·확정수익·○○% 고수익 보장"

세상에 공짜는 없다는 말처럼 투자위험 없이 높은 수익을 올릴 수 있다는 것은 모두 거짓말이다. 원금을 보장하면서 고수익을 낼 수 있다는 광고는 불법 유사수신업자들이 고객을 끌어들이기 위해 사용하는 전형적인 수법이다. 그럼에도 불구하고, 최근 은행 예금이자가 너무 낮기 때문에 높은 수익을 갈망하는 사람들이 광고에 현혹되어 돈을 맡기고 피해를 입는 사례가 자주 발생하고 있으니 유의해야 한다.

③ "급전대출·즉시대출·당일대출"

미등록 대부업체등이 자금사정이 급박한 금융소비자를 유혹하기 위해 사용하는 대표적인 광고문구이다. 대출이 필요한 경우, 이와 같은 광고에 기재된 전화번호로 연락하기 보다는 금융소비자 정보포털 "파인*"이나 금융감독원 홈페이지**를 방문하여 서민금융지원제도를 검색하거나, 사회적기업인 한국이지론***에 연락하여 본인의 신용도에 맞는 맞춤대출을 상담받는 것이 바람직하다.

  * 금융소비자정보포털 '파인' 홈페이지(http://fine.fss.or.kr)
 ** 금융감독원 「서민금융1332」 홈페이지(http://s1332.fss.or.kr)」
*** 한국이지론 연락처·홈페이지(☎1644-1110, http://www.egloan.co.kr)

④ "대출에 필요한 서류 만들어 드립니다" & "신용등급 올려드립니다"

재직증명서, 계좌거래내역서 등 대출에 필요한 서류를 만들어 은행 등에서 대출받게 해준다는 광고는 작업대출업자들이 사용하는 전형적인 광고이다. 작업대출업자의 도움을 받아 대출을 받게 되면 공·사문서 위조범과 공모한 혐의로 대출받은 사람도 형사처벌될 수 있다.

⑤ "휴대폰만 있으면 누구나 대출"

휴대폰을 이용한 대출광고는 스마트폰 사용이 많은 대학생 등 취약계층을 겨냥한 불법사채업자 등이 사용하는 전형적인 수법이다. 대출광고에 현혹되어 휴대폰을 불법업자에게 넘겨주면 불법업자가 휴대폰의 소액결제 기능을 이용하여 게임아이템 등을 구입한 후 이를 되팔아 현금화할 뿐만 아니라 대포폰으로도 매각하여 명의자에게 엄청난 금전적 피해를 입힐 수 있다.

⑥ "카드대금 대신 내 드립니다" & "카드연체 대납"

이는 카드깡업자 등이 고객을 유인하기 위해 내거는 전형적인 불법광고이다. 신용카드를 활용하여 현금화하는 행위는 「여신전문금융업법」에 위반되는 범죄행위이다. 금융소비자가 신용카드로 모바일상품권 등을 구매하여 불법업자에게 넘겨주면 불법업자가 급전을 대출해주지만, 결국에는 대출해준 금액보다 많은 카드 결제대금을 부담하게 되므로 유혹에 넘어가지 않도록 주의하여야 한다.

⑦ "○○용도로 이용할 통장 구합니다"

통장을 매매하거나 임대받는다는 광고는 금융사기범이 통장을 보이스피싱 등 금융범죄에 악용하기 위해 내거는 불법광고이다. 통장의 매매ㆍ임대는 용도나 사유를 불문하고 「전자금융거래법」에 위반되는 범죄행위이다. 특히, 통장을 양도한 사람도 형사처벌을 받는다는 점을 명심하고 통장매매 광고에 현혹되지 않도록 주의하여야 한다.

⑧ "○○○테마주 추천ㆍ100% 수익내는 상위 1% 비법ㆍ특급 주식정보"

이는 증권시장 주변에서 각종 유사투자자문업자 등이 내거는 전형적인 투자자 유혹 광고이다. 이러한 광고에 현혹되어 거액의 투자금을 손실보는 사례가 끊임없이 발생하고 있는 만큼, 각별한 주의가 요망된다. 주식투자는 회사의 사업보고서와 증권신고서 등을 참조하여 회사의 경영현황과 전망을 면밀히 살펴보고 자기책임하에 분산투자하는 것이 바람직하다.

⑨ "못 받은 돈 받아드립니다"

길거리 현수막 등에서 자주 볼 수 있는 "돈 받아주겠다"는 광고는 불법채권추심업자 등이 사용하는 전형적인 광고이다. 이러한 광고에 속아 채권추심을 의뢰할 경우 수수료, 공탁금, 압류비용 등 각종 명목으로 거액의 돈을 떼일 수 있다. 따라서, 채권추심은 신용정보회사 등 합법적인 채권추심업자에게 의뢰하는 것이 바람직하다. 합법적인 회사인지 여부는 금융소비자 정보포털 "파인*"에서 확인할 수 있다.

  * 제도권 금융회사 조회: 금융소비자정보포털 '파인' 홈페이지
    (http://fine.fss.or.kr)
    → '파인' 내 금융회사 메뉴의 '제도권 금융회사 조회' 클릭

⑩ "○○○대출, ○○론 등 정부지원 대출 취급" & "××금융ㆍ××캐피탈"

이는 불법대부업체 등이 금융회사를 사칭하여 고객을 유혹하기 위해 사용하는 광고 수법이다. 저축은행 등 제도권 금융회사는 인터넷 광고, 이메일 또는 휴대전화 문자메시지를 통해서 정부지원 대출을 권유하지 않는다. 만일, 인터넷 광고, 이메일 또는 휴대전화 문자메시지를 통해서 햇살론 등 정책금융상품을

불법대출 및 불법채권추심에 대한 대응

채권추심은 금융거래나 상거래과정에서 발생한 금전채권에 대하여 정당한 사유 없이 채무계약대로 돈을 변제하지 않는 경우 채권자가 채무자에게 상환할 것을 촉구하는 행위이다. 채무자 입장에서 열심히 벌어서 빚을 갚으려고 하지만, 경제적 어려움으로 그렇지 못한 경우가 많다. 이럴 때 채권자의 불법적인 채권추심이 채무자를 더욱 힘들게 만든다. 채무자는 채권자의 불법채권추심에 스스로 보호할 수 있도록 불법채권추심 주요 유형과 대응요령을 알아둘 필요가 있다.

또한 불법추심행위에 대한 형사처벌이 가능한 경우 수사기관에 고소할 수 있으며, 분쟁에 대해서는 민사소송을 통한 피해구제가 가능하다.

불법채권추심 10대 유형	대응 요령
① 채권자의 신분을 밝히지 않고 추심 ② 무효이거나 존재하지 않는 채권의 추심 ③ 반복적인 전화 또는 방문 ④ 야간(저녁 9시~ 아침 8시)의 전화 또는 방문 ⑤ 관계인 등 제3자에게 채무사실 고지 ⑥ 관계인 등 제3자에게 채무변제 요구 ⑦ 협박·공포심·불안감을 유발 ⑧ 금전을 차용하여 변제자금 마련 강요 ⑨ 개인회생·파산자에게 추심 ⑩ 법적절차 진행사실 거짓 안내	① 채권추심인의 신분 확인 ② 채무확인서 교부 요청 ③ 채권추심인 및 소속회사 앞 불법 채권추심 행위 고지 ④ 증거자료(휴대폰 녹취 등) 확보 및 신고 ⑤ 형사처벌이 가능한 경우 수사기관에 고소

핵심내용 정리

- 개인신용정보
  - 식별정보, 신용거래정보, 신용도 판단정보, 신용능력정보 등

- 개인신용평가점수
  - 상환이력정보, 현재부채수준, 신용거래기간, 신용거래형태 등을 반영하여 평가

- 신용카드는 외상으로 재화나 서비스 구매, 현금서비스 등 신용을 제공하는 장점이 있으나, 신용에 대한 비싼 비용 지불, 과소비나 충동구매 가능성이 있음

- 카드 분실 또는 도난 시에는 즉시 카드회사로 신고
  - 분실신고일로부터 60일 전까지(현금 서비스는 신고시점 이후부터) 제3자가 부정 사용 금액에 대하여는 신용카드회사에 보상 신청 가능

- 대출
  - 신용대출: 개인의 신용도에 기초하여 대출금액과 대출금리가 결정
  - 담보대출: 부동산 등 담보자산의 경제적 가치 내에서 대출금액이 결정
  - LTV 비율, DSR 비율
  - 기준금리: COFIX, CD금리, 금융채, Koribor

위험관리와 보험

금융과 사회
금융으로 세상읽기

SECTION 01 위험과 위험관리

SECTION 02 보험의 기본이론

SECTION 03 보험의 종류

위험과 위험관리

위험의 이해

우리들의 경제생활은 한정된 소득으로 재화와 서비스를 선택하여 무한한 욕구를 충족해 가는 과정이다. 이러한 과정 속에는 예상치 않은 사망, 질병, 상해, 간병 등에 의한 인적손실, 화재, 도난 등 재산위험에 의한 재산손실, 그리고 자동차사고나 의료사고와 같은 과실이나 배상책임위험에 의한 배상책임손실에 직면하게 된다. 위험으로 인한 손실을 최소화하거나 발생한 손실의 영향을 최소화하기 위하여 위험관리가 필요하고, 위험관리의 가장 효율적인 방법인 보험이 필요하다.

보험거래의 대상인 위험은 손실발생의 가능성이나 불확실성으로 정의되고 있다. 위험에 대한 일반인들의 인식은 불안, 근심, 걱정과 같은 부정적인 생각과 도전, 기회라는 일부 긍정적인 생각을 동시에 갖고 있다. 반면에 투자자나 기업가는 위험 없이는 기회가 없고 위험이 클수록 수익률도 높다는 긍정적인 생각을 더 많이 갖고 있는 것으로 알려져 있다. 보험업계에서는 위험을 손실이 실제 발생하거나 발생하지 않더라도 손실이 발생하는 조건이나 상황에 노출(exposure) 또는 손실노출(loss exposure)로 표현하고 있다. 위험은 우연성의 요소와 손실의 요소를 공유하고 있다. 우연성의 요소란 우리가 사고발생의 결과를 예측할 수 있다면 위험은 존재하지 않는다는 의미이고, 손실의 요소란 발생하는 적어도 하나의 가능적 결과가 경제적인 손실을 수반해야 한다는 것을 의미한다.

보험은 이러한 손실을 수반하는 우연한 사고(보험사고)를 전제로 한 경제제도이다. 우연한 사고의 발생은 불확실성 또는 불확정성을 가지고 있으며, 통상적으로 경제적 손실을 유발한다. 여기서 말하는 우연한 사고란 그 발생이 가능하지만 확실하지 않는 사고를 의미한다.

위험의 분류

순수위험(pure risk)은 이익을 취할 가능성은 전혀 없고, 금전적 손실만 입을 가능성이 있는 일방향의 위험이다. 사망, 화재, 교통사고 등이 발생하면, 금전적 손실만 있고 이익을 얻을 수 없는 것이므로 이들은 순수위험이다. 투기적위험(speculative risk)은 금전적 손실과 이익이 동시에 발생할 수 있는 양방향의 위험이다. 주식이나 부동산 투자는 가격의 변동에 따라 손실의 가능성도 있지만 반대로 이익의 가능성도 있는 것이므로 이들은 투기적 위험이다.

순수위험과 투기적위험은 모두 손실발생에 대한 불확실성을 가지고 있는 공통점이 있다. 그러나 순수위험은 인위적으로 새롭게 만들어 내는 것이 아니라 이미 존재하는 위험으로, 제어하기는 어렵지만 어떤 규칙성을 가지고 있으므로 대수의 법칙(law of large number)을 적용하여 손실의 정도를 미리 예측하여 보험에 부보할 수 있다.

▎〈표 27〉 순수위험의 종류

구 분	위 험	위 험 내 용
인적위험	사망	가장의 사망에 따른 유가족의 재무적 문제가 발생할 위험 - 가족형태에 따라 니즈가 다름 　(대가족＞전통적 가족＞편부모가족＞맞벌이 가족＞1인 가족)
	장기생존(장수)	은퇴위험(노후 소득 불확실성으로부터 발생)
	질병 또는 상해	수입 중단 + 비용추가지출
	실업	재무적 안정성을 위협하는 중요한 요소 - 가족의 경제적 변화와 생활방식 변화 초래
재산위험	직접손해	화재, 도난 등의 손인으로 인한 손실로 사고 발생 전의 상태로 돌리기 위한 '원상복구비용'을 의미

구 분	위 험	위 험 내 용
	간접손해	직접적 손실에 따라 파생(추가)되는 손해로 냉동재산의 부패 등
	순소득상실	직접적 재산손실에 의한 소득감소나 경비증가
배상책임 위험	형태별 분류	재산 소유에 따른 배상책임(주택, 자동차 등)
		사업/직업에 따른 배상책임
		일상 활동에 따른 배상책임
	손해별 분류	재산적 손해(적극적 손해, 소극적 손해)
		비재산적 손해
		기타 비용(소송비용,기회비용)

위험의 측정

우리 주변에서 발생할 수 있는 다양한 보험대상 위험을 어떻게 측정해야 할까? 암과 같은 큰 질병은 평생에 걸쳐 걸릴 가능성은 적지만 발병 시 삶에 큰 영향을 미친다. 반면 감기몸살과 같은 경미한 질병은 자주 발생하지만 그로 인한 고통은 미미할 수 있다. 위험을 측정하기 위해서는 일정기간 동안 얼마나 자주 발생하는지를 의미하는 손실빈도와 한번 발생 시에 끼치는 경제적 손실의 크기를 나타내는 손실심도를 모두 고려해야 한다.

손실빈도(loss frequency)는 일정기간 동안 특정 사건의 발생으로 손실이 발생하는 횟수를 의미한다. 예컨대 사람의 사망은 한번 발생하기 때문에 손실빈도는 1회로 측정될 수 있으나, 소지하던 물건을 잃어버리는 것은 빈번하게 측정될 것이다. 손실빈도는 일정 기간 사고가 얼마나 자주 발생하느냐를 측정하여 사고 발생확률을 계산하는 데 중요한 지표가 된다.

손실심도(loss severity)는 사고가 발생한 경우의 손실액의 크기를 나타내는 것으로 경제적 손실의 규모를 의미한다. 사람이 사망하게 되면 모든 것을 잃는 것이므로 손실의 심도는 매우 큰 반면, 우산을 잃어버릴 경우의 손실은 우산을 다시 재구입하는 데 소요되는 비용이므로 손실의 심도는 매우 작다. 보험대상위험의 크기는 손실빈도와 손실심도의 곱으로 표현할 수 있다.

$$\text{보험대상위험의 크기} = F(\text{손실빈도}) \times S(\text{손실심도})$$

위험의 관리

위험의 관리는 개인이나 조직이 직면한 다양한 종류의 위험을 효율적으로 통제하여 경제적 부담을 제거하거나 경감하는 일련의 행위이다. 위험의 관리방법은 다양하지만, 손실빈도와 손실심도에 따라 위험보유, 위험회피, 위험감소, 위험전가 등 네 가지 방법으로 분류할 수 있다.

▍〈표 28〉 위험의 유형과 관리방법

구분		손실의 확률(빈도)	
		낮은 빈도	높은 빈도
손실의 강도(심도)	낮은 심도	위험보유	위험감소
	높은 심도	위험전가	위험회피

위험보유(risk retention)

위험보유는 손실빈도와 손실심도가 모두 낮은 경우에 적용하는 가장 보편적인 위험관리 방법이다. 가령 우산을 잃어버릴 위험에 대비하여 별도의 대책을 강구하지 않는다. 이는 설사 우산을 잃어버리더라도 다시 구입하는 데 드는 비용도 매우 낮기 때문이다. 이렇게 특정 위험에 대하여 아무런 조치를 취하지 않는 것을 위험보유라고 한다.

위험회피(risk avoidance)

위험회피는 손실빈도와 손실심도가 모두 높아서 그 리스크를 회피하는 것을 말하며 "피할 수 있으면 피하는 것이 상책"이라는 표현과 잘 맞는 위험관리 방법이다. 가령 전쟁이나 분쟁지역으로는 여행을 가지 않는 것이 합리적이다. 실제로 손실빈도가 높지는 않지만 심리적인 영향으로 손실심도가 높은 상황을 회피하는 경우도 있다. 예컨대 자동차를 운전하지 않거나 항공기를 탑승하지 않는 것은 소극적이지만 가장 확실한 위험회피 방법이다.

위험감소(risk reduction)

위험감소는 손실빈도 또는 손실심도를 줄이는 방법을 말하며, 손실통제(risk control)라고도 한다. 이 방법은 손실방지, 손실경감, 위험분산 등 세 가지 방법으로 구분할 수 있다. 손실방지는 가장 근본적으로 손실빈도를 감소시키는 조치이다. 예컨대 독감예방 접종을 실시하여 독감에 걸릴 가능성을 줄이는 행위, 화재사고예방을 위해 정기적으로 화재예방교육을 실시하거나 화재경보장치를 설치하는 것도 이에 해당한다. 손실경감(loss reduction)은 사고의 발생을 사전에 예방하는 차원이 아니라 이미 발생한 사고에 대하여 손실이 확대되는 것을 방지하기 위한 조치를 말한다. 예를 들어, 건물 내의 스프링쿨러 장치나 방화벽은 화재가 발생한 경우에 주변으로 화재피해가 확산되는 것을 방지하기 위한 시설물이다. 실제로 손해보험계약에서는 자동차의 에어백장치 설치, 소화설비 설치 등 손실경감 노력에 대한 보상으로 보험료 할인혜택이 주어지고 있다. 위험분산(risk diversification)은 분실, 파손, 해킹 등으로부터 관리해야 할 대상을 시간, 장소, 기술 등을 통해 분산하여 리스크를 관리하는 방법이다. 예를 들면, 금융회사는 중요 정보를 다수 서버에 정기적으로 업데이트하여 분산 보관함으로써 서버가동 중단 등 각종 사고에 대비할 수 있다.

위험전가(risk transfer)

위험전가란 개인이나 조직의 리스크를 제3자에게 전가시키는 것을 말한다. 이는 손실심도 또는 손실빈도에 영향을 주지 않고, 스스로 부담해야 할 경제적 손실을 제3자에게 넘기는 방법이다. 위험을 전가할 때에는 손실빈도 및 손실심도를 합리적으로 평가하여 적정 비용을 지불하여야 거래가 성립할 것이다. 대표적인 예로는 보험 가입을 꼽을 수 있다. 암으로 진단될 것을 우려하는 사람이 보험료를 부담하고 암보험에 가입함으로써 암 관련 치료비 부담 등 경제적 위험을 위험집단 전체에 전가할 수 있다. 또한 주채무자가 채권자에 대한 채무불이행위험을 보증인에게 전가하는 보증계약도 위험전가의 한 예이며, 보증계약을 보험형식으로 전환한 것이 보증보험이다.

📝 살펴보기 근대적 보험의 탄생, 로이즈(Lloyd's)커피하우스

근대적 보험의 시작인 해상보험이 탄생한 영국 런던의 로이즈 커피하우스는 1687년경 사무엘 로이드(Samuel Lloyd)가 처음 문을 열었고, 그의 아들 에드워드 로이드(Edward Lloyd)가 물려받으면서 항해와 관련된 사람들의 모임장소로 발전하였다. 에드워드는 해상무역 과정에서 여러 손실 리스크에 공동으로 노출되어 있던 선원들의 위험보장의 필요성이 제기되자 리스크를 공동 인수하기 시작하면서 리스크를 공식적으로 인수하는 보험사업자가 되었는데, 바로 이것이 영국 해상보험의 시작이다. 에드워드는 정식 보험약관은 아니지만 종이 한 장(slip)에 보상내용을 약속한 뒤 하단에 서명(underwriting)을 했다. '작은 종잇조각'이라는 뜻의 slip은 오늘날 보험을 가입할 때 쓰는 '청약서'란 용어로 사용되고, 현재 증권사나 보험사 등이 '리스크 심사 및 인수'라는 의미로 사용하는 '언더라이팅(underwriting)'이라는 금융용어 역시 에드워드가 보험료를 받고 리스크를 인수하면서 계약서의 합의조항 아래(under)에 그의 이름을 써주고(writing) 약속 이행을 확약한 데서 유래되었다고 한다. 한편, 로이즈 커피하우스의 고객 중 상업이나 선박업에 대한 정보를 교환하는 보험회사 대리인 그룹이 눈에 띄게 붙어났다. 1771년에는 재력과 신뢰를 갖춘 79명의 언더라이터들이 입회비 100파운드를 납부하고 로이즈 협회(Society of Lloyd's)를 결성하였고, 18세기를 지나면서 로이즈 커피하우스는 세계 최대의 해상보험 거래가 이루어지는 런던로이즈(Lloyd's of London) 보험시장이 되었다. 현재 런던로이즈는 세계 최대의 재보험시장으로 성장하여 바늘부터 인공위성까지 담보한다는 말이 있을 정도로 위험인수 종목이 확대되었다.

자료: 실용금융(2021), 금융감독원. p.236.

보험의 기본이론

보험의 개념 및 기본원리

보험(insurance)이란 동질의 위험에 노출된 다수의 경제주체가 우연한 사고의 발생으로 인한 경제적 손실에 대비하고자 보험단체(위험단체)를 구성하고, 통계적 기초인 대수의 법칙에 따라 산출된 일정한 금액인 보험료를 사전에 갹출하여 공동기금을 만든 후 그 단체의 구성원 중 누군가가 약정된 보험사고(불확정한 사고)를 당하면, 공동기금에서 일정한 재산적 급여(보험금)를 지급함으로써 경제주체들의 경제적 어려움과 불안을 극복하는 데 도움을 주는 경제제도라고 정의할 수 있다(경제생활과 보험(2019), 김홍기, p.33).

보험 성립을 위한 위험의 요건을 보면 <표 29>와 같이 보험사고 위험은 고의성이 없는 우연한 사고 위험이어야 하고, 대수의 법칙을 적용할 수 있는 다량의 동종위험과 이에 노출될 수 있는 다수의 경제주체가 있어야 한다. 그리고 대수의 법칙에 의한 보험료 산출과 합리적인 보험료 부담에 의한 공동기금을 형성할 수 있어야 한다. 또한 손실위험은 심리적이 아닌 금전적으로 측정할 수 있어야 한다.

❚〈표 29〉보험의 성립요건(구성요소)

우 연 성	동종위험의 존재	다수경제주체
사고의 발생자체, 발생시기, 발생정도가 불확정한 것이어야 한다(우연한 사고= 보험사고). 방화, 자살 등 고의사고 제외	대수의 법칙에 의한 공평한 보험료 부과를 위해 보험단체는 동종, 동질위험에 노출된 경제주체들의 집단이어야 한다.	손실분담(십시일반)을 위한 다수의 경제주체들에 의해 보험단체의 구성이 이루어져야 한다.
평가(측정)가능성	**합리적 보험료 부담**	**공동기금(준비금)**
보험은 금전적 손실을 보상하는 제도이므로 보험거래의 대상인 위험은 대수의 법칙에 의한 측정 평가가 가능해야 한다.	보험료는 위험에 비례해 합리적이고, 공평하게 부과되어야 한다. $$P = w \times Z$$ (P: 순보험료, w: 사고발생의 확률(r/n), Z:보험금)	보험단체 가입자는 사전에 보험료를 지불하고, 단체는 그 보험료로 공동기금(준비금)을 형성하여 우연한 사고로 경제적 손실을 입은 가입자에게 보험 급부를 행하게 된다.

자료: 경제생활과 보험(2019), 김흥기. p.34.

보험의 성립요건과 위험을 상품화하여 보험사업을 운영하는데 필요한 기본적인 4원칙으로 요약할 수 있다.

① 대수의 법칙: 보험에서 위험을 상품화하여 보험사업을 운영하기 위해서는 과거의 일정기간 동안 사고발생에 관한 통계를 기초로 대수의 법칙에 의해 특정위험에 대한 사고발생확률(위험률)을 먼저 계산하여야 한다.

② 수지상등의 원칙: 위험률을 바탕으로 특정사고가 발생했을 경우에 지급하게 될 보험료를 정하고, 이에 필요한 비용인 보험료를 산출하여 사전에 가입자들로부터 갹출하게 된다. 이때 보험단체(위험단체)의 운영자인 보험회사는 안정적인 회사 경영을 위하여 갹출해야 하는 보험료 총액과 균등해야 한다.

③ 공평의 원칙: 보험료는 각각의 위험률에 따라 부과되어야 한다는 법칙을 공평의 원칙(급부·반대급부균등의 원칙)이라 한다.

④ 이득금지의 원칙: 보험은 보험가입자가 보험사고를 당해 금전적 손실이 발생했을 때 이를 보상받는 것이 목적이므로 보험금의 수취를 통해 이득을 얻어서는 안 된다.

보험의 기능

보험은 경제적 손실 발생 시 보상을 통해 복구를 지원하므로 경제주체들의 지속가능한 발전을 지원하는 제도로서 다양한 기능을 수행한다.

첫째, 보험은 개인의 경제생활이나 기업의 경영상 안정에 기여한다. 경제활동 주체는 보험료를 지급하고 위험을 보험사업자에게 전가시키고, 실제 손실이 발생하였을 때에는 보험금을 수령하여 사고 전 상태로 회복할 수 있다.

둘째, 보험료로 구성된 보험기금은 주식, 채권 등에 장기적으로 투자되고 산업자본으로 활용되어 자본시장의 안정적 성장과 국가 경제발전에 기여하기도 한다.

셋째, 보험은 가입자의 신용을 높여 경제주체 간의 상거래를 활성화시킨다. 예를 들어, 보증보험을 통하여 계약상 채무이행을 보증하여 거래의 신용리스크를 감소시키거나 제조물배상책임보험을 통해 소비자의 피해를 신속하게 보상할 수 있어 제조자와 소비자 간의 신뢰를 제고하는 측면도 있다.

넷째, 보험은 국가 주도 사회보장정책의 보완재로서 역할을 수행한다. 예를 들어, 실손의료보험은 국민건강보험제도의 보완재로서 국민건강보장체계를 한층 더 강화하고 있다.

마지막으로 보험은 보험가입자가 리스크관리에 노력을 기울이도록 하여 손실을 사전적으로 예방하는 기능을 한다. 즉, 보험가입자가 사고방지시설 설치 등과 같이 리스크관리를 충실히 한 경우에는 보험료 부담을 줄일 수 있으므로 리스크관리에 노력을 하게 되며, 이에 따라 사고발생 가능성 및 손실규모도 작아지게 된다.

이러한 순기능이 있는 한편, 보험은 보험금 편취목적으로 고의로 사고를 유발하거나 허위치료비를 청구하는 보험사기 등의 도덕적 해이를 유발한다. 보험사기로 인한 증대된 비용은 보험가입자가 부담하는 보험료 상승을 초래하여, 다수의 선의의 보험가입자에게 피해를 주는 등 사회 전체의 부담으로 돌아온다.

보험의 주요 구성요소

보험료의 구성과 해지환급금

보험료는 보험계약자가 보험사업자에게 지급하는 약정금액이고, 보험금은 보험사업자가 보험사고에 대해 보험계약자에게 보상하는 지급금이다. 보험료는 영업보험료라고도 하며, 순보험료와 부가보험료로 구분된다. 순보험료는 보험사고 발생 시 보험금을 지급하기 위한 재원으로 사용되는 위험보험료와 보험계약의 만기 시에 지급하는 보험금을 지급하기 위한 재원으로 사용되는 저축보험료로 구분된다. 부가보험료는 보험영업에 필요한 판매수수료 등 사업비를 충당하기 위한 재원으로 사용된다.

> 영업보험료 = 순보험료   + 부가보험료
>   = 위험보험료 + 저축보험료 + 부가보험료

해지환급금은 보험계약을 해지할 경우 지급하는 금액으로, 납입한 보험료 합계에서 각종 사업비, 해지 시까지의 사고보장을 위한 위험보험료 등이 차감되므로, 가입 초기(예 7년 이내)에 해지 시 보험계약자가 납입한 보험료 합계보다 작을 수 있다.

📝 **살펴보기** 갱신형과 비갱신형 보험

일반적인 보험상품은 사망, 진단 등에 대한 과거 통계자료를 이용하여 위험률(발생빈도)을 예측하고 이를 근거로 보험기간 전체에 동일한 보험료를 산출, 적용한다. 이를 비갱신형 보험이라 한다. 그러나 보험기간이 장기이며 위험률 변동이 큰 경우에는 향후 만기까지 위험률을 예측하기는 쉽지 않다. 이 문제를 해결하기 위한 하나의 방안이 보험 가입 후 일정기간 단위로 최근 통계자료를 활용하여 예측한 위험률과 연령을 적용하여 보험료를 재산정하는 '갱신형' 보험상품이다. '갱신형' 보험은 보험가입 당시의 초기보험료는 저렴하지만 일정주기마다 위험률의 변동 및 연령 증가에 따라 보험료가 지속적으로 인상될 수도 있다. 특히 갱신주기가 지속되어 60세 이후의 고령기에는 퇴

직 이후 안정적인 소득이 없는 경우에 보험료 부담이 가중되어 결국 보험계약을 유지할 수 없는 상황에 이를 수도 있다.

따라서 '갱신형' 보험상품을 가입할 때는 상품안내자료에 명시된 가입당시의 보험료뿐만 아니라 고령기의 보험료도 꼭 비교해보아야 한다. 반면에 '비갱신형' 보험은 계약 초기 '갱신형' 보험에 비해 보험료는 비싸지만 보험기간 동안 위험률의 변동이 있더라도 만기까지 처음 보험료가 동일하게 유지되는 장점이 있다.

▌〈표 30〉 갱신형보험상품과 비갱신형보험상품의 비교

구분	갱신형	비갱신형
보험기간과 보험료납입기간	일정주기(보통 3년, 5년) 단위로 갱신되며, 보험 전기간 납입	상품별 만기 시까지 (예 100세 만기) 또는 특정기간납입 (예 10년, 20년)
적용요율주1)	갱신시점 요율	가입시점 요율
가입시 유리한 상품주2)	위험률이 감소하는 상품 (예 정기보험 등)	위험률이 증가하는 상품 (예 암보험 등)
장점	가입시 보험료가 저렴	위험률이 증가해도 보험료 인상 없음
단점	갱신시 보험료 인상	고연령의 보험료를 가입초기 납부하므로 보험료 수준이 높음

주1) 보험료 산출시 반영되는 위험율, 이자율, 사업비율
주2) 상품 예시는 현재 위험률 추세기준이며, 향후 위험률 추세 변경에 따라 바뀔 수 있음

자료: 금융감독원 FINE

보험계약자, 피보험자, 보험수익자

보험계약자는 보험사업자와 보험계약을 하고 보험료를 납부할 의무를 가진 주체이다. 자연인 또는 법인 모두 가능하다. 생명보험계약에서 피보험자는 사람의 생명이나 신체에 관하여 보험사고의 대상이 되는 자연인을 말한다. 손해보험계약에서 피보험자는 보험사고로 인하여 손해를 입은 자를 뜻하는데, 보험의 목적(subject matter of insurance)[6]에 대하여 경제적 이해관계를 가진 자로서 약정

한 보험사고 발생 시에 보험금을 청구하여 보상받을 수 있는 권리를 가진 자이며 법인도 가능하다.

◎ 〈그림 49〉 보험계약의 이해관계자

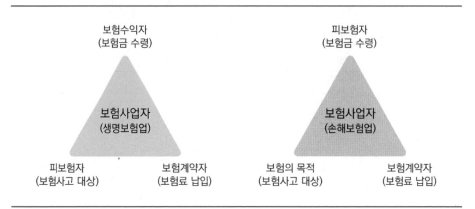

보험금

보험금은 보험계약에서 약정한 보험사고가 발생하여 지급받는 일시금, 분할금 등 일체의 보험급여(benefits)이다. 보험금을 지급받는 방법은 정액보상(fixed-sum plan)과 실손보상(indemnity plan)으로 구분된다. 생명보험은 주로 정액보상을, 손해보험은 실손보상을 원칙으로 한다.[7] 이는 생명과 관련된 인적 손실은 그 가치를 측정하기 어렵기 때문이다. 실손보상은 실제 발생한 손실액만 보상한다. 유사한 실손보험에 중복하여 가입하면 비례보상하게 되므로 불필요하게 보험료만 많이 납부하게 된다.

---

6) 손해보험에서는 보험사고의 객체로서 피보험자의 법적 재물, 재산인 반면에, 생명보험에서는 피보험자의 생명, 건강, 신체 등을 말한다.

7) 현재 생명보험회사에서도 판매하고 있는 '실손의료보험상품'은 정액보상의 예외에 해당한다.

보험기간

보험기간은 약정한 보험사고가 발생하면 보험사업자의 보험금 책임이 있는 기간이다. 보험사업자의 책임은 일시납 또는 제1회 보험료를 받은 시점부터 시작된다. 보험료납입 기간은 보험에 가입하여 보험료를 내는 기간이다,

 금융꿀팁 보험가입자가 반드시 알아둘 5대 권리

1. 청약철회권리

보험계약자는 불필요한 보험에 가입한 경우 보험증권을 받은 날로부터 15일 이내에 보험계약의 청약을 철회할 수 있다. 다만, 청약을 한 날로부터 30일 이내인 경우에만 청약철회를 할 수 있다(단, 보험계약을 체결할 때 건강진단을 실시한 계약, 보험기간이 1년 미만인 계약 등은 청약철회가 불가).

2. 청약철회 후에도 보장받을 권리

보험계약자와 피보험자가 다른 사람인 경우, 보험계약자가 사고 발생 사실을 모르고 청약철회한 경우에는 청약철회를 신청했더라도 보험계약이 그대로 유지되어 보험약관에서 정한 바에 따라 보장을 받을 수 있다.

3. 품질보증해지권리

보험 가입 시 약관 및 계약자 보관용 청약서가 계약자에게 전달되지 않았거나, 약관의 중요 내용 설명이 없었거나, 보험계약자가 청약서에 자필(전자)서명을 하지 않는 등 불완전판매행위가 발생한 경우, 보험계약이 성립된 날로부터 3개월 이내에 그 계약을 취소할 수 있다.

4. 기존 계약 부활권리

보험설계사 등의 부당한 권유로 기존 보험을 해지하고 동일한 보험회사의 유사한 보험에 신규 가입한 경우, 보험계약자는 보험계약이 해지된 날로부터 6개월 이내에 소멸된 기존 계약을 부활하고 새로운 계약을 취소할 수 있다.

5. 승낙전 보장받을 권리

보험계약이 체결되지 않아 보험증권을 받기 이전에 발생한 보험사고라 할지라도, 보험계약자가 청약 시 최초 보험료를 이미 낸 경우에는 보험계약이 성립된 것과 동일하게 보장받을 수 있다.

자료: 실생활에 유용한 금융꿀팁(2019), 금융감독원.

보험의 종류

보험은 크게 사회보험과 민영보험으로 나뉜다. 사회보험으로는 국민건강보험, 산업재해보상보험, 고용보험, 국민연금보험, 노인장기요양보험이 있다. 민영보험은 보험업에서 생명보험업과 손해보험업, 제3보험업으로 구분하고 있다.

01 사회보험

사회보험은 국민의 기본적인 생활의 안정을 위해 국가 차원에서 제공되는 공적보험으로, 국가 또는 공법인이 관리하는 사회보장제도이다. 사회보험은 소득수준에 따라 보험료를 차등 부과하고 보험급여를 지급함으로써 소득재분배효과를 가진다. 사회보험은 일정한 법적요건이 충족되면 본인의 의사와 관계없이 가입이 강제이며 보험료 납입의무가 부여된다.

Ⅰ〈표 31〉 사회보험과 민영보험의 주요 차이점

구분	사회보험	민영보험
운영 원리	독점시장 원리	자유경쟁시장 원리
운영 주체	비영리 공단(준정부기관)	보험회사
보험 가입	의무가입	임의가입

구분	사회보험	민영보험
운영 목적	• 국가 복지정책의 실현 • 소득 재분배 및 공공성 강조	• 보험영업이익(기업가치)제고 • 경제주체에 리스크관리 수단 제공
보험료부과	• 임금 등의 일정비율로 부과 • 보험가입자와 사용자가 부담 • 사용자가 100% 부담하는 경우 있음	• 개별 보험계약의 급여수준 등에 따라 보험료 결정 • 보험가입자가 부담
보험 급여	관련법률로 규정	개별 보험계약에 의해 결정
보험 종류	국민건강보험, 산업재해보상보험, 국민연금보험, 고용보험, 노인장기요양보험	실손의료보험, 암보함, 종신보험, 연금보험, 자동차차보험, 화재보험, 배상책임보험 등

국민건강보험

국민건강보험은 직장가입자(피부양자 포함)와 지역가입자(세대원 포함)로 구분된다. 직장가입자의 보험료는 보수월액에 단일 건강보험요율을 곱하여 가입자와 사업주가 각 50%씩 부담한다. 지역가입자는 세대원 전체의 소득과 재산(자동차 포함)에 기준하여 보험료부과점수를 책정하고 점수당 일정금액을 적용한 보험료를 납입한다. 소득수준이 낮은 사람들은 공적부조제도에 의해 무상으로 의료혜택이 주어지며, 독립유공자 등은 특별법에 의해 무상으로 의료급여가 제공된다.

산업재해보상보험

산업재해보상보험(이하 '산재보험')은 근로자의 업무상의 재해를 보상하기 위해서 사업주로부터 보험료를 징수하여 그 재원으로 사업주를 대신하여 산재근로자에게 보상해주는 제도로서 근로자를 사용하는 모든 사업장을 적용대상으로 하고 있다. 우리나라 산업재해보상보험에서 보험사업자 역할은 근로복지공단이 담당하며, 보험가입자는 사업주(기업), 피보험자는 기업이 고용한 근로자이고, 보험수익자는 산재근로자이지만 산재 사망사고의 경우에는 그 유가족이 된다.

고용보험

　고용보험은 근로자가 실직한 경우에 생활안정을 위하여 일정기간 급여를 지급하는 실업급여사업뿐만 아니라 적극적으로 고용안정사업 및 직업능력개발사업 등을 실시하는 사회보험이다. 적용사업장은 근로자를 사용하는 모든 사업장이며 자영업자를 포함한다. 고용보험료는 근로자와 사업주가 반반씩 부담하는 실업급여와 사업주가 부담하는 고용안정·직업능력개발사업의 보험료로 구분된다.

　실업급여는 구직급여와 취업촉진수당으로 구분된다. 구직급여 수급요건은 이직의 횟수와 상관없이 180일 이상 가입하여야 하고 비자발적 퇴사 이후에 적극적으로 구직활동 등을 하여야 한다. 다만 자영업자는 1년 이상 가입하여 보험료를 납부하고 매출감소, 적자지속, 자연재해 등 불가피한 사유로 폐업한 경우에 실업급여를 받을 수 있다. 매월 지급되는 구직급여는 상한과 하한이 있고 퇴직 직전 월평균보수의 60% 수준이며, 퇴사 당시의 연령과 고용보험 누적가입기간에 따라 지급기간이 결정되며 최장 270일이다.

노인장기요양보험

　노인장기요양보험은 고령이나 노인성 질병 등의 사유로 6개월 이상 일상생활을 혼자서 수행하기 어려운 노인 등에게 요양시설이나 재가기관을 통한 신체활동 또는 가사활동 지원 등 장기요양급여를 제공하는 사회보험제도이다. 건강보험가입자는 장기요양보험의 가입자가 되며 국민건강보험공단에서 운영하고 있다. 노인장기요양보험의 재원은 가입자가 납부하는 장기요양보험료와 국가지방단체 부담금, 장기요양급여 이용자가 부담하는 본인일부부담금이다. 장기요양보험료는 건강보험료에 장기요양보험료율을 곱하여 산정한다.

02 민영보험

민영보험은 개인이나 기업이 위험에 대비하여 자유롭게 가입하는 보험으로 보험설계사, 홈쇼핑, 은행 및 증권사 창구, 보험대리점 등에서 손쉽게 접하는 다양한 보험상품이다. 보험업법에서는 보험업을 생명보험업, 손해보험업, 제3보험업으로 구분하고 있다. 보험회사는 생명보험업과 손해보험업을 겸영할 수 없으나 제3보험업은 공통영역이다.

┃〈표 32〉 보험업별 보험종목

구분	생명보험업	손해보험업	제3보험업
정의	사람의 생존 또는 사망에 관하여 약정한 급여의 제공을 약속하고 금전을 수수하는 것을 업으로 하는 것	우연한 사고로 인하여 발생하는 손해의 보상을 약속하고 금전을 수수하는 것을 업으로 행하는 것	사람의 질병·상해 또는 이로 인한 간병에 관하여 약정한 급여를 제공하거나 손해의 보상을 약속하고 금전을 수수하는 것을 업으로 행하는 것
보험종목	생명보험, 연금보험 (퇴직보험 포함)	화재보험, 해상보험(항공운송보험 포함), 자동차보험, 보증보험, 재보험, 책임보험 등	상해보험, 질병보험, 간병보험

보험은 보험가입의 주목적에 따라 보장성보험과 저축성보험으로 구분된다. 보장성보험은 보험의 본래 기능인 사망, 질병 등 각종 위험보장에 중점을 둔 보험으로서 생존 시 지급되는 보험금의 합계액이 이미 납입한 보험료 합계액을 초과하지 않는 보험을 말한다. 보장성보험의 대표상품으로 종신보험, 정기보험, 상해보험, 질병보험, 자동차보험, 화재보험 등이 있다.

반면 저축성보험은 목돈마련, 노후대비 등을 위해 저축기능이 강화된 상품으로 생존 시 지급되는 보험금의 합계액이 이미 납입한 보험료 합계액을 초과하는 보험을 말한다. 대부분의 저축성보험은 보험회사의 자산운용수익률 및 시장금리 등에 따라 일정기간마다 적용이율(예 공시이율)을 변동하여 이자를 적립하는 금리연동형보험이다. 저축성보험의 대표상품으로 연금보험, 교육보험, 저축보험 등이 있다. 저축성보험에 가입하면 은행 저축상품의 이자수익에 해당하는 보험 차익에 대해 소득세가 부과되나, 10년 이상 계약유지 등 일정 조건을 충족하면 보험차익에 대해서는 비과세 혜택이 주어진다.

생명보험

생명보험은 사람의 사망과 생존을 주된 보험사고로 하는 보험이다. 생명보험 회사가 판매할 수 있는 보험종목은 생명보험과 연금보험으로 보험기간이 비교적 긴 장기성계약의 속성을 가진다.

종신보험, 정기보험

종신보험은 가장 대표적인 생명보험상품이다. 종신(終身)이란 '목숨이 다하기까지의 동안'이란 뜻으로 보험기간을 확정적으로 정할 수 없어 피보험자가 사망할 때까지를 보험기간으로 하고 사망하면 약정한 사망보험금이 지급되는 상품이다. 종신보험은 주로 집안의 가장이 자신의 조기사망 등으로 인해 가족의 생활이나, 자녀의 교육 등이 위협받는 것을 예방할 목적으로 가입하는 경향이 강하다. 따라서 종신보험은 일반적으로 가장인 본인이 보험계약자이면서 피보험자이고 보험수익자를 유가족으로 지정하는 계약구조를 가진다.

정기보험은 사망을 보장하는 보험 중 보험기간이 15년, 20년 또는 80세 등 일정기간으로 확정되어 있는 생명보험이다. 피보험자가 보험기간 중 사망한 경우에 보험금을 지급하나, 보험계약의 만기까지 피보험자가 생존하면 사망보험금은 없고 보험계약이 소멸한다. 정기보험은 종신보험에 비해 상대적으로 저렴한 보험료로 동일한 보장을 받을 수 있다는 장점이 있다.

① 종신보험은 노후자금 마련을 위한 "저축성보험"이 아님

종신보험은 납입한 보험료에서 사망보험금 지급을 위한 재원인 위험보험표, 비용, 수수료가 차감되고 적립되기 때문에 10년 이상 보험료를 납입해도 적립금(해지환급금)이 이미 납입한 보험료(원금)에 미치지 못할 가능성이 높다.

② 보험료가 저렴한 정기보험 가입도 고려

종신보험은 보험기간이 평생이라는 장점이 있지만, 보험기간이 길다보니 정기보험보다 보험료가 높은 단점이 있다. 반대로, 정기보험은 짧은 기간 사망보장을 제공하지만 보험료가 저렴한 장점이 있다. 따라서, 보험가입의 목적과 재무상황에 맞게 종신보험과 정기보험을 충분히 비교하여 보험계약을 설계할 필요가 있다.

③ 건강인 할인특약을 통한 보험료 할인 가능

"건강인 할인특약"이란 종신 또는 정기보험에서 보험회사가 정한 건강상태 요건을 충족할 경우 보험료를 할인해주는 제도로, 보험회사 · 보험상품 · 가입조건 등에 따라 보험료 할인율은 다르지만, 통상 종신보험의 경우 납입보험료의 2~8%, 정기보험의 경우 6~38% 수준의 보험료를 할인받을 수 있다.

④ 보험료가 저렴한 무해지 · 저해지 종신보험 가입 고려

무해지/저해지 종신보험은 보험계약으로 중도에 해지할 경우 해지환급금이 지급되지 않거나 일반 종신보험보다 낮은 해지환급금을 지급하는 종신보험으로, 일반 종신보험보다는 보험료가 저렴하다.

⑤ CI보험은 일반 종신보험보다 보험료가 비쌈

CI보험은 매우 심각한 질병 등에 걸리거나 그로 인한 수술을 한 경우에만 사망보험금의 일부가 미리 지급되기 때문에, 실손의료보험 등과 같은 질병보험에 비해 보장범위가 제한적이다. 즉, CI보험은 사망과 질병을 모두 폭넓게 보장해주는 만능보험이 아니므로, 소비자들은 가입목적과 예산 등을 고려하여 "CI보험" 또는 "일반 종신보험+질병보험 동시 가입" 등 여러 선택지를 꼼꼼히 비교해보고 가입을 결정할 필요가 있다.

자료: 실생활에 유용한 금융꿀팁(2018), 금융감독원.

연금보험

연금보험은 평균수명 연장과 핵가족화가 보편화됨에 따라 은퇴 이후의 생활대비를 주목적으로 근로기간에는 체계적으로 은퇴자산을 축적하고 은퇴시점에는 축적된 은퇴자금으로 연금을 받아 단절된 소득을 보완하는 상품이다. 일반적 상품구성은 보험료를 납입하는 기간인 제1보험기간과 연금을 수령하는 기간인 제2보험기간으로 구분된다. 연금의 지급방식은 종신연금형, 확정연금형, 상속연금형 등으로 구분할 수 있다. 종신연금형은 연금수령자가 생존하는 기간동안 평생 연금급여를 지급하는 방식이고, 확정연금형은 연금지급기간(예 10년)을 확정하여 지급한다. 상속연금형은 생존기간 동안 적립금의 이자만을 지급하고 연금수령자가 사망 시에 적립금 잔액을 배우자나 자녀 등 상속인에게 지급하는 방식이다.

변액보험

생명보험이나 연금보험과 같은 장기성계약에서는 물가상승률을 상쇄하지 못하는 한계가 있다. 이러한 단점을 보완하기 위해 개발된 상품이 변액보험(variable life insurance)으로, 생명보험회사만 판매가 가능하다. 변액보험은 보험계약자의 납입보험료 중에서 저축보험료 등 일부를 주식이나 채권 등으로 구성된 투자펀드에 직접 투자해 운용수익을 해약환급금 또는 보험금에 직접 반영하는 실적배당형 보험이다.

<그림 50>과 같이 보험계약자가 자신의 투자성향을 감안하여 투자펀드를 선택하면 그 운용실적에 따른 이익과 손실은 모두 보험계약자가 책임을 지게 된다. 투자성과에 따라 보험금과 해지환급금이 매일 변동되고 보험기간 중에 해지한다면 납입원금 손실이 발생할 수 있다. 물론 사망보험금, 연금개시시점의 계약자적립금에 대한 최저보증 옵션이 있는 경우도 있으나 이 경우에는 보증비용의 추가 부담이 발생한다. 변액보험에는 변액종신보험, 변액연금보험 그리고, 보험료의 입출금이 자유로운 변액유니버설보험 등 다양한 형태가 있다. 다만 변액보험은 계약에서 최저보증을 하는 부분(예 최저사망보험금, 최저연금적립금 등)과 특별약관(rider)[8]을 제외하고는 예금자보호제도에서 보호받지 못한다.

◎ 〈그림 50〉 변액보험상품의 보험료 흐름

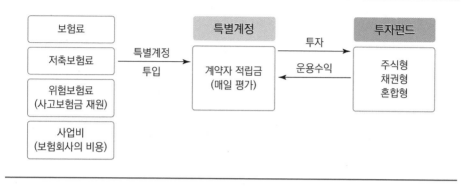

손해보험

손해보험은 실제 발생한 손해를 보상하는 보험으로 가입 대상에 따라 재산에 대한 보험(물보험), 사람에 대한 보험(인보험), 책임에 관한 보험, 이익에 관한 보험으로 구분할 수 있다.

┃〈표 33〉 가입대상에 따른 종류

재산에 대한 보험	• 건물, 선박, 화물 등 재산(물건)에 대한 보험 • 화재보험, 선박보험, 적하보험, 도난보험, 기계보험 등
사람에 대한 보험	• 사람의 신체상의 상해, 질병 치료를 위한 보험 • 상해보험, 해외여행보험, 건강생활보험 등
책임에 대한 보험	• 과실에 의해 제3자에게 부담해야 하는 법률상의 배상책임에 관한 보험 • 영업배상책임보험, 가스사고배상책임보험, 자동차보험 중 대인, 대물 배상책임보험, 전문직배상책임보험, 제조물배상책임보험 등
이익에 대한 보험	• 보험사고로 인한 영업장의 가동 중단으로 상실된 영업이익을 보상 • 기업휴지보험 등

---

8) 특별약관은 줄여서 '특약'이라고 약칭한다. 기본계약(이를 '주계약'이라고도 함)에 부가하여 기본계약의 보장내용을 보완하거나 강화하는 목적으로 개발되는 하나의 독립된 간단한 보험상품이다.

화재보험

화재보험은 공장, 주택, 발전소 등 피보험자의 보험목적에 화재사고가 발생한 경우에 보험회사가 화재로 인한 손해를 보상하는 보험이다. 보상하는 보험기간이나 운용하는 방식에 따라 일반화재보험, 주택화재보험, 장기화재보험 등으로 구분한다. 화재보험이 보상하는 손해에는 화재로 인한 직접 손해, 화재진압과정에서 발생하는 소방손해, 피난손해이다. 그리고 최근에는 화재로 인한 이웃집 손해, 화재발생 벌금, 도난손해 등도 다양한 특별약관을 통해 보장받을 수 있다.

책임보험

책임보험은 보험계약상 피보험자가 보험기간 중에 일상생활, 직업활동 혹은 경영활동 등을 하면서 제3자에 대하여 신체를 손상시키거나 재산상의 손해를 입혀 법률상의 배상책임이 발생한 경우에 그 경제적 손실을 보상하는 것을 주된 목적으로 하는 손해보험이다. 책임보험은 고액의 손해배상청구를 받게 된 피보험자를 보호하는 역할도 수행하지만 피해자를 보호하는 역할도 수행한다. 상법에서는 가해자가 피해자의 손해배상을 거부하는 경우 피해자가 직접청구권을 통해 가해자가 가입한 보험회사에 직접 손해배상을 청구할 수 있는 권리를 보장하고 있다. 책임보험은 의무보험인 자동차손해배상책임보험을 비롯하여 전문직 배상책임보험, 제조물배상책임보험, 의료인의 의료분쟁에 대비한 의료배상책임보험 그리고 항공, 선박, 원자력 발전소 등의 특수한 사고에 의한 환경배상책임보험 등 다양한 영역으로 확대되고 있다.

자동차종합보험

자동차보험은 피보험자가 피보험자동차를 소유, 사용, 관리하는 동안에 생긴 피보험자동차의 사고로 인하여 발생한 법률상의 손해배상책임손해(대인, 대물), 자기신체손해(자동차상해), 자기차량손해, 무보험자동차상해 등을 보상해 줄 것을 목적으로 하는 보험이며, 보험기간은 통상 1년이다. 자동차 운행 중에 교통사고를 내면 가해 운전자는 피해차량의 운전자와 탑승자에 대하여 치료비, 위자료, 휴업손해 등 대인배상책임손해가 발생하고 상대방 차량의 수리비 등 대물배상책임손해가 발생하게 된다.

자동차보험은 피해자와 가해자 모두의 재산권과 생명권을 보장할 수 있는 패키지종합보험으로 개발되어 판매되고 있다. <표 34>와 같이 자동차종합보험은 상대방의 손해배상을 위한 '대인배상 I & II', '대물배상'과 자동차 사고로 인한 피보험자가 입은 자신의 손해를 보상하는 '자기신체 상해', '자기차량 손해', '무보험자동차 상해' 등 총 6개의 차별화되고 독립된 보장종목으로 구성되어 있다. 이중 대인배상 I과 대물배상(2천만원 한도)은 자동차손해배상보장법에 의거하여 자동차를 소유한 사람이 의무적으로 가입을 해야 하는 강제보험이다. 만약 미가입 시에는 과태료가 부과되며, 미가입 상태로 운행할 때에는 1년 이하의 징역 또는 1천만원 이하의 벌금을 내야 한다.

❙〈표 34〉 자동차종합보험의 보장내용

보장종목	보장내용
대인배상 I	피보험자동차의 대인사고로 제3자에게 「자동차손해배상보장법(이하 자배법)」에서 정한 대인배상액을 보상하는 의무배상책임보험(강제보험). 예시) 사망 · 후유장애(1.5억원), 상해1급(3천만원)
대인배상 II	대인보상 I을 초과하는 대인사고를 보상하는 임의배상책임보험(비강제보험)으로 일반적으로 보험금액은 무한대로 설정
대물배상	피보험자동차의 대물사고로 제3자에게 자배법에서 정한 2천만원 한도의 대물배상책임보험과 2천만원을 초과한 배상액을 보상하는 임의배상책임보험으로 구성
자기신체 사고	피보험자동차의 사고로 피보험자가 죽거나 다친 경우에 보상받는 임의보험
무보험자동차에 의한 상해	무보험자동차에 의해 피보험자가 죽거나 다친 경우에 보상받는 임의보험
자기차량 손해	피보험자동차의 파손이나 도난 등에 의한 손해를 보상받는 임의보험(단, 피보험자의 음주운전사고, 뺑소니사고, 무면허운전사고는 보험회사 면책)

자료: 실용금융(2021), 금융감독원. p.251.

한편, 자동차사고는 일상에서 자주 발생할 가능성이 있으므로 「교통사고처리특례법」에는 가해자가 자동차종합보험(단, 대인배상 II가 무한)에 가입한 경우 12대 중과실(신호위반, 과속, 음주운전 등) 교통사고, 뺑소니사고 등을 제외하고 가해자를 형사 처벌할 수 없도록 하는 특례규정을 두고 있다. 반면에 음주운전을 하다 교통사고를 일으키면 형사처벌 이외에도 자동차보험에서 큰 불이익을 받게된다. 또한 자기차량손해 담보의 보험처리가 불가하여 자신이 차량 수리비용을 전액 부담하여야 하며, 음주운전 차량 동승자가 피해를 입은 경우에는 보험금이 40% 이상 감액 지급될 수 있고, 자동차보험 갱신 시에 보험료가 크게 할증되는 등의 불이익이 있다.

 금융꿀팁 음주운전하면 받게 되는 자동차보험 불이익 7가지

음주운전을 하면 자동차보험에서 엄청난 불이익을 받게 되는 만큼 음주운전을 절대 하면 안된다.
1. 음주운전 적발만 되어도 보험료 20% 이상 할증
2. 보험료 할증 피하려 기명피보험자 변경 시 50% 이상 특별 할증
3. 음주운전 사고 시 최대 400만원 자비 부담
4. 음주운전 차량 동승자는 보험금 40% 이상 감액 지급
5. 자기차량손해 담보의 보험처리 불가
6. 형사합의금 · 벌금 등 특약 상품도 보험처리 불가
7. 다음 해 자동차보험 가입이 불가능한 경우도 발생

자료: 실생활에 유용한 금융꿀팁(2019), 금융감독원.

 03 제3보험

제3보험은 신체의 상해, 질병이나 이로 인한 간병이 필요한 상태를 보험사고로 보며, 상해보험(accident insurance), 질병보험(sickness insurance), 간병보험(long-term care insurance)으로 구분된다.

▌〈표 35〉 보험업종별 특성 비교

구분	생명보험업	손해보험업	제3보험업
보험사고	사망, 생존	금전적(재산, 배상책임) 손해	신체 상해, 질병, 간병
보험금 청구자	보험수익자	피보험자	보험수익자
보험금 지급	정액보상	실손보상	정액, 실손 모두 존재
중복보험 & 연대비례배상책임	없음	있음	실손보상보험은 있음
보험기간	정기(3년 초과)	단기(3년 이하)	단기, 장기 모두 존재

상해보험

상해보험은 피보험자가 보험기간 중에 급격하고도 우연한 외래의 사고로 신체에 상해(상해 사망 포함)가 발생한 경우에 보험금이 지급되는 보험이다. 상해보험에서 보장하는 보험사고는 상해사고이며 우연성, 외래성, 급격성 요건을 모두 충족하여야 하므로 피보험자의 신체 내부에서 기인한 사고는 보장되지 않는다. 상해보험에는 사고의 종류나 담보하는 보장항목에 따라 일반상해보험, 교통상해보험, 여행보험, 운전자보험 등이 있다.

① 여행보험

여행기간 동안에 발생 가능한 인적·물적 손해사고에 대비하는 종합보험이다. 보험기간은 여행기간 중으로 단기이지만 여행 중 발생한 상해사고로 인한 사망이나 장해 등 후유증상까지 집중적으로 보장한다. 이 밖에도 피보험자가 여행 중에 발생한 질병으로 인한 질병사망, 실손의료비 그리고 여행 중 발생한 개인배상책임손해, 휴대물품손해 등도 선별적으로 특별약관을 통해 보장할 수 있다. 가령 여행 중에 호텔의 물품을 훼손, 파손하는 경우에 '개인배상책임 특별약관'의 보험가입금액 범위 이내에서 보상받을 수 있다. 또한 여행기간 동안 가지고 다니던 고가의 카메라나 휴대품이 파손되거나 도난당하는 경우 특약가입금액 범위에서 보상받을 수 있다. 여행기간 동안 휴대품을 도난당한 경우에는 현지 경찰관서 등에서 확인서를 받아오는 것을 잊지 말아야 한다.

② 운전자보험

운전을 하다가 운전자의 잘못으로 인적·물적 손해를 입혔다면 운전자는 상대방 차량 및 운전자나 승객의 입원치료비와 위자료를 물어주어야 할 민사적 책임뿐만 아니라, 그에 따른 형사적 책임도 져야 한다. 앞서 설명한 자동차보험이 피보험자의 교통사고로 인한 민사적 책임손해를 보상하는 보험이라면 운전자보험은 형사적 책임손해를 보상하는 보험이다. 운전자보험은 교통사고에서 파생하는 형사상 책임손해, 행정상 책임손해 및 기타 비용손해를 보상한다. 운전자보험의 보편적 보장내용은 법원의 판결에 따른 벌금, 형사적 책임을 감경시키기 위해 피해자와 형사합의에 필요한 비용, 자동차 사고로 공소가 제기되어 변호사를 선임하는 경우 변호사 선임비용, 자동차 사고로 면허가 정지되거나 취소되는 경우의 위로금, 자동차사고로 인한 기타 비용 등을 포괄적으로 포함한다.

┃〈표 36〉 자동차종합보험과 운전자보험의 보장내용 비교

자동차사고 기준	자동차종합보험	운전자보험
가입대상	자동차 및 그 소유자	운전을 하는 모든 사람
의무가입	대인배상 I, 대물배상 (2천만원 한도)	임의보험
대인 및 대물 민사적배상책임	보상	무보상
피보험자의 형사적 책임	무보상	보상: 사망/부상의 형사합의금, 변호사비용, 벌금 등
피보험자의 행정적 책임	무보상	보상: 면허취소 위로금 등
피보험자의 기타 비용손해	무보상	보상: 긴급견인비용, 렌트카 비용, 차량손해위로금, 자동차보험 료 할증지원금 등
무면허, 뺑소니, 음주운전 사고의 대인·대물 배상책임	보상. 단, 사고부담금 부담 • 대인배상 I: 1천만원 • 대인배상 II: 1억원 • 대물배상(의무): 5백만원 • 대물배상(임의): 5천만원	무보상

자료: 실용금융(2021), 금융감독원. p.253.

질병보험

질병은 상해사고와는 달리 유전적 요인이나 환경적 요인, 연령, 성별 등에 따라 그 발병률이 다르다. 질병에 걸리게 되면 질병으로 인한 진단, 수술, 입원, 통원 등에 대하여 보상하는 보험이 질병보험이다. 대표적 질병보험은 실손의료보험, 암보험 등이 있다.

① 실손의료보험

실손의료보험은 국민건강보험의 보완재로서 피보험자가 질병 또는 상해로 의료기관(약국 포함)에서 입원 또는 통원치료를 받은 경우 실제 부담한 의료비를 보상하는 보험이다. 현재 판매되고 있는 대부분 실손의료보험은 갱신주기가 1년으로 매년 보험료가 갱신되며, 재가입 주기 15년으로 15년마다 보장내용이 변경될 수 있다.

실손의료보험은 과잉치료, 의료쇼핑 등의 도덕적 해이를 방지하기 위해 실제 지출한 의료비의 일부를 본인이 부담하도록 운영하고 있다. 예를 들어, 표준형 실손의료보험의 경우, 입원의료비의 80%를 보험회사가 보상하고 20%는 보험가입자가 부담한다. 또한 여러 개의 실손의료보험을 가입했다고 하여도 실제 부담한 의료비를 초과하여 보상받지 못하므로 보험계약체결 전에 중복가입 여부를 반드시 확인할 필요가 있다.

② 암보험

우리나라 사망원인 1위는 암이다. 암보험은 암으로 인한 치료자금을 중점적으로 보장하는 보험으로 대표적인 질병보험이다. 암보험은 일반적으로 암진단비, 암수술비, 암입원비 등을 보장하고 있다. 암보험의 핵심보장은 암진단비이며 치료비 경중에 따라 고액암, 소액암 등으로 구분하여 암진단비를 차등적으로 지급하고 있다. 암보험은 도덕적 해이를 방지하기 위해 일반적으로 계약일로부터 90일이 지난 다음날부터 보장을 시작하고, 1년 시점을 기준으로 보험금을 차등화하고 있다.

암보험은 다른 질병보험과 마찬가지로 일정주기로 보험료를 재산정하는 갱신형과 보험기간 동안 보험료가 일정한 비갱신형이 판매되고 있다. 암보험은 연령이 증가하면서 암에 걸릴 확률이 높아짐에 따라 보험료가 증가하므로 갱신형

암보험을 가입한 경우에는 갱신 시에 보험료가 크게 상승할 수 있음에 주의해야 한다.

▌〈표 37〉 암보험상품의 주요 보장내용

보험금	보장내용
암 진단비	암보장 개시일 이후 암으로 진단이 확정되었을 때 지급(최초 1회에 한함)
암 입원비	암보장 개시일 이후 암으로 진단이 확정되고, 암의 직접적인 치료를 목적으로 입원하였을 때 지급(3일 초과 입원일수 기준으로 총 120일 한도)
암 수술비	암보장 개시일 이후 암으로 진단이 확정되고, 그 암의 직접적인 치료를 목적으로 수술을 받았을 때 지급(수술 1회당)

간병보험

간병보험은 질병이나 상해 등으로 더 이상 일상생활을 할 수 없게 된 상태에 도달하여 타인의 간병 없이는 일상생활을 할 수 없는 상태를 보험사고로 정의하고 매일매일 발생하는 일상간병비를 보장하는 보험이다. 최근 건강보험심사평가원의 65세 이상 고령자의 분기별 입원진료비 통계에 의하면 치매입원진료비가 가장 높다. '치매국가책임제9)'가 시행되면서 치매상태가 되었을 때 진단비와 간병비를 지급하는 치매간병보험에 대한 국민적 관심이 증가하고 있다.

제3보험은 국민건강보험과 노인장기요양보험의 국가적 건강보장을 보완하고 있다. 실손의료보험, 질병보험 및 상해보험은 국민건강보험의 보완재, 치매간병보험은 노인장기요양보험의 보완재로 활용되고 있다.

▌〈표 38〉 공사연계 건강보험 체계

목적	사회보험	민영보험	
건강보장	노인장기요양보험	치매간병보험	
	국민건강보험	실손의료보험	질병 및 상해보험

---

9) 치매국가책임제는 치매문제를 개별 가정 차원이 아닌 국가 돌봄 차원으로 해결하겠다는 것으로 치매 의료비 90% 건강보험 적용, 치매지원센터 지원 등의 내용을 포함하고 있다.

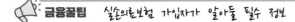

1. 보험회사별로 보험료는 상이

실손의료보험의 보장내용은 동일하지만 보험회사별로 보험료는 상이하므로, 가입 전에 회사별로 보험료를 비교해보고 가입하는 것이 좋다. 또한 온라인으로 가입하는 경우 모집수수료 등이 적어 대면채널을 통해 가입할 때보다 보험료가 저렴하다.

2. 해외 장기 체류 시에는 보험료 납입중지제도 활용

해외 근무, 유학 등으로 3개월 이상 국외에서 거주하게 되는 경우 그 기간 동안 국내 실손의료보험의 보험료를 납입중지 또는 사후환급 받을 수 있다.

3. 모바일 앱을 통한 보험금 청구도 가능

회사별로 상이하나 일정금액 이하의 보험금은 진료비 영수증 등 관련 서류를 스마트폰으로 촬영하고 보험회사별 모바일 앱 등을 이용하여 보험회사에 직접 방문하지 않고도 간편하게 청구할 수 있다.

4. 간병비, 예방접종비, 의약외품 구입비, 외모개선 목적 의료비, 일반 건강 검진비는 비보장

병원 입·통원시 치료와 무관하게 발생되는 간병비, 증명서 발급비, 예방접종비 등이나 의사의 처방이 없는 의약외품 구입비는 보장되지 않는다. 또한 성형수술과 같은 외모개선 목적의 의료비, 일반 건강검진비는 실손의료보험 보장 대상이 아니다.

자료: 실생활에 유용한 금융꿀팁(2019), 금융감독원.

보험가입채널

「보험업법」 제83조에서 보험상품의 모집을 할 수 있는 자(모집종사자)를 보험설계사, 보험대리점, 보험중개사, 보험회사의 임원(대표이사, 사외이사, 감사 및 감사위원 제외) 또는 직원 그리고 금융기관보험대리점으로 제한하고 있다. 이들 모집종사자들은 보험회사의 관점에서 보면 모두 보험상품의 판매 통로에 해당하므로 보험판매채널이라 하며 보험소비자 관점에서 보면 보험가입채널이 된다.

보험설계사

우리나라의 전통적인 보험판매채널은 보험설계사이다. 보험설계사란 보험회사, 보험대리점 또는 보험중개사에 소속되어 보험계약의 체결을 중개하는 자로 「보험업법」 제84조에 따라 금융위원회에 등록된 자를 말한다.

방카슈랑스

은행, 증권사 등에서 보험상품을 판매하는 것을 방카슈랑스라 한다. 방카슈랑스는 은행의 'Bank'와 보험의 'Assurance'를 합성한 단어로 법률상의 명칭은 금융기관보험대리점이다.

텔레마케팅

텔레마케팅은 전화 등을 이용한 통신판매수단으로 보험상품판매를 위해 보험회사가 확보한 고객데이터 베이스자료를 토대로 직접 고객에게 전화를 걸어 보험상품의 가입을 권장하는 아웃바운드(Out-bound) 채널과 인터넷, 신문을 통해 보험을 가입하려는 자발적 가입자의 전화 유입을 통해 보험계약 체결을 진행하는 인바운드(In-bound) 채널로 나누어진다.

홈쇼핑채널

최근 TV채널이 다양화되면서 홈쇼핑 채널에서도 보험상품을 판매하고 있다. 홈쇼핑채널을 통한 보험상품의 판매는 해당 채널이 진행되는 동안 보험상품에 대한 상세한 설명을 통해 보험상품의 가입을 유도할 수 있다.

온라인 보험슈퍼마켓

온라인 보험슈퍼마켓은 보험소비자가 온라인상에서 여러 보험회사 상품을 비교, 검색한 뒤 가입할 수 있는 온라인 판매채널이다. 온라인 전용상품 등에 대한 소비자 접근성 및 선택가능성을 제고하고 회사별 보험료 및 보장내용 등을 비교하여 가입경로를 안내할 목적으로 생명보험협회 및 손해보험협회가 '보험다모아(www.e-insmarket.or.kr)'를 운영 중이다.

독립보험대리점

독립보험대리점(GA: General Agency)이란 보험시장에서 특정보험사의 상품만을 판매하는 전속보험대리점(exclusive agency)의 상대개념으로서 다수의 보험사와 판매제휴를 통하여 보험계약의 체결을 대리하는 비전속보험대리점이다. 최근 보험가입 유형이 보험설계사를 활용한 전통적인 지점영업소 중심에서 GA 중심으로 변화되고 있다.

보험 가입 전 확인사항

위험 인식 및 가입목적 명확화

자신과 주변에 있는 위험을 인식하고, 우선순위를 부여하여 가장 크고 위협적인 위험부터 대비하는 것이 바람직하다. 보험은 가입목적이 명확해져야 이에 적합한 보험상품을 선택할 수 있다. 예를 들어, 상해 또는 질병에 따른 치료비용을 위해서는 실손의료보험, 가장의 경우에는 본인 사망 시 생계유지가 어려워질 수 있는 가족을 위한 종신보험 등 사망을 보장하는 보험의 가입을 우선적으로 고려할 수 있다.

보험료 수준 및 변동 여부 확인

보험료는 보험계약 체결 시 일괄 납부하는 경우도 있지만, 일반적으로 매월 납입한다. 보험은 장기상품으로 보통 10년 이상 보험료를 납부하는 경우가 일반적이므로 총 납입한 보험료합계는 상당한 금액이 되고, 보험 납입기간 중 실직 등 예기치 않은 일로 약정한 보험료가 부담이 되어 납입하지 못하면 보험계약이 중도 해지되어 손해를 볼 수 있다.

또한 갱신형보험상품을 가입한 경우에는 갱신 시마다 보험료가 상승될 수 있다. 따라서 보험료수준이 보험가입 당시뿐만 아니라 향후 보험료 납입기간에도 지속적으로 보험료 납입을 할 수 있는지를 신중하게 생각하고 가입할 필요가 있다. 보험료 납입완료 이전에 계약 해지 시에 납입한 보험료를 전혀 돌려받지 못할 수 있으므로 동일보장의 일반상품 대비 보험료, 경과기간별 해지환급금 수준 등을 확인하고, 보험가입자의 경제상황을 충분히 고려하여 가입하여야 한다.

보장내용 및 보험금 지급방식 확인

보험 가입 시에는 보험사고 발생 시 얼마의 보험금을 받을 수 있는지, 보험금을 지급하지 않는 사유를 꼼꼼히 확인하여야 한다. 또한 보험금의 지급방식이 정액인지, 실손인지도 확인해야 한다. 만약 2개 이상의 동일한 실손상품을 가입할 경우에 손실액 한도로 각 계약의 보상책임액에 비례하여 보험금으로 받을 수 있으므로 불필요한 보험료 납입이 발생하지 않도록 중복가입 여부를 가입 전에 확인하여야 한다.

한국신용정보원이 운영 중인 '내보험 다보여'(https://ins.credit4u.or.kr) 서비스를 통해 본인이 가입한 모든 보험상품 관련 정보를 조회해보자. 금융소비자 정보포털 파인을 통해서도 바로 연결이 가능하다. 본인인증절차를 거치면 본인이 계약자로 된 전체 보험계약 건수와 그 중 유효한 보험계약 건수, 보험료 납부현황을 한눈에 확인할 수 있다. 또한 가입한 보험의 유사 연령대 대비 과부족 보장 등을 확인하는 등 맞춤형 정보를 제공받을 수 있다.

자료: https://ins.credit4u.or.kr

비용, 수수료 등 공제금액 확인

저축성보험에 가입할 경우 납입한 보험료 중에서 보험모집 등에 활용되는 비용과 각종 수수료, 사망보장을 위한 위험보험료 등이 차감된 금액만이 적립 또는 투자된다. 따라서 저축성보험은 은행의 예·적금과 달리 가입초기에 상대적으로 납입보험료 대비 만기 또는 해지시점에서 돌려받는 금액인 환급률(환급금÷납입보험료 합계)이 낮다. 그러므로 보험가입 전에 상품설명서 등에 기재되어 있는 수수료 등 공제금액을 정확히 확인하고 저축성보험의 가입 여부를 결정하여야 한다.

계약전 알릴의무(고지의무) 및 계약후 알릴의무(통지의무) 준수

보험가입 시에는 보험계약자 또는 피보험자가 보험계약에 영향을 미칠 수 있는 직업, 현재 및 과거의 병력 등 중요한 사실을 보험회사에 알려야 할 의무가 있다. 이를 계약전 알릴의무(고지의무)라고 한다. 이는 보험계약 시에 작성하는 청약서의 질문사항에 대하여 사실대로 기재하고 자필서명(전자서명 포함)하여야 성실히 이행하게 되며, 보험계약자가 보험설계사에게 구두로 알린 사항은 효력이 없음에 유의해야 한다. 만일, 고의 또는 중대한 과실로 중요한 사항에 대하여 사실과 다르게 알린 경우, 보험회사는 계약을 해지하거나 보장을 제한할 수 있다.

계약전 알릴의무와 별개로 계약체결 후에 사고발생위험이 현저하게 변경 또는 증가된 사실을 알았을 때에는 지체없이 그 내용을 알릴 의무가 있다. 이를 계약후 알릴의무(통지의무)라고 한다. 가령 상해보험에 가입한 후에 일반사무직원에서 운전기사 등으로 직업이나 직무가 변경된 경우에 자동차사고 확률 등이 높아지므로 그 사실을 보험회사에 알려야 한다. 계약후 알릴의무를 이행하지 않은 상태에서 보험사고 발생 시에 변경 전후의 보험료비율에 따라 보험금이 삭감 지급될 수 있다.

보험정보 비교

보험 가입 시 다양한 상품을 직접 비교해 보면 많은 도움이 된다. 금융소비자 정보포털 파인─생명보험협회 및 손해보험협회 공시실─상품비교공시 메뉴에서 상품별로 보장내용, 보험료, 보험가격지수 등 주요 특징을 비교해 볼 수 있다. 단, 비교공시 사항은 표준조건에 따른 예시이므로 실제 가입 조건에 따라 달라질 수 있음에 유의해야 한다. 또한 보험회사의 재무 및 경영상태, 불완전판매비율, 보험금 부지급률, 소송, 지급여력비율 등의 지표를 확인하여 보험회사 선택에 활용할 수 있다.

보험에 가입하고자 할 때는 아래 5가지 사항을 꼭 체크해야 한다.

1. 계약을 장기간 유지할 가능성

보험상품은 장기간 유지를 전제로 하여 설계되었기 때문에 계약초기에 해지할 경우 원금보다 적은 해지환급금을 받게 되는 등 불이익이 클 수 있다.

2. 위험보장/장기 목돈마련(연금수령)

보험상품은 크게 '위험보장'을 주된 목적으로 하는 보장성보험*과 목돈마련이나 노후생활 대비 자금마련을 주된 목적으로 하는 저축성보험**으로 구분된다.

 * 보장성보험은 보험사고 발생 시 보험금이 지급되며, 만기시에 환급받는 금액이 납입보험료보다 적거나 없을 수 있음
** 저축성보험은 만기시에 환급받는 금액이 납입보험료 보다 많으나, 보장성보험에 비해 보장내역이 상대적으로 제한되어 있고 사고보험금도 적을 수 있음

3. 보험료

보험상품은 회사별로 판매하는 상품의 종류도 다양할 뿐만 아니라 보험설계사, TM(텔레마케터), 온라인 등 판매채널별로 보험료가 크게 차이가 난다.

4. 보장범위와 보험금 지급제한 사유

보험에 가입할 때 보험료만큼 중요한 고려사항이 보장범위와 보험금 지급제한 사유이다. 보험가입 전에 해당상품의 보장범위와 보험금 지급제한 사유를 약관을 통해 꼼꼼히 살펴볼 필요가 있다.

5. 갱신형/비갱신형

보험상품은 일정기간이 지난 후 납입보험료가 변경되는 "갱신형"과 한 번 가입하면 계약종료시까지 납입보험료가 동일한 "비갱신형"이 있다.

자료: 실생활에 유용한 금융꿀팁(2019), 금융감독원.

핵심내용 정리

• 위험관리
  – 위험보유, 위험회피, 위험감소, 위험전가

• 보험의 성립요건
  – 대수의 법칙, 수지상등의 원칙, 공평의 원칙, 이득금지의 원칙

• 보험료의 구성: 영업보험료 = 순보험료 + 부가보험료
                순보험료 = 위험보험료 + 저축보험료 + 부가보험료

• 보험계약자, 피보험자, 보험수익자

• 보험금
  – 정액보상, 실손보상

• 보험기간
  – 보험금 지급 책임이 있는 기간, 제1회 보험료를 받은 시점부터 시작

• 사회보험: 국민건강보험, 산업재해보상보험, 고용보험, 국민연금보험, 노인장기요양보험
  민영보험: 생명보험업, 손해보험업, 제3보험업

• 보험가입 채널
  – 보험설계사, 보험대리점, 보험중개사, 보험회사의 임직원, 금융기관보험대리점

• 보험에 가입시 고려사항
  – 자신에게 맞는 보험, 보장종목과 보장내용, 보험료 갱신 여부, 보험금의 지급방식(정액 또는 실손), 보험기간, 계약전 알릴의무(고지의무) 준수

CHAPTER

08

노후와 연금

금융과 사회
금융으로 세상읽기

SECTION 01 초고령사회
SECTION 02 연금의 이해
SECTION 03 은퇴연금의 설계

초고령사회

고령화

  우리나라는 평균수명 연장과 급격한 출산율 저하로 인구 고령화 속도가 매우 빠르게 진행되고 있다. 생산인구 감소와 저성장, 사회적비용 증가 등 다양하게 발생하는 고령화 이슈는 우리 사회가 해결해야 할 중요한 정책과제이다. 2019년 출생 통계에 따르면 합계출산율[10]은 1970년 4.53명에서 꾸준히 감소하여 2019년 0.92명으로 출생 통계 작성 이래 최저치를 기록하였다. 또한 남녀 평균수명은 1970년에 62.3세였으나 2019년에는 83.3세에 달해 49년 동안 약 20년이 증가하였다. 출산율 악화와 평균수명 증가에 따른 인구자산 변화는 미래 사회의 변화를 예측하는 데 중요한 지표가 된다. 인구자산의 연령별 구성은 아래와 같이 구분할 수 있다.

> 총 인구 = 유소년인구(0~14세 범위의 사람 수)
>   + 생산연령인구(15~64세 범위의 사람 수)
>   + 고령인구(65세 이상 사람 수)

---

10) 가임여성(15~49세) 1명이 평생 동안 낳을 것으로 예상되는 평균 자녀 수를 말한다.

이때 총 인구 중 65세 이상의 고령인구 구성비가 7% 이상인 사회를 고령화사회(aging society), 14% 이상이면 고령사회(aged society), 20% 이상인 경우 초고령사회(super-aged society)라고 한다. 우리나라는 2000년에 고령화사회를 거쳐 2017년에는 고령사회로 진입하였으며, 2021년 65세 이상 고령인구는 우리나라 인구의 16.5%이다. 2025년에 고령인구 구성비는 20.3%에 이르러 초고령사회에 진입하고, 2060년에 43.9%가 될 것으로 예측된다. 선진국은 고령사회에서 초고령사회로 진입하는 데 약 30년이 걸린 반면에 우리나라는 8년 만에 초고령사회가 될 것으로 예상된다.

◎ 〈그림 51〉 65세 이상 고령인구 비중

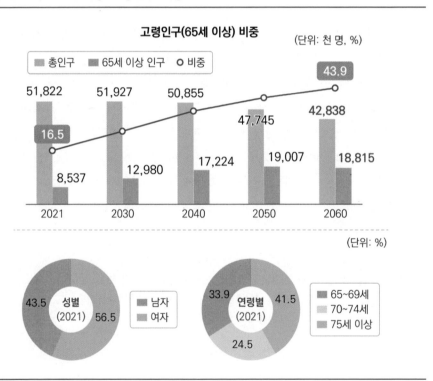

자료: 2021 고령자통계, 통계청(2021).

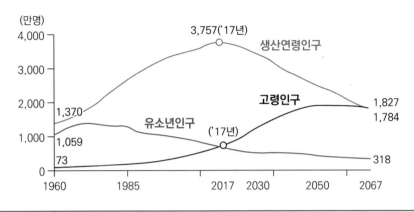

자료: 장래인구특별추계: 2017~2067년(보도자료, 2019. 3. 28.), 통계청. 금융감독원(2021) 재인용.

뿐만 아니라 중위연령(median age)[11]도 2017년 42.0세에서 2031년 50.0세를 넘어 2067년 62.2세까지 증가할 것으로 추정된다. 우리나라의 인구 피라미드 구조는 이러한 추세에 따라 점차적으로 60세 이상이 두터워지는 역삼각형 구조로 변화하고 있다.

기대수명, 건강수명, 행복수명

의료기술 등의 발달로 평균수명이 증가하더라도, 막연하게 오래 생존한다는 것보다는 건강하고 풍족하게 오래 살아간다는 것에 더 큰 의미를 둘 수 있다. 수명은 기대수명과 건강수명, 행복수명으로 구분하여 설명할 수 있다. 기대수명 (life expectancy at birth)이란 특정 연도의 0세 신생아가 앞으로 생존할 것으로 기대되는 평균 생존연수를 말한다. 이는 국가별 수명을 비교할 때 일반적으로 사용되는 국민의 평균수명 개념이다. 예컨대, 2025년도 우리나라의 기대수명이 84.2년이라고 하면 이는 2025년 출생자가 앞으로 생존할 평균기간이 84.2년이라는 의미이다. 한편 기대여명(life expectancy)은 특정 연도에 특정 연령의 사람이

---

11) 특정집단의 전체 인구를 연령 순서로 나열할 때에 한가운데 있게 되는 사람의 연령을 말한다.

앞으로 생존할 것으로 기대되는 평균 생존연수를 말한다.

특정집단의 기대수명과 기대여명은 그 특정집단에 대해 작성한 생명표(life table)[12]에서 확인할 수 있다. 생명표는 국가 보건 및 의료정책 등에 활용할 목적으로 통계청에서 매년 작성하고 있으며, 이를 통해 성별·연령별 기대여명이 발표된다. 2019년 기대수명은 83.3년(남자 80.3년, 여자 86.3년)이며, 기대수명의 남녀 격차는 1985년의 8.6년을 정점으로 하여 감소하는 추세이다.[13]

◎ 〈그림 53〉 성별 기대수명 및 남녀 차이 추이

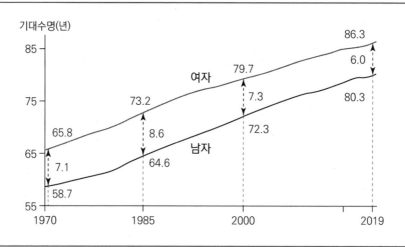

자료: 2019년 생명표(보도자료, 2020. 12. 1.), 통계청.

최근에는 건강하고 행복하게 오래 사는 것을 중요시하는 웰빙문화의 확산으로 '건강수명'과 '행복수명'에 대한 관심이 높아지고 있다. '건강수명'이란 기대수명에서 질병이나 부상 등으로 인해 활동하지 못하는 기간을 뺀 기간으로, 삶의 질을 반영하여 실제 일상생활 등을 영위하며 건강하게 생존해 있는 기간을 나타내는 지표이다. 일반적으로 건강수명은 기대수명보다 10년가량 더 짧은 것으로 조사되고 있다. '행복수명'이란 행복한 노후생활을 지표화한 것으로, 노후생활에 필요한 핵심요소를 건

---

12) 과거 특정집단의 연령별 사망 경험데이터를 기초로 하여 연령별 사망확률 그리고 생존확률을 산출하여 작성한 통계표로서 일반적으로 남녀로 구분하여 제공된다.

13) 통계청, 2019년 생명표(보도자료, 2020. 12. 1.)

강수명, 경제수명, 활동수명, 관계수명 등 4개 영역으로 구분한 후 각 영역에 대한 객관적 준비 수준, 주관적 만족도, 준비계획 등을 측정하여 '행복수명지표'[14]를 산출한다. 이에 대해 실제 조사한 결과 우리나라의 평균 행복수명은 74.6세로 응답자의 평균 기대수명 83.1세보다 8.5세 정도 낮게 나타났다. 이는 노후생활 준비가 부족하여 노후에 평균 8.5년은 행복한 삶을 유지하기 어렵다는 것을 의미한다(통계청, 2019).

노후에 직면할 수 있는 주요 위험

질병위험

생노병사(生老病死)의 일생을 살아가는 과정에서 고령자가 직접적으로 직면하게 되는 첫 번째 위험은 바로 질병위험이다. 통계청 자료에 의하면 2020년도 65세 이상 고령자 10만 명당 사망원인은 암(733.3명), 심장질환(331.9명), 폐렴(257.5명), 뇌혈관질환(225.3명) 순으로 나타났다. 암, 뇌혈관질환에 의한 사망은 감소하는 추세이나, 알츠하이머병에 의한 사망은 계속 증가하여, 2020년 처음으로 고령자 사망원인 5위로 나타났다.

▎〈표 39〉 2020년도 사망원인별 사망률

(단위: 명/인구 10만 명)

구분	1위	2위	3위	4위	5위
65세 이상 고령인구(A)	암(악성신생물) (733.3)	심장질환 (331.9)	폐렴 (257.5)	뇌혈관질환 (225.3)	알츠하이머 (91.4)
전체인구(B)	암(악성신생물) (160.1)	심장질환 (63.0)	폐렴 (43.3)	뇌혈관질환 (42.6)	자살 (25.7)
비율(A/B)	4.6배	5.3배	5.9배	5.3배	-

자료: 2021 고령자 통계, 통계청(2021).

---

14) 건강수명은 은퇴 이후 신체적, 정신적 건강을 기반으로 행복하게 살아갈 수 있는 기간, 경제수명은 은퇴 이후 경제적 안정을 기반으로 하여 행복하게 살아갈 수 있는 기간, 활동수명은 은퇴 이후 사회적 활동을 기반으로 하여 행복하게 살아갈 수 있는 기간 그리고 관계수명은 은퇴 이후 원만한 인간관계를 기반으로 하여 행복하게 살아갈 수 있는 기간을 말한다.

질병위험은 질병 자체만으로도 큰 위협이지만 질병을 치료하는 과정에서 발생하는 치료비 부담도 매우 클 수 있다. 통계청의 고령자 통계 자료에 의하면 65세 이상 고령자 1인당 진료비는 계속 증가하여 2019년 기준 480만원이며, 이는 전체 인구의 1인당 진료비에 비해 약 3배 높은 수준이다. 또한 초고령사회로 진입하게 되면 전체 인구 진료비 대비 고령자 진료비 비중이 더욱 증가하여, 고령자 개인별 진료비 부담뿐만 아니라 국민건강보험의 재정부담도 가중될 것으로 예상된다.

◎ 〈그림 54〉 고령자 진료비 및 본인부담 의료비(2019년 기준)

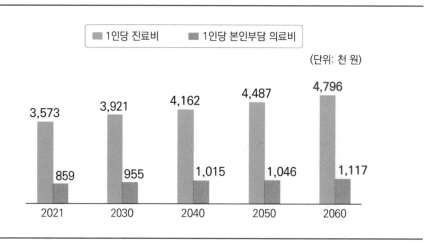

경제적 위험

노후에는 경제활동 참여와 지속적인 소득창출이 어렵기 때문에 경제적 준비 없는 장수는 축복이 아닌 재앙으로 다가올 수 있다. 의료비, 간병비, 생활비 등 다양한 비용은 지속적으로 발생하지만 이에 대한 대비가 미비하면 경제적 위험에 직면하게 된다. 은퇴 이후 필요한 노후생활비는 개인별 건강상태 그리고 거주 지역의 물가 등에 따라 차이를 보인다. 국민연금공단 국민연금연구원이 실시한 중고령자 대상 국민노후보장 패널 조사(2019년)에 따르면, 중고령자가 노후에 필요로 하는 최소 생활비는 개인기준 117만원, 부부기준 195만원이고, 적정생활비는 개인 기준 165만원, 부부기준 268만원으로 나타났다. 상대적으로 물가수준이 높은 서울은 최소 생활비가 개인기준 137만원, 부부기준 224만원에 달했다.

통계청의 자료[15])에 따르면 2020년 55~79세 고령자 중 연금수령자 비율은 48.4%이며 월평균 각종 연금수령액은 64만원으로, 노후생활을 위해 필요한 최소 금액과 큰 차이를 보였다. 고령자의 68.1%가 계속 일하기를 희망하는데, 그 이유로는 생활비를 벌기 위함이 58.7%로 나타났다. 또한 계속 일하기를 희망하는 연령은 평균 73세까지로 조사되었는데, 이는 노후에 직면할 수 있는 경제적 위험과 관련된 것으로 볼 수 있다.

OECD의 「Pensions at a Glance 2017」 보고서에 의하면 한국의 노인빈곤율(oldage income poverty ratio)[16])은 45.7%로 OECD 평균인 12.5%의 약 3.6배로서 회원국 중 최고 수준으로 나타났다. 2019년 보고서 기준 노인빈곤율은 43.8%로 OECD 평균인 13.5%의 약 3.2배로 다소 개선되었지만, 최근 10년간 OECD 회원국 중 1위를 차지하고 있다. 이러한 노인빈곤 문제를 해소하기 위해 우리나라는 소득과 재산이 일정 수준 이하인 65세 이상 고령자를 대상으로 매월 일정액의 생활연금을 지급하는 기초연금제도를 2008년부터 시행하였으며, 국가의 재정부담은 갈수록 가중될 것으로 보인다.

---

15) 통계청, 2021년 5월 경제활동인구조사 고령층 부가조사 결과(보도자료, 2021. 7. 27.)

16) 65세 이상 고령자 인구 중에서 국민 전체의 중위가처분소득(national median disposable household income)의 50% 수준에도 못 미치는 소득수준에 있는 고령자 수의 비율로 정의된다.

연금의 이해

다층연금제도

우리나라의 연금제도는 공적연금제도와 사적연금제도로 나눌 수 있다. 공적연금제도는 국민연금제도와 특수직역연금제도(공무원연금제도, 군인연금제도, 사립학교교직원연금제도, 별정우체국연금), 그리고 100% 조세에 의해 운영되는 기초연금제도가 있다. 사적연금제도로는 퇴직연금제도, 개인연금제도, 주택연금제도, 농지연금 등이 있다.

우리나라의 연금제도는 3층 보장체계로서 <표 40>과 같이 다층노후소득보장체계를 완비하고 있다. 1층 연금제도는 소득이 있는 국민이 의무적으로 가입해야 하는 국민연금이고, 2층 연금제도는 국민연금과는 별도로 노사합의로 가입하는 퇴직연금, 3층 연금제도는 개인이 자발적으로 준비하는 개인연금이다. 이러한 연금자산을 종합적으로 연계하여 준비하면 일정 수준 이상의 노후생활을 유지할 수 있게 된다. 3층 연금체계는 모두 정기적으로 약정한 보험료(기여금)를 납입해야 하는 부담원칙이 적용된다. 기초연금제도는 보험료를 납입할 수 없는 열악한 경제 환경으로 노후에 대한 준비가 미비한 65세 이상 고령자를 국가가 구제하기 위한 노후복지제도로 0층 연금제도라고 한다.

┃〈표 40〉 우리나라 다층연금체계

구분			근로소득자	자영업자	공무원/교직원/군인/별정우체국직원
사적연금	3층보장체계	3층	• 개인연금(연금저축) • 개인형퇴직연금(개인형 IRP)		
		2층	퇴직연금	–	특수직역연금
		1층	국민연금(무소득자도 임의가입이 가능함)		
공적연금	0층 (공적부조)		기초연금(65세 이상 소득하위 약 70% 국민)		

자료: 실용금융(2021), 금융감독원. p.277.

위와 같은 다층적 연금제도가 실질적으로 노후소득을 보장하기 위해서는 국민들은 가입가능한 기간 동안 해당 연금제도에 지속적으로 보험료(부담금)를 납입하고 국가나 금융회사는 그 적립금을 효율적으로 운영해야 한다. 은퇴 이후에 수령하는 연금총액은 은퇴 소득의 약 70~80% 수준이 바람직하다. 선진국의 퇴직 후 연금소득대체율(개인의 생애평균소득 대비 연금액의 비율)은 약 75% 수준이지만, 우리나라의 경우는 이에 크게 미치지 못하는 수준이다.

국민연금제도

국민연금은 국민의 노령, 장애 또는 사망에 대하여 연금급여를 지급함으로써 국민의 생활안정과 복지증진에 이바지하는 것을 목적으로 1988년에 시행된 대표적인 사회보험제도이다. 국민연금제도의 설정과 운영에 필요한 사항은 「국민연금법」에 근거한다. 국민연금은 소득이 있는 시기에 보험료를 납입하면 노후에 매월 연금으로 지급받는 노령연금을 기본으로 하고 있다. 이는 매년 물가수준을 반영하여 조정되고 생존하는 동안 지급되는 종신연금(life annuity)으로 설계되어 있다. 가입 기간이 10년 이상이고 만 60세 이상이면 매월 노령연금을 수령할 자격이 주어진다. 국민연금은 만 60세를 경계점으로 보험료 납입의무가 해제되고 급여수급권이 발생하는 구조이며 건강보험, 고용보험, 노인장기요양보험료와 마찬가지로 본인부담금은 전액 소득공제 대상이다.

|〈표 41〉 노령연금 수급가능연령

출생연도	53~56년생	57~60년생	61~64년생	65~68년생	1969년 이후
노령연금	61세	62세	63세	64세	65세
조기노령연금	56세	57세	58세	59세	60세

자료: 국민연금공단(https://www.nps.or.kr)

가입대상은 국내에 거주하는 18세 이상 60세 미만 국민이며, 크게 사업장가입자, 지역가입자, 임의가입자 등으로 나뉜다. 정기적인 소득이 있으면 소득의 원천에 따라 아래의 사업장가입자 또는 지역가입자가 된다.

- 사업장가입자: 1인 이상의 근로자를 사용하는 사업장의 근로자와 사용자를 말한다. 보험료는 근로자와 사용자가 근로자의 기준소득월액의 4.5%씩 총 9%를 만 60세에 도달할 때까지 매달 납입한다.
- 지역가입자: 사업장가입자가 아닌 사람은 당연히 지역가입자이다. 주로 근로자를 사용하지 않는 자영업자가 대상이며 개별적으로 신고한 기준소득월액의 9%를 만 60세에 도달할 때까지 매달 납입하여야 한다.
- 임의가입자: 근로소득, 사업소득 등 소득이 없어 사업장 및 지역 등 당연가입대상이 아니지만 본인의 선택에 의해 국민연금공단에 신청하여 가입한 사람을 말한다. 예컨대 전업주부는 소득이 없으므로 당연가입자가 아니지만 본인이 신청하는 경우 가입이 가능하고, 보험료 수준은 전체 지역가입자의 기준소득월액의 중위소득 이상으로 본인이 소득수준을 결정하여 9%를 만 60세에 도달할 때까지 매달 납입할 수 있다.

사업장가입자를 제외한 가입자는 매월 만 60세 이전까지 보험료를 꾸준히 납부하기 어렵다면 납부예외를 신청하고 미납한 보험료를 차후에 한꺼번에 납입하여 미납기간을 가입기간으로 인정받는 추후납입제도를 활용할 수 있다. 또한 경력단절 전업주부의 경우는 임의가입자로 전환하여 가입기간을 연장할 수 있으며, 임의가입자는 의무가입대상이 아니기 때문에 본인이 원하는 시점에 언제든지 탈퇴할 수 있다.

평균수명이 급격히 늘어나고 생산가능인구는 감소하는 상황에서 국민연금 수급개시 연령을 점차 늦추고는 있지만, 제도도입 초기에 '저(低)기여－고(高)급여' 설계로 인해 연금재정의 고갈 우려가 지속 제기되고 있다. 국민연금제도의 지속가능성을 위해서는 연금급여 재정수지가 장기적으로 균형을 유지할 수 있는 방안을 마련할 필요가 있다.

국민연금 테크

학생도 주보도 가입 러시... 120만명 '국민연금 테크'
노후 대비해 수령액 늘리기 위해 임의가입 38만 · 추후납부 11만,
퇴사 후 계속 가입도 55만명

기업체 부장인 A씨는 고교 3학년인 자녀가 수능시험을 마치면 선물로 국민연금에 가입시켜 주는 것을 고려하고 있다. 국민연금에 일찍 가입하면 은퇴 후 연금 수령액이 크게 늘어나기 때문이다. 100세 시대 다른 어떤 선물보다 낫겠다고 생각한다고 했다. 가정주부인 B씨도 노후 대비를 위해 얼마 전 10년치 국민연금 보험료를 한꺼번에 냈다. 수명이 늘어나고 노후 생활에 대한 걱정이 커지면서 민간 연금 상품보다 보장 수준이 높은 국민연금이 인기를 끌고 있다.

15일 국민연금공단과 보건복지부에 따르면 A씨와 B씨 사례처럼 국민연금을 더 받기 위한 재테크, 이른바 '국민연금테크'에 나서는 사람이 크게 늘어 올 6월 말 기준 120만 명에 육박한 것으로 나타났다.

국민연금 가입 기간을 늘리기 위해 만 60세 이후에도 보험료를 계속 내는 '임의계속가입자'가 55만 2,009명으로 가장 많았다. 가입 기간이 길수록 수급액이 더 많아지는 구조 때문이다. 학생 가정주부 등 직장에 다니지 않아 국민연금에 가입할 의무가 없는데도 보험료를 내는 '임의가입자'는 38만 4,144명으로 파악됐다. 이 중 만 18~19세 가입자는 3921명에 이른다.

국민연금 납부 예외 기간 보험료를 나중에 내는 추후납부 신청자는 올 상반기 11만 3,854명에 달했고, 일시금으로 받았던 연금을 반납한 사람은 8만 6,921명으로 집계됐다. 연금을 받는 시점을 늦춰 수급액을 늘리는 연기연금 신청자도 1만 4,318명에 달했다. 국민연금 테크에 나서는 사람이 늘어나는 것은 국민연금의 수익비(낸 보험료 총액의 현재 가치 대비 받는 연금의 현재 가치)가 그만큼 높기 때문이다. 국민연금공단 관계자는 "사적 연금의 수익비가 0.9 정도인 데 비해 국민연금은 연령에 따라 최대 2.8배에 이른다"고 말했다.

자료: 한국경제(2021.11.15.).

퇴직연금제도

　　퇴직연금제도는 근로자의 안정적인 노후생활 보장을 목적으로 근로자의 퇴직금 재원을 금융회사인 퇴직연금사업자에 위탁하여 외부에서 운용하다가 퇴직자에게 일시금 또는 연금으로 지급하는 제도이다. 퇴직연금제도에는 확정급여형 퇴직연금제도, 확정기여형 퇴직연금제도 및 개인형 퇴직연금제도가 있다. 근로자를 고용한 사용자는 이들 중 1개 이상의 제도를 설정하여 운영해야 한다. 근로자는 재직 중 확정급여형, 확정기여형 중 본인이 선택할 수 있고, 퇴직 후에는 일시금 또는 연금 형태 중 선택하여 수령할 수 있다. 연금으로 수령하는 경우 퇴직자는 55세 이상이고 퇴직연금제도 가입기간이 5년 이상이어야 하며 연금은 최소 10년 이상 분할 수령하여야 한다. 이 경우 퇴직일시금으로 수령하는 경우보다 퇴직소득세 30% 감면 혜택을 받을 수 있다.

◎ 〈그림 55〉 퇴직연금제도

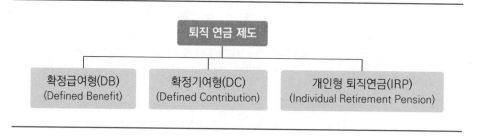

확정급여형퇴직연금제도(DB: Defined Benefit retirement pension plan)

　　가입자인 근로자가 받을 퇴직급여의 수준이 사전에 결정되며, 기업의 부담금은 적립금의 운용실적에 따라 달라지는 제도이다. DB형은 운용의 책임은 회사에 있으므로 근로자는 퇴직금의 투자나 관리에 직접적으로 관여하지 않아도 되며, 퇴직금 수준이 미리 확정되어 있으므로 안정적으로 퇴직금 수령이 가능하다.

◎ 〈그림 56〉 확정급여형 제도의 개요

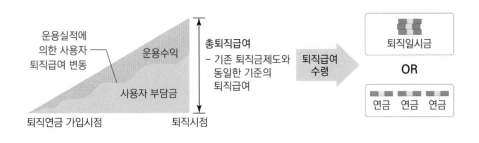

자료: 근로복지공단 퇴직연금 홈페이지(www.pension.kcomwel.or.kr)

확정기여형퇴직연금제도(DC: Defined Contribution retirement pension plan)

DC형은 사업장(기업)의 부담금(연간 임금총액의 1/12)이 사전에 확정되며, 근로자가 직접 적립금 운용상품을 선택하고 운용의 책임과 결과도 근로자에게 귀속되는 제도이다. DC형의 특징은 근로자의 투자성향을 고려하여 다양하게 운용이 가능하고, 운용의 책임은 근로자에게 있으므로 적립금 운용 결과에 따라 발생한 수익 또는 손실이 반영되어 퇴직급여가 변동될 수 있다. 또한 회사가 적립하는 부담금 외에 가입자의 추가부담금 납입이 가능하며, 이때 근로자 추가부담금의 일부 세액공제 혜택이 주어진다.

◎ 〈그림 57〉 확정기여형 제도의 개요

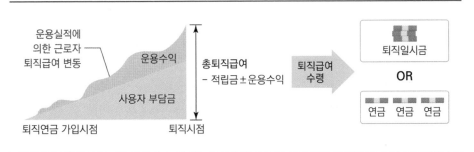

자료: 근로복지공단 퇴직연금 홈페이지(www.pension.kcomwel.or.kr)

개인형퇴직연금제도(IRP: Individual Retirement Pension plan)

개인형퇴직연금제도는 가입자가 선택에 따라 가입자가 납입한 일시금이나 사용자 또는 가입자가 납입한 부담금을 적립·운용하기 위하여 설정한 퇴직연금제도로서 급여의 수준이나 부담금의 수준이 확정되지 않은 퇴직연금제도이다. 이 제도의 특징은 IRP 해지시까지 소득세 납부가 연기되는 과세이연 혜택을 받을 수 있다. 퇴직연금(DB/DC)도입 기업체 근로자는 개인형퇴직연금 계좌를 개설하여 추가납입도 가능하다. 특례로 상시 10명 미만의 근로자를 사용하는 사업장의 경우 근로자의 동의나 요구에 따라 개인형퇴직연금을 설정할 수 있다.

◎ 〈그림 58〉 개인형 제도의 개요

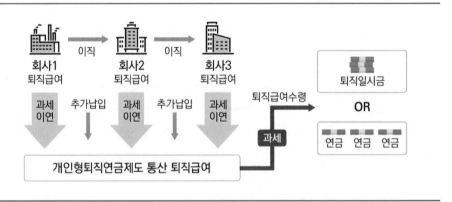

자료: 근로복지공단 퇴직연금 홈페이지(www.pension.kcomwel.or.kr)

개인연금제도

개인연금제도는 국민연금, 공무원연금, 퇴직연금제도와 함께 노후대비를 위해 1994년에 도입된 연금제도이다. 개인연금제도는 개인이 납입하는 금액(납입액)에 세제혜택을 부여하는 세제적격 개인연금(연금저축상품)과 여기에 해당하지 않는 세제비적격 개인연금(연금보험상품)으로 나뉜다. 개인연금제도의 세제혜택은 <표 42>와 같이 세액공제(납입액의 일정비율에 해당하는 금액을 근로소득세 등에서 공제)가 제공된다. 적립기간 중 납입한 금액에 대해 세제혜택을 받은 만큼 연금을 수령할 때는 연금소득세를 과세한다. 다만 연금수령 시 비교적 낮은 세율의 연금소득세(3.3~5.5%)를 부과하는 반면, 일시금으로 수령하면 '세액공제를 받은 총 납입액과 연금저축계좌의 운용실적에 따라 증가된 금액의 합계액'에 대해 기타소득세(주민세 포함 16.5%)가 부과된다.

▌〈표 42〉 연금저축상품 관련 세액공제

구분	세부 내용		
종합소득 (근로소득)	4,000만원 이하 (5,500만원 이하)	4,000만원 초과 (5,500만원 초과)	10,000만원 초과 (12,000만원 초과)
납입 한도	연 1,800만원		
세액공제대상 납입한도	연 400만원		연 300만원
	50세 이상 가입자에 대해 연 600만원 (2020~2022년 만 3년간 한시적 적용)		
세액 공제율	15% (주민세 포함 16.5%)		12% (주민세 포함 13.2%)

자료: 금융감독원 통합연금포탈(http://100lifeplan.fss.or.kr)

연금저축상품은 생명보험회사, 손해보험회사, 은행, 증권회사 등이 판매할 수 있다. <표 43>와 같이 은행에서 운용하는 연금저축신탁, 보험회사에서 운용하는 연금저축보험 그리고 자산운용회사에서 운용하는 연금저축펀드로 구분된다. 연금저축보험은 금리연동형으로 운영되고 최저보증이율이 있으며 예금자보호제도 또한 적용된다. 종신연금은 생명보험회사만 판매하며 생명보험회사 이외의 금융회사는 확정연금만 판매할 수 있다.

연금저축펀드계좌는 원금손실 가능성이 있는 집합투자증권을 운용하는 계좌이므로 예금자보호제도는 적용되지 않는다. 하지만 하나의 계좌 안에서 여러 펀드, ETF 등에 분산투자할 수 있고, 금융시장의 동향에 따라 주식형펀드, 채권형펀드, 혼합형펀드 등 투자대상 간 전환도 비교적 자유로워 적극적인 적립금 운용이 가능하다.

참고로 연금보험은 생명보험회사에서 취급하는 저축성보험이고 납입하는 보험료에 대한 세액공제 등의 세제혜택이 없다. 그러나 예외적으로 보험료를 한 번에 납입하는 일시납 연금보험은 1억원을 한도로, 그리고 매월 보험료를 납입하는 월납 연금보험은 매월 150만원을 한도로 10년 이상 유지하면 저축성보험 차익[17]에 대해 모두 비과세된다. 이러한 이유로 전업주부와 같은 소득이 없는 사람은 연금저축보다는 연금보험에 가입하는 것이 절세에 유리하다고 할 수 있다. 근로소득이 없으면 세액공제 혜택을 받지 못하며 연금저축상품의 경우 발생한 수익에 대해 연금소득세가 부과되지만, 연금보험은 보험차익 비과세 혜택을 받을 수 있기 때문이다.

▮〈표 43〉 연금저축상품 종류 및 특성

구분	은행	자산운용회사	생명보험회사	손해보험회사
상품구분	연금저축신탁	연금저축펀드	연금저축보험	연금저축보험
주요 판매회사	은행	증권사, 은행, 보험사	증권사, 은행, 보험사	증권사, 은행, 보험사
납입 방식	자유적립식	자유적립식	정기납입	정기납입
적용 금리	실적배당	실적배당	공시이율	공시이율
연금수령방식	확정기간형 (기간제한 없음)	확정기간형 (기간제한 없음)	확정기간형, 종신형	확정기간형 (최대 25년까지)
원금보장	비보장*	비보장	보장	보장
예금자보호	보호	비보호	보호	보호

* 2017년까지 가입한 연금저축신탁은 원금보장이었으며, 2018년부터는 신규판매를 중단.
자료: 금융감독원 통합연금포털(http://100lifeplan.fss.or.kr)

---

17) 만기환급금 또는 중도해지환급금과 납입한 보험료 총액과의 차이를 말한다.

살펴보기 공적연금과 사적연금의 차이

공적연금(국민연금)과 사적연금(퇴직연금, 개인연금 등)은 도입목적 혹은 판매목적이 다르기 때문에 아래와 같은 차이가 있다. 첫째, 국민연금은 국민의 노후생활을 실질적으로 보호하는 것이 도입 목적이므로 지급되는 연금액은 매년 물가상승률을 반영하여 조정된다. 그러나 사적연금은 물가상승률을 보험료와 급여에 반영하는 것이 현실적으로 어렵고 불확실하기 때문에 이를 반영하지 못한다. 둘째, 국민연금은 근본적으로 평생 동안 노후생활자금을 제공하는 종신지급형으로 설계하지만, 사적연금은 연금수급자의 성향에 따라 연금수령방법을 선택할 수 있다. 셋째, 사적연금은 보험료 납입기간 중에 혹은 연금 수령 이전에는 계약을 언제든지 해지할 수 있다. 그러나 국민연금과 같은 공적연금은 대부분 가입자 임의로 중도 해지하는 것이 불가능하다.

기초연금제도

기초연금이란 국민연금에 가입하지 못했거나 가입했더라도 가입기간이 짧아 충분한 연금을 받지 못하는 노인들을 위해 도입된 연금제도이다. 기초연금은 만 65세 이상이고 대한민국 국적을 가지고 국내에 거주하는 노인 중 가구의 소득인정액이 선정기준액 이하인 노인을 대상으로 한다. 소득인정액이란 노인 가구의 각종 소득평가액과 재산의 소득환산액을 합산한 금액이다. 2021년 기준 기초연금 선정기준액은 단독가구의 경우 169만원, 부부가구인 경우 270만 4천원 이하이다. 이에 소득인정액이 선정기준액 이하이면 기초연금을 수령할 수 있으며, 소득하위 40%에 해당하는 수급자 기준 기초연금액은 월 최대 30만원이다.

주택연금제도

주택자산을 담보로 설정하고 필요자금을 지급하는 전통적인 금융상품으로 주택담보대출상품과 역모기지상품이 있다. 역모기지 상품인 주택연금제도는 2007년 7월부터 한국주택금융공사가 운영하고 있다. 주택연금은 주택자산을 연금자산으로 유동화하는 것으로, 이를 활용하면 평생 또는 일정 기간 동안 매월 생활연금을 지급받으며 주택거주 또한 보장받을 수 있다. 현재 가입조건은 만 55세 이상(주택소유자 또는 배우자 중 최소 1인)의 대한민국 국민으로 부부기준 소유주택(다주택 포함)의 합산 공시 가격이 9억원 이하이면 가능하다. 단, 합산 공시 가격이 9억을 초과하면 3년 이내에 주택을 처분하여 9억원 이하로 조정하면 가능하다.

주택연금 운영구조는 한국주택금융공사에서 연금가입자를 위해 은행에 보증서를 발급하고 은행은 공사의 보증서에 의해 가입자에게 주택연금을 지급하는 구조로 이루어진다. 가입자나 배우자 모두에게 해당 주택에 평생거주를 보장하고, 부부 중 한 명이 사망한 경우에도 기존 연금액은 감액 없이 100% 지급된다. 만약 가입자나 그 배우자가 모두 사망한 후 주택을 처분한 결과 연금수령액 등이 집값을 초과해도 상속인에게 그 차액을 청구하지 않으며, 반대로 주택을 처분한 값이 연금수령액보다 크면 남은 금액은 상속인에게 지급한다. 물론 주택가격의 상승 등으로 상속인이 주택을 다시 상속받고 싶은 경우에는 지급받은 연금총액을 상환하고 주택의 상속권을 돌려받을 수도 있다.

◎ 〈그림 59〉 주택연금의 상품구조

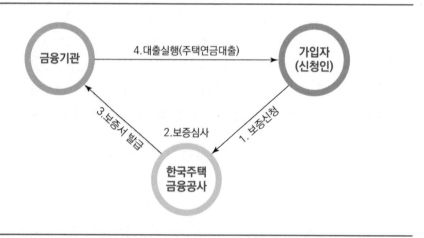

자료: 한국주택금융공사(https://www.hf.go.kr)

03

은퇴연금의 설계

은퇴연금의 설계

　　노후에 필요한 연금자산을 확보하는 것은 매우 중요한 은퇴설계이다. 은퇴설계의 핵심은 필요한 은퇴자금을 목적으로 언제부터 얼마씩 모아야 할지, 언제부터 얼마씩 찾아 쓸지에 관한 연금설계로 집약된다. 이를 위해 가장 먼저 목표연금을 설정해야 한다. 우선 은퇴 후 예상되는 월생활비와 필요자금을 조사하고, 은퇴 이후 생존가능기간(평균수명)을 기초로 산출해보아야 한다. 두 번째로 내가 갖고 있는 연금 현황을 확인해야 한다. 그 다음 필요자금과 비교하여 부족한 금액을 개인연금 상품을 추가로 가입하여 보완한다.

▌〈표 44〉 노후생활자금을 위한 연금설계(예시)

구분	비고
① 목표 연금 (은퇴 이후 예상 월 생활비)	은퇴 직전 3년 평균 월 생활비 기준으로 적정 수준을 설정 (예 60~70%)
② 은퇴기간 (=예상사망연령 – 은퇴연령)	개인별 상황 및 생명표의 기대여명 등을 참조
③ 목표 노후생활자금	월 생활비×12개월×은퇴기간(年)
④ 준비된 노후생활자금	통합연금포털을 통한 가입연금정보조회
⑤ 부족 노후생활자금	목표 노후생활자금 – 준비된 노후생활자금
⑥ 부족 노후생활자금 마련	개인연금 추가 가입, 주택연금 활용 등

연금 관련 온라인 원스톱 정보 서비스를 제공하는 금융감독원 통합연금포털 (http://100lifeplan.fss.or.kr)을 활용해서 '내 연금조회' 메뉴에서 개인별 국민연금, 퇴직연금, 개인연금 가입내역 및 연금 수령 예상액을 조회하고, '노후 재무설계' 메뉴에서는 나이, 은퇴시기 등 간단한 정보만을 입력해도 노후 필요자금 및 월 필요 생활비를 계산할 수 있다. 또한 '연금상품 비교공시' 메뉴를 통해 회사별, 상품별 수익률·수수료율을 비교할 수 있다.

자료: 금융감독원(http://100lifeplan.fss.or.kr)

연금의 선택

　연금상품을 가입할 때는 중도에 해지하지 않고 장기간 운용할 수 있는 자금으로 해야 한다. 다음으로 세제혜택을 비교해 보아야 한다. 연금저축은 납입하는 동안 연말정산 등의 과정에서 세액공제 혜택이 주어지지만, 연금을 수령할 때에는 연금소득세를 납입해야 한다. 반면에 연금보험은 일정요건 충족 시에 저축기간 동안 발생한 보험차익에 대해 이자소득세를 부과하지 않는다. 따라서 이두 가지를 비교해 자신에게 더욱 유리한 쪽으로 선택한다.

　또한 자신의 투자성향을 고려하여 원금보장에 중점을 둘 것인지 다소 위험부담은 있더라도 투자수익에 중점을 둘 것인지(위험선호형)의 여부를 결정해야 한다. 소득이 발생하는 동안 연말정산의 세액공제 혜택을 누리고 싶고 위험회피성향이라면 연금저축보험이 적합할 것이다. 반면에 연말정산의 세액공제와 함께 투자수익까지 고려한다면 증권회사의 연금저축펀드가 적합할 수 있다. 마지막으

◎ 〈그림 60〉 연금상품 선택절차

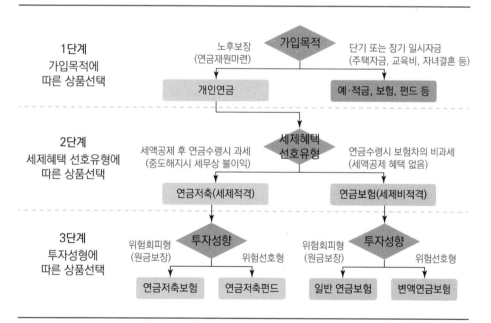

자료: 통합연금포털, 금융감독원(http://www..fss.or.kr)

로 선택한 연금상품 유형 중에서 과거 투자수익, 판매 규모 등을 고려하여야 한다. 일반적으로 과거 투자성과가 좋고 판매 규모가 큰 상품을 선택하는 것이 합리적이다. 연금저축보험의 경우는 '통합연금포털'의 통합공시 자료를 통해 확인할 수 있으며, 연금보험상품은 생명보험협회의 공시실(https://pub.insure.or.kr) 자료를 활용하면 상품별 유용한 비교정보를 얻을 수 있다.

최종적으로 판매접근성, 전문성, 수수료 등을 고려하여 판매채널을 선택한 다음, 중도해지 가능성이나 연금수령기간과 예상 수령금액을 확인한 이후에 적합한 상품을 계약해야 한다.

간병보험의 활용

노후가 다가오면 미리 가입한 암보험, 실손의료보험 등의 질병보험상품은 연금자산만큼이나 소중한 은퇴자산임을 실감하게 된다. 물론 고령자를 위해 특별히 설계된 질병보험을 기존의 질병보험과 비교하여 활용하는 것 또한 필요하다. 또한 타인의 도움 없이는 기본적인 일상생활도 할 수 없는 상태에 처한 경우에 일정 수준의 간병비를 정기적으로 지급하는 장기간병보험을 노후자산으로 준비하는 것이 필요하다. 국가에서 노인장기요양보험이 시행되고 있지만 현실적으로 노인성질환을 국가가 100% 보장할 수 없으므로, 치매간병보험과 노인장기요양보험을 보완하는 노후설계가 요구된다.

핵심내용 정리

• 고령화 사회
  - 전체 인구 중 65세 이상 고령자의 비율이 7% 이상이면 고령화사회, 14% 이상이면 고령사회, 20% 이상인 사회는 초고령사회임

• 우리나라는 2017년 고령사회로 진입, 2025년에 초고령사회로 진입할 것으로 예상됨

• 다층연금제도
  - 1층: 국민연금, 2층: 퇴직연금, 3층 개인연금

• 국민연금제도

• 퇴직연금제도
  - 확정급여형(DB), 확정기여형(DC), 개인형 퇴직연금(IRP)

• 주택연금제도

• 은퇴연금 설계
  - 은퇴 후 예상 월 생활비를 산출 → 은퇴 후 잔여 생존가능기간 산출 → 노후필요자금 산출
  - 연금자산이 부족한 경우 추가적인 개인연금 가입, 주택연금 활용으로 필요 연금 준비

• 고령자 실손의료보험, 치매간병보험

CHAPTER

09

재무설계

금융과 사회
금융으로 세상읽기

SECTION 01 재무설계의 개념과 필요성
SECTION 02 재무설계 과정
SECTION 03 20대의 재무설계

01

재무설계의 개념과 필요성

재무설계의 개념

재무설계(financial planning)란 개인이나 가계의 현재의 재정상태를 검토하고, 개인이나 가계가 설정한 재무목표를 달성하기 위해서 재무적 및 비재무적 자원을 적절하게 관리하는 과정을 의미한다. 즉, 재무설계란 미래에 대한 설계 또는 계획에 초점이 맞추어진 개념으로서 개인이나 가계의 재무를 분석하고 행동계획을 수립, 실행 및 검토하여 재무목표를 달성할 수 있도록 방향을 제시하는 종합적인 재무관리를 의미한다.

재무설계는 재테크와 다르다. 재테크는 부(富)를 이루는 수단인 재(財)와 기술이라는 뜻의 테크놀로지(technology)의 합성으로 재산을 늘려나가는 기술, 즉 수립된 재무계획을 실행해 나가는 하나의 방법이라 할 수 있다. 반면에 재무설계는 인생의 목표를 달성하기 위한 과정으로 가족의 연령, 직업, 자금여력, 생활방식, 위험에 대한 태도 등을 고려하여 이루어지는 종합적인 경제적 대비라고 할 수 있다. 재무설계는 개인적 상황의 변화, 경제환경의 변화, 생애 주기상의 변화 등을 고려하여 평생에 걸쳐 지속적으로 이루어져야 한다.

재무설계의 필요성

개인과 가계가 추구하는 행복은 다양한 측면과 요소가 있다. 그 중 경제적인 측면을 보면, 합리적인 소비를 통해 만족을 증대시키고, 각종 위험에 대비하며, 자산을 건전하게 유지하고 안정적인 노후생활을 할 수 있어야 한다. 이러한 관점에서 재무설계가 필요한 이유를 네 가지로 들 수 있다.

첫째, 생활 속에서 돈과 관련된 자원을 보다 효율적으로 얻고, 사용하고 보호할 수 있다. 사람이 생존하기 위해서는 현재의 소비지출뿐만 아니라 일생에 걸쳐 안정적, 연속적으로 소비지출을 해야 한다. 하지만 각 시기에 소득과 소비 수준이 일치하지는 않는다. 따라서 안정적으로 생활하기 위해서는 각 시기의 소득과 소비의 수준을 관리할 필요가 있다. 준비기간(미혼기)에는 소비가 소득 수준보다 높은 것이 일반적이다. 이에 만약 미래에 소득이 증가할 것으로 예상된다면 대출 등 금융상품을 활용하여 합리적인 소비생활을 할 수도 있다. 근로기간(가족생활기)에 소득이 소비보다 클 경우에는 대출을 상환하고, 미래에 대비하여 저축과 투자 등을 한다. 또한 은퇴기간(노후생활기)에는 미리 축적해 둔 자산과 연금 등을 활용하여 안정적인 생활을 영위할 수 있도록 해야 한다. 이렇게 일생에 걸쳐 소득과 소비 수준의 불일치를 관리하고, 필요한 경우 금융상품을 활용하여 안정적이고 합리적인 경제생활을 할 수 있도록 하기 위해 재무설계가 필요하다.

둘째, 위험에 대비하기 위해 재무설계가 필요하다. 사람은 예측하지 못한 사

◎ 〈그림 61〉 인생주기에 따른 소득과 지출의 변화

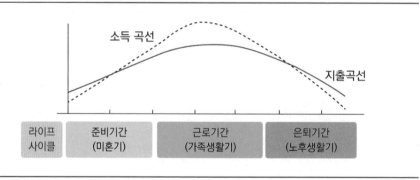

고의 위험에 직면할 수 있다. 이로 인해 인적·물적 손실을 입거나 타인에게 보상해야 할 수도 있다. 이에 대비하여 보험에 가입하고, 금전적으로 대비하는 재무설계가 필요하다.

셋째, 자산과 부채를 합리적으로 관리하기 위해 재무설계가 필요하다. 재무설계를 하면 보유한 자산을 보호하고 증식할 수 있는 수단을 강구할 수 있을 뿐만 아니라, 과도한 부채로 인해 파산에 이르는 것을 방지하는 데 도움이 된다. 재무상태가 양호하지 않으면 교육, 결혼, 자녀양육, 노후생활 등에 어려움을 겪는 경우가 많으며, 이를 예방하고 인생의 목표를 달성할 수 있도록 하는 데 재무설계가 큰 도움이 된다.

넷째, 안정적인 노후생활을 영위하기 위해 재무설계가 필요하다. 사람의 평균수명이 길어지면서 은퇴 이후의 경제적 조건이 더 중요해지고 있다. 이에 노후를 위한 금융상품과 공적연금 등을 통해 인간의 존엄성을 유지하면서 다소 여유로운 생활을 할 수 있도록 미리 대비해야 한다.

재무설계 과정

재무설계는 먼저 재무목표를 설정하고, 현재의 재무상태를 분석한다. 이를 토대로 재무설계안을 작성하여 실행하고, 재무생활을 평가하여 수정한다. 이러한 과정이 반복적으로 수행되어 더 구체적이고 실천 가능한 재무설계가 되도록 개선한다.

▌〈표 45〉 재무설계의 과정

1단계	재무목표의 설정	삶의 목표를 고려하여 재무목표를 설정
2단계	재무상태의 분석	소득지출표와 자산부채상태표를 작성하여 재무목표 달성을 위한 자원을 파악
3단계	재무설계안의 작성	재무목표 달성을 위한 예산을 수립하고 금융상품을 선택
4단계	재무설계안의 실행	재무목표 달성을 위한 계획을 실행하고 지속적으로 관리
5단계	재무생활의 평가와 수정	목표달성 정도를 주기적으로 또는 수시로 평가하고 수정

① 재무목표의 설정

재무설계의 첫 번째 단계는 삶의 목표를 토대로 재무목표를 설정하는 것이다. 재무목표는 교육자금 마련, 주택자금 마련과 같이 구체적으로 수립하고, 자신의 재무상태를 고려하여 적정한 수준으로 설정하도록 한다. 또한 재무목표는 달성기간을 명확하게 정해야 한다. 단기·중기·장기목표로 구분하고, 매년 또는 매월 얼마의 돈을 모아야 하는지 계산할 수 있도록 한다. 예를 들어, '3년 후에 사용할 여행자금 300만원 모으기'라는 재무목표를 세웠다면 매월 8만 4천원씩 모으면 된다.

개인마다 삶의 목표와 인생 주기의 단계가 다르므로 각자의 재무상태에 비추어 적정한 재무목표를 설정하는 것이 필요하다. 예컨대, 인생주기를 '미혼기 – 가족생활기 – 노후생활기'로 구분한다면 아래와 같이 재무목표를 설정할 수 있다.

┃〈표 46〉인생주기별 재무목표

인생주기	주요 이슈	주요 재무목표
미혼기	학업 / 취직 / 결혼 / 여행	학자금 마련 / 독립 및 주거자금 마련 결혼자금 마련 / 여행자금 마련
가족생활기	자녀출산 및 육아 / 내집마련 자녀교육 / 재산형성/ 자녀결혼 은퇴 및 노후대비	자녀양육자금 마련 / 주택구입자금 마련 부채상환(결혼, 주택관련) / 자녀교육자금 마련 주택확장자금 마련 / 자녀결혼자금 마련 노후자금 마련
노후생활기	노후생활	여행 / 은퇴 후 자산관리 / 상속

📝 살펴보기 재무목표 설정을 위한 SMART 원칙

- S(Specific) 재무목표는 구체적으로 무엇을 어떻게 얼마나 언제까지 달성할 것인지를 고려해 세워야 한다.
- M(Measurable) 기간·금액 등 구체적으로 측정 가능한 목표를 세운다.
- A(Action oriented) 어떻게 실행해 나갈 것인지에 대한 실천 계획(action plan)을 명확히 한다.
- R(Realistic) 현재 자산 상태 및 소득 수준을 고려해 달성 가능한 현실적인 목표를 세운다.
- T(Timely) 각 시기에 맞는 목표를 설정한다.

② 재무상태의 분석

재무설계의 두 번째 단계는 재무상태를 분석하는 것이다. 현재의 재무상태를 평가하여 재무목표에 반영하고 재무설계안을 작성할 수 있다. 재무상태는 소득지출표와 자산부채상태표를 작성하여 평가하도록 한다.

소득지출표

소득지출표는 일정기간의 소득과 지출을 정리한 표이다. 일정기간의 소득지출상태는 가계부 앱(app) 등을 활용하여 쉽게 파악할 수 있다. 소득은 근로소득, 이자소득, 투자소득 등으로 구분하여 기재하며, 지출은 고정지출과 변동지출로 구분한다. 고정지출은 주거비나 보험료, 대출상환금처럼 정기적으로 지출하는 것으로서 쉽게 줄이기 어려운 지출이다. 반면 변동지출은 개인의 의지에 따라 금액조정이 가능한 지출을 말한다. 소득수준에 비해 지출이 많다면 고정지출보다는 변동지출 항목에서 줄이는 방안을 강구한다. 소득지출표를 정리해서 수입에서 지출을 차감한 값이 플러스인지 마이너스인지, 저축과 투자가 적정한지, 특정 항목에 너무 많이 지출하는지 등을 평가한다.

▌〈표 47〉 소득지출표의 예시(202X년 12월31일 기준)

(단위: 천원)

소득		
근로소득	25,000	
이자소득	500	소득유형을 구분
투자소득	300	
소득합계	25,800	
지출		
고정지출		
세금	2,000	
건강보험료	1,000	고정지출과 변동
연금보험료	1,000	지출로 구분
대출상환금	2,000	

관리비	1,200
고정지출합계	7,200
변동지출	
식비	5,000
(외식비)	(2,000)
피복신발비	1,500
교양오락비	3,000
보건의료비	500
기타	3,000
변동지출합계	13,000
지출합계	20,200
순수입(지출)=수입-지출	(+) 5,600
저축과 투자	
보통예금(생활비)	560
정기적금(여행자금마련)	600
정기적금(결혼자금마련)	1,800
적립식펀드(주택자금마련)	2,400
청약저축(주택마련)	240
저축과 투자의 합계	5,600

순수입의 경우 저축 또는 투자를 어떻게 하는지 기재하고, 순지출의 경우 어떻게 해결하는지 기재

자산부채상태표

자산부채상태표는 특정 시점의 자산과 부채를 정리한 표이다. 자산은 금융자산과 실물자산으로 구분할 수도 있고, 현금성자산, 저축성자산, 투자자산, 사용자산, 보험자산 등으로 자세하게 구분할 수도 있다.

현금성자산에는 현금, 저축예금 등이 포함되고, 저축성자산에는 적금이나 정기예금이 포함된다. 투자자산에는 원금손실의 가능성이 있는 금융투자상품인 주식, 채권, 펀드 등과 투자목적으로 보유한 부동산이 포함된다. 사용자산은 거주주택자산이나 전세보증금, 자동차, 귀금속 등 생활에 이용하고 있는 자산을 말한다. 보험자산은 보험환급예상액, 연금 등 위험이나 노후에 대비하는 자산을 말한다. 또한 부채는 단기부채와 장기부채, 고금리 부채와 저금리 부채, 담보대

출과 신용대출 등으로 구분하여 기재한다.

이처럼 보유하고 있는 자산과 부채의 특징에 따라 분류하여 기재하면 자산부채의 상태를 평가하기 쉽다. 자산부채상태표를 정리해서 자산과 부채 규모를 비교하고, 자산의 포트폴리오, 부채의 특징 등을 평가한다. 자산에서 부채를 차감한 순자산은 매년 주기적으로 평가하여 순자산이 증가하고 있는지 분석한다.

▌〈표 48〉 자산부채상태표의 예시(202X년 12월 31일 기준)

(단위: 천원)

자산		부채	
항목	금액	항목	금액
현금성자산		단기부채	
보통예금	560	신용카드대금	1,500
합계	560	합계	1,500
저축성자산		장기부채	
정기적금	8,000	학자금대출	8,000
청약저축예금	1,000	전세금대출	80,000
정기예금	5,000	합계	88,000
합계	14,000		
투자자산			
주식	700		
펀드	4,800		
합계	5,500		
사용자산			
전세보증금	100,000		
자동차	5,000		
합계	105,000		
보험자산			
개인연금	2,000		
국민연금	6,000		
합계	8,000		
자산합계	133,060	부채합계	89,500
순자산(자산-부채): 43,560			

③ 재무설계안의 작성

재무설계의 세 번째 단계는 재무설계안을 작성하는 것이다. 재무설계안은 재무목표 달성을 위한 계획안을 말한다. 예를 들어, 결혼자금 5천만원을 마련하기로 목표를 정했다면, 현재 재무상태를 바탕으로 목표 달성기간을 구체화해서 매월 저축 또는 투자할 금액을 정한다. 그리고 소득과 지출을 조정한 예산안을 수립하고, 어떤 금융상품을 활용해야 하는지 등의 방안을 찾는다. 여러 개의 목표를 정했을 경우에는 목표 간의 우선순위를 고려하여 저축 또는 투자규모를 배분하는 것도 필요하다.

재무설계안을 작성할 때에는 재무목표와 경제환경을 고려하여 적절한 금융상품을 활용하도록 한다. 금융상품은 다양하고 유사한 상품이 많으며, 새로운 상품도 늘 등장한다. 경제상황에 따라 기대 수익이 다를 수 있으므로 금융상품에 대해 알아보고 관련 정보를 탐색하는 것이 필요하다. 금융상품을 선택할 때에는 안전성, 수익성 및 유동성을 고려하여 자신의 위험성향에 맞게 선택한다.

안정성

금융상품을 선택할 때 가장 먼저 고려해야 할 요인이다. 안전성은 미래에 원금 및 수익 지급이 보장되는지 여부에 달려 있으므로, 해당 금융상품이 원금손실 가능성이 있는지, 예금자보호대상인지 등을 확인하여야 한다. 안정적으로 운영해야 할 자금은 투자상품보다 저축상품을 이용하는 것이 바람직하다.

수익성

금융상품에 투자하는 궁극적인 목적은 수익을 추구하는 것이므로, 금융상품의 제공금리나 기대수익률을 물가상승률, 세금 등 기회비용 및 각종 비용 등과 비교하여 수익성이 있는지 따져보아야 한다. 자금의 용도와 운용할 기간, 위험성향에 따라 저축상품 또는 투자상품을 선택한다.

유동성

유동성은 현금이 필요할 때 손실 없이 빨리 현금화할 수 있는 정도를 말한다. 단기에 필요하거나 수시로 사용해야 하는 자금은 반드시 유동성을 고려해

금융상품을 선택해야 한다. 은행의 정기적금이나 정기예금은 중도해지할 경우 약정이자를 받지 못하는 불이익이 있으므로 유동성이 비교적 낮은 상품에 해당한다. 또한 거래량이 풍부한 주식이나 채권은 필요시 대부분 쉽게 매매할 수 있지만 팔 때 평가손실이 발생한 상태라면 손실을 감수하고 팔아야 한다. 펀드의 경우에도 자금이 필요하면 만기 이전에 환매할 수 있는 경우가 대부분이지만 환매할 때 손실이 발생한 상태일 수도 있고, 중도에 해지하면 환매수수료가 부과되어 유동성이 낮을 수 있다.

④ 재무설계안의 실행

재무설계의 네 번째 단계는 재무설계안을 실행하는 것이다. 금융회사를 방문하거나 인터넷을 이용하여 금융상품을 선택하고 부채를 상환하는 등 계획의 실천이 이루어져야 한다. 이 단계에서는 재무설계안을 일상에서 쉽게 실천할 수 있도록 자동이체나 가계부 앱(app) 등을 활용하면 재무설계안을 실행하는 데 도움이 된다.

⑤ 재무생활의 평가와 수정

재무설계의 다섯 번째 단계는 재무설계안을 제대로 실행하고 있는지 평가하고 재무설계안을 수정하는 것이다. 적어도 1년에 1회 이상은 정기적으로 평가를 수행할 필요가 있으며, 경제환경이나 취업, 결혼 등 개인적인 상황 등에 변화가 생기는 경우에는 수시로 평가해야 한다. 평가 시에는 재무목표 달성 정도를 점검하고, 목표를 달성하지 못했을 경우 문제점을 파악하여 수정하는 것이 필요하다.

금융감독원의 금융교육센터 홈페이지에서 본인의 재무상태를 간편하게 진단해보자. 개인의 소득과 소비, 자산과 부채에 관한 재무정보를 입력하여 재무상태를 평가하고, 이를 바탕으로 재무설계안을 마련할 수 있다.

○ 참 쉬운 재무진단

자료: 금융감독원 금융교육센터(www.fss.or.kr/edu) → 금융교육콘텐츠
→ 금융교육자료방 → 체험교육자료 → 재무설계

20대의 재무설계

20대의 재무목표

20대는 학업을 지속하거나 취업준비 또는 사회생활을 시작하는 시기이다. 또한 자기계발에 몰두하거나 결혼을 준비하는 등 가족생활기를 시작하기 이전의 미혼기이기도 하다. 이 시기의 재무목표는 주로 학자금 마련, 독립 및 주거자금 마련, 결혼자금 마련 등을 꼽을 수 있다.

학자금

대학 등록금은 부모의 도움을 받는 경우와 장학금으로 충당하는 경우가 많지만, 대출을 이용하거나 스스로 마련하기도 한다. 만약, 학자금 대출로 돈을 마련하고자 할 경우 한국장학재단의 취업후 상환학자금대출, 일반 상환학자금대출 등 다양한 제도를 이용할 수 있다. 또한 아르바이트 등을 통해 스스로 학자금을 마련하는 경우, 어느 정도 기간에 돈을 얼마씩 모을 수 있는지 미리 계산해 보도록 한다.

독립 및 주거자금

가족으로부터 독립하려면 주거공간이 마련되어야 한다. 전·월세의 경우에 일정규모의 보증금이 필요하므로 독립을 위해서는 일정규모의 자금이 마련되어야 한다. 특히, 매월 임차료를 지불하는 월세에 거주한다면 20대의 소득수준이 비교적 낮으므로 월 소득에서 주거비용이 차지하는 비중이 매우 높아진다. 주거자금을 전액 마련하여 독립하기는 쉽지 않으므로 대출을 활용할 수 있는데, 이때 대출조건과 상환가능성을 꼼꼼하게 따져야 한다. 또한 청년층을 대상으로 공공주택을 지원하거나 청년층 주거비 완화를 위한 전월세 전용 금융상품을 지원하는 정부의 주거지원 프로그램을 활용하는 방법도 있다.

결혼자금

결혼자금에 소요되는 비용은 개인차가 매우 크므로 자기 상황에 알맞게 자금을 마련하면 된다. 또한 결혼자금에서 신혼집 마련 자금 비중이 크므로 결혼자금과 주거자금 마련 계획을 함께 세우는 것이 필요하다. 최근에는 비교적 적은 수의 하객을 초대하여 허례허식을 줄이고 소박하게 치르는 '작은 결혼식'이 확산되고 있는 추세이다.

자기계발자금

20대는 자신의 역량을 키우기 위해 집중적으로 노력하는 시기이다. 동아리 활동이나 독서, 여행 등을 통해 경험을 축적하는 것이 자기계발을 위한 대표적인 사례이다. 예컨대 여행을 통해 자기계발을 하고 싶으면 이에 필요한 자금을 마련하는 계획을 수립하고 꾸준하게 실행하도록 한다.

노후자금

노후자금은 먼 미래의 이슈로 여겨질 수 있다. 그러나 100세 시대에는 경제활동이 줄어드는 은퇴 후 30년 이상의 시기를 어떻게 살 것인가도 매우 중요하다. 준비기간이 길면 매월 적은 금액으로 실행할 수 있고 복리효과를 누릴 수도 있기 때문에 노후준비는 일찍 시작할수록 좋다.

20대의 자산관리 원칙

금융과 사회를 공부하면서 자기 자신을 위한 '평생의 계획을 세우는 자산관리 프로젝트'를 설계해 볼 수 있다. 여기에는 앞으로 어떤 직업이나 일을 해서 얼마만큼의 돈을 벌 것이고, 어디에 얼마만큼의 돈을 쓸 것이며, 어떤 방법으로 저축이나 투자를 해서 자산을 쌓을 것인가에 대한 계획이 모두 포함되어야 한다. 대학을 졸업하고 사회에 나가기 전에 어떻게 소득을 만들고 자산을 어떻게 쌓아가야 할지에 대해 생각하고 체계적으로 준비하는 과정에서 미래에 대한 막연한 두려움은 줄어들 수 있다. 20대에는 '시간'이라는 가장 소중한 자산, 즉 '복리효과'를 충분히 누릴 수 있기 때문이다. 1온스의 실천이 1톤의 이론보다도 나은 법이다. 20대의 자산관리 팁을 열거하면 다음과 같다.

종잣돈 모으기

학자금, 독립 및 주거자금, 결혼자금 등 목돈을 마련하기 위해서는 적금이나 적립식 펀드 등을 활용하여 꾸준하게 자금을 모아야 한다. 자산관리의 첫 시작이 되는 목돈을 종잣돈(seed money)이라고 한다. 종잣돈이 마련되면 다양한 금융상품을 활용하여 자산을 불려가도록 한다. 이 경우 안전자산과 투자자산에 대한 적정한 포트폴리오 설계가 필요하다.

선저축 후지출

종잣돈을 마련하려면 돈을 모으는 습관이 중요하다. 소득에서 먼저 소비하고 남는 돈을 저축하기보다는, 일정 금액을 먼저 저축하고 그 다음에 소비를 하는 것이 바람직하다. 자동이체를 활용하여 저축하면 도움이 되며, 미혼기에 형성된 저축습관은 평생 자산관리의 기초가 된다.

주거래 은행 정하기와 통장 쪼개기

주거래 은행을 정하여 거래하면 거래실적에 따라 금리우대나 수수료 감면 등의 혜택이 있다. 또한 자금을 용도별로 나누어 지출통장과 자산관리통장을 분리하여 관리하고, 재무목표에 따라 여러 개의 통장으로 나누어 관리하는 통장 나누기가 필수적이다. 자금의 용도를 구분하여 통장을 관리하면 재무목표 달성 여부를 체크할 수 있고, 예상치 못한 자금인출에 따른 손실도 최소화할 수 있기 때문이다.

신용카드보다는 체크카드 사용하기

신용카드를 쓰면 통장에 돈이 없어도 결제가 되기 때문에 충동구매를 할 가능성이 커진다. 반면 체크카드는 통장잔액 범위 내에서만 바로 결제되므로 통장에 돈이 없으면 결제가 되지 않는다. 또 근로소득이 생기면 매년 연말정산을 해서 소득세를 확정하게 되는데, 체크카드 사용에 따른 세금혜택이 신용카드 사용에 대한 혜택보다 크기 때문에 체크카드를 사용하는 것이 유리하다.

신용관리

신용관리는 신용점수를 관리하는 것이다. 대출을 받을 때 대출가능 여부, 대출금액, 대출이자 등은 신용점수에 따라 결정되는 경우가 많다. 신용관리가 제대로 되어있지 않으면 자금이 필요할 때 대출받기가 어렵고, 대출을 받아도 더 많은 이자를 부담할 수도 있다. 신용점수가 낮으면 신용카드가 발급되지 않거나, 발급되더라도 신용카드 이용한도가 낮다. 신용을 관리하기 위해서는 대출이자 또는 신용카드대금 결제를 연체하지 않는 것이 중요하다. 연체정보 등 신용점수에 영향을 주는 개인신용정보는 금융회사들이 공유하므로, 한 금융회사에서 연체가 발생한 경우 다른 금융회사도 이를 알게 된다.

소모성 대출 자제

마이너스 통장이나 신용카드를 이용하면 소비성향이 높아지기도 한다. 자금계획이 명확하지 않거나 꼭 필요한 상황이 아니라면 대출을 받지 않는 것이 바람직하다. 특히, 신용카드사에서 제공하는 카드대출, 대부업체의 고금리대출은 이자상환의 부담이 크고, 개인의 신용평가에도 나쁜 영향을 준다.

보장성 보험 가입하기

보장성 보험은 질병이나 사고 등에 대비하기 위한 보험이다. 20대에는 소득이 적으므로 종신보험 등 보험료가 많이 드는 상품보다는 보험료가 적고 실생활에 도움이 되는 실손의료보험 등의 보장성 보험에 가입하는 것이 좋다.

핵심내용 정리

- 재무설계의 과정
  - 1단계: 재무목표의 설정
  - 2단계: 재무상태의 분석
  - 3단계: 재무설계안의 작성
  - 4단계: 재무설계안의 실행
  - 5단계: 재무생활의 평가와 수정

- 재무상태 분석
  - 소득지출표, 자산부채상태표

- 금융상품 선택 시 고려사항
  - 안전성, 수익성, 유동성

- 20대의 주요 재무목표
  - 학자금 마련, 독립 및 주거자금 마련, 결혼자금 마련 등

금융과 사회
금융으로 세상읽기

SECTION 01 핀테크의 이해
SECTION 02 핀테크 관련 주요기술
SECTION 03 다양한 핀테크 서비스
SECTION 04 핀테크와 금융환경의 변화

핀테크의 이해

핀테크의 개념

핀테크(FinTech)는 Finance와 Technology의 합성어로, 금융과 IT가 결합하여 새로운 금융서비스를 창출할 수 있게 하는 금융 기술을 의미한다. 핀테크 기업들은 기존 금융서비스에 모바일, SNS, 빅데이터, 인공지능 기술 등을 접목하여 차별화된 금융서비스를 제공할 수 있다. 대표적으로 카카오, 애플, 알리바바 등이 서비스 중인 카카오페이, 애플페이, 알리페이 등이 있다. 핀테크 산업은 일반적으로 송금·결제(전자적 방식을 이용한 카드, 현금, 전자화폐 등 재화의 거래), 대출(온라인을 통해 자금 대부(貸付)자와 대출(貸出)자를 연결), 자산관리(개인자산 통합 관리와 자산관리 자문 서비스 제공), 투자(온라인을 통해 기업과 투자자 연결) 등으로 구분된다.

일찍이 핀테크 산업을 국가 전략 산업으로 육성하고 있는 영국에서는 기존 금융회사들이 기술 기반의 금융서비스를 제공하는 것을 전통적인 핀테크(Traditional Fintech)로, 비금융기업이 금융서비스를 직접 제공하는 것을 신흥 핀테크(Emergent Fintech)로 구분하였다. 이들 신흥 핀테크 기업들의 주요 사업영역은 송금, 결제, 금융데이터 분석, 금융소프트웨어, 플랫폼 등으로 기존의 금융거래 방식과는 차별화된 원터치 결제, 클라우드펀딩, P2P 대출 등 새로운 형태의 금융 비즈니스 모델을 제공하고 있다. 흔히 핀테크와 유사하게 사용하는 개념으로 인터넷뱅킹, 스마트폰뱅킹 등을 제공하는 전자금융이 있는데, IT를 활용해 금융서비스를 제공하므로, 전통적인 핀테크로 볼 수 있다.

핀테크는 정보기술을 기반으로 한 모든 금융서비스라고 해도 무방할 정도로 범위가 매우 넓으며 IT 기업과 같은 비금융회사와 핀테크 기업들이 시장을 주도하고 있다. 핀테크는 지급결제, 크라우드펀딩, P2P대출, 자산관리, 가상화폐 등 활용 분야가 다양하다.

살펴보기 핀테크의 단계적 성장

기술발달에 따라 핀테크도 더욱 다양해지면서 성장단계를 높여가고 있다. 전자금융(전통적 핀테크)과 구분되던 신흥 핀테크도 초기의 언번들링(Unbundling) 단계에서 서비스가 보다 고도화된 리번들링(Rebundling)단계로 발전하고 있기 때문이다. 한국핀테크지원센터 · KPMG의 '2020 한국 Fintech 동향 보고서'는 핀테크의 단계적 성장에 따라 전자금융(전통적 핀테크)을 핀테크1.0, 언번들링 핀테크를 핀테크2.0, 리번들링 핀테크를 핀테크3.0으로 구분하고 있다.

핀테크1.0인 전자금융(전통적 핀테크)은 기존 금융서비스의 가치사슬에 포함되어 있는 서비스의 효율을 높이는 조성자로서 기존 금융회사의 인프라 지원 성격을 갖고 있다. 반면, 핀테크2.0 이후인 신흥 핀테크는 기존 금융서비스와 관계없이 금융소비자 수요를 반영하는 서비스를 직접 제공하기 때문에 기존 금융서비스 전달체계를 와해시킬 수 있는 파괴자의 속성을 가지고 있다. 핀테크2.0은 디지털과 모바일기기를 중심으로 한 개별 언번들링서비스를 제공하는 단계이며, 핀테크3.0은 디지털과 모바일 플랫폼상에서 기술과 데이터를 융합하여 리번들링서비스를 제공하는 단계라고 할 수 있다.

가장 높은 단계인 핀테크3.0이 발전할 수 있는 요건으로는 디지털과 모바일기술 및 충성고객 확보를 통한 플랫폼의 형성, 플랫폼에서 창출되는 고객 빅데이터와 기술의 융합을 통한 보다 경쟁력 있는 금융서비스의 제공능력을 들 수 있다.

▎〈표 49〉 핀테크의 단계적 성장

	FinTech 1.0	FinTech 2.0	FinTech 3.0
핵심 요소	컴퓨팅	스마트폰	스마트 디바이스
핵심 트렌드	효율성 증대	디지털화, 언번들링	리번들링
주요 플레이어	기존 금융기관의 IT Vendor	핀테크 스타트업	핀테크 스타트업, 빅테크 기업

자료: 2020 한국 Fintech 동향 보고서(2020), 한국핀테크지원센터 · 삼성KPMG. 금융감독원(2021) 재인용.

핀테크 산업의 부상 배경

핀테크 산업이 부상하게 된 배경은 크게 세 가지로 구분할 수 있다. 첫 번째는 2008년 금융위기를 계기로 기존 금융업에 대한 신뢰도가 크게 하락하면서 새로운 대안 금융에 대한 니즈가 증가했다. 두 번째는 인터넷이 고도로 발달하면서 금융소비자들의 금융수요가 다변화되고 있다. 세 번째로는 최근 Deep Tech의 비약적인 발전으로 다양한 온·오프라인 채널을 활용한 금융거래가 가능해지면서 새로운 핀테크가 나타나고 있다.

기존 금융업에 대한 신뢰 저하

2008년도 미국에서 시작된 서브프라임 모기지 사태로 글로벌 금융회사들이 연쇄적으로 도산하며 전 세계가 금융위기를 겪게 되었다. 미국과 EU는 위기의 금융회사들을 살리기 위해 천문학적인 규모의 양적완화(QE: Quatitative Easing)를 하게 되었고, 이러한 상황에서 구제금융을 받는 문제의 금융회사들이 금융위기를 초래한 주범으로서 책임의식을 느끼기는커녕 금융위기 다음 해인 2009년 임직원들끼리 보너스 잔치를 벌이는 사건이 발생했다. 미국 금융소비자들은 2011년 금융위기의 주범이면서도 천문학적인 보수를 챙긴 월가 최고경영자(CEO)에게 분노하여 '월가를 점령하라(Occupy Wall Street)' 운동을 미국의 금융 중심지 한복판에서 펼치기 시작했다. 기존 금융회사에 대한 신뢰가 하락하고 금융소비자들은 더 이상 기존 금융회사를 믿지 않기 시작하였다. 이에 기존 금융회사의 문제점을 극복할 수 있는 새로운 대안금융에 대한 금융소비자들의 니즈가 커지면서 혁신적인 아이디어와 서비스로 무장한 핀테크 기업에 대한 관심이 증가하기 시작했다.

고객의 금융수요 다변화

고령화와 저금리, 저성장으로 인해 고용환경이 변화하면서 사람들은 은퇴 후에 대한 관심이 높아지게 되었으며, 국민연금 등 공적연금뿐만 아니라 자발적 금융수단인 사적연금에 대한 니즈와 투자가 늘어나고 있다. 또한 스마트폰의 대량 보급으로 엄지족이라 불리는 모바일 세대가 등장하면서 SNS를 통해 금융상품과 서비스에 대해 많은 정보를 비교하고 평가하게 되었다. 이러한 현상은 금융회사가 고객과 소통하는 접점을 변화시키고, 고객 니즈에 대해 신속히 대응할 수 있는 역량 있는 핀테크 기업에 대한 수요가 늘어나게 되었다.

Deep Tech의 발전

모바일 기술과 빅데이터, 인공지능, 사물인터넷 등 Deep Tech가 금융업무와 접목되면서 비대면 금융거래, 간편결제, 신용평가시스템, 맞춤형 금융서비스 등이 확산되고 있다. 예를 들어, 빅데이터 기술은 기존 컴퓨터의 연산능력으로는 처리할 수 없었던 비정형 SNS 데이터 분석을 통한 신용평가모형의 혁신, 이상거래패턴 분석을 통한 부정사용 방지 등 새로운 금융서비스를 만드는 기저 기술로 활용되고 있다. 이러한 Deep Tech 기술의 발전으로 디지털 기술과 데이터의 융합 등으로 신용평가, 자산관리 및 운용 등의 모델이 정교해지는 등 새로운 핀테크가 창출되고 있다.

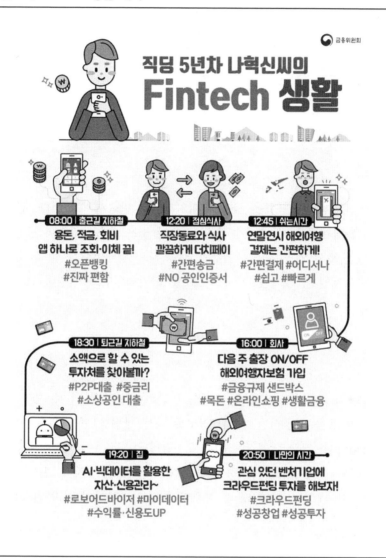

자료: 금융위원회(2019)

핀테크 관련 주요기술

금융과 첨단기술의 융합은 금융을 획기적으로 변화시키고 있다. 핀테크에서는 시스템을 설계하고 제어할 수 있는 인프라 소프트웨어 기술이 중심이 된다. 대표적인 기술로서 인공지능, 블록체인, 클라우드, 빅데이터를 들 수 있는데, 각 기술 명칭의 제일 앞 글자를 따서 이를 ABCD기술이라고 지칭하기도 한다.

인공지능

인공지능(AI: Artificial Intelligence)이란 인간의 지능으로 할 수 있는 사고, 학습, 자기개발 등을 컴퓨터가 할 수 있도록 하는 방법을 연구하는 컴퓨터 공학 및 정보기술의 한 분야로 볼 수 있다. 즉, 딥러닝(Deep Learning, 심층학습)을 기반으로 대규모의 데이터를 축적하여 인간과 유사한 학습, 지각, 판단 능력 등을 구현한 것이며, 데이터 분석기술과 컴퓨터 성능이 발달하며 점차 완성도가 높아지고 있다.

인공지능은 챗봇을 기초로 금융회사의 고객 상담, 금융상품 추천 등 고객 응대 업무에 활용되고 있다. 또한 인공지능이 빅데이터 및 투자자 성향을 분석하여 자산관리 포트폴리오를 설계하여 제공하거나, 여신심사 관련 금융데이터를 분석하여 개인 신용평가의 정밀도를 높이는 사례도 있다. 이 외에도 인공지능 기술을 활용하여 금융사기 또는 이상거래를 탐지하는 체계를 구축하는 등 금융권에서의 활용이 확산되고 있다.

블록체인

블록체인을 이해하기 위해서는 분산원장기술(distributed ledger technology)을 살펴볼 필요가 있다. 분산원장기술이란 거래정보를 기록한 원장을 특정 기관의 중앙 서버가 아닌 P2P(Peer-to-Peer) 네트워크에 분산하여 참가하는 사람들이 이를 공동으로 기록하고 관리하는 기술이다. 전통적인 금융시스템이 원장을 집중·관리하는 제3의 기관(TTP: Trusted Third Party)을 설립하고 해당 기관에 대한 신뢰를 확보하는 중앙집중형(centralized) 시스템을 활용하는 반면, 분산원장기술은 다수의 서비스 사용자가 거래내역이 기록된 원장 전체를 각각 보관(decentralized)하고 거래 발생 시마다 이를 검증하고 갱신하는 시스템을 구축하는 방식으로 이루어진다.

블록체인은 본래 가상자산의 일종인 비트코인 거래를 위해 사용된 기술이다. 가상자산이란 경제적 가치를 지니는 것으로서 전자적으로 거래 또는 이전될 수 있는 전자적 증표(그에 대한 일체의 권리 포함)를 의미한다. 즉, 기존의 지폐나 동전과는 다르게 디지털파일 형태로 만들어진 거래수단이며, 다수의 참가자들이 컴퓨터 알고리즘을 기반으로 만들고 관련 거래를 블록체인 기술로 기록하며 관리한다. 이 외에도 블록체인 기술 활용이 확대되고 있으며, 대표적인 사례로 블록체인을 기반으로 비상장기업 주주명부 관리 및 주식거래를 지원하는 플랫폼, 비대면 계좌 개설 시 간소화된 신원증명 서비스를 제공하는 정보 보관앱 등이 있다.

📝 **살펴보기** CBDC 등장 때 비트코인 운명은…"디지털 휴지조각"vs"더 널리 쓰일 것"

CBDC(Central Bank Digital Currency · 중앙은행 발행 가상화폐)의 등장과 함께 이는 가장 큰 궁금증은 CBDC가 과연 비트코인을 '디지털 휴지조각'으로 만들 것인가 하는 것이다. 비트코인은 민간에서 만들었다는 속성 때문에 정부의 화폐 주권에 위협이 된다. 상당수 국가 정부와 중앙은행이 비트코인에 비판적인 것도 이 때문이다. 비트코인에 돈이 몰리고, 범죄 자금이 유통되면서 건전한 기업 활동에 대한 투자가 줄어들 수도 있다. 이런 와중에 CBDC를 도입하려는 움직임은 점점 빨라지고 있다. 국제결제은행(BIS)은 최근 설문조사를 통해 "전 세계 중앙은행 10곳 중 2곳이 3년 내 디지털 화폐를 발행할 것으로 보인다"고 전망했다. 경제학계 일각에서는 "CBDC가 나오면 비트코인 같은 가상화폐가 '디지털 수집품'으로 전락할 것"이라는 의견이 나오는 반면, 가상화폐 업계에선 "CBDC와 민간의 가상화폐는 특성과 용도가 다르다"면서 "두 화폐가 공존하게 될 것"이라고 맞서고 있다.

비관론 "CBDC로 비트코인은 소멸"

비트코인의 치명적인 약점은 가치가 널뛴다는 것이다. 공급이 크게 늘지 않는 상황에서 투기에 의해 수요가 급등락하기 때문이다. 불과 하루 사이에 10~20% 넘게 가치가 급등락하는 날이 수두룩하고, 때때로 그 이유도 불분명하다. 거래할 때마다 발생하는 수수료도 걸림돌이다. 현 시스템상에선 달러나 원화를 비트코인으로 바꾸는 과정에서 거래소를 거치기 때문에 거래액의 0.04~0.05%가 수수료로 나간다. 소액 결제 시 기존 화폐보다 더 많은 돈을 내야 하고, 거래량이 많아지면 수수료가 오르기도 한다. 이처럼 안정적인 가치 척도 및 지불 편의성이라는 화폐의 기초적 기능에 결함이 있어 비트코인은 기존 화폐를 대체할 수 없다는 것이 기존 경제학계의 평가다. 실제로 상당수 경제학자가 "CBDC가 등장하면 비트코인은 설 자리를 잃는다"고 본다. 누리엘 루비니 뉴욕대 교수는 "CBDC는 미래의 모든 가상화폐를 대체하게 될 것"이라며 "일부 광신도들이 CBDC의 등장을 '비트코인의 승리'라고 여기지만, 내 전망은 정반대"라고 말했다. 짐 오닐 영국 왕립경제연구소 소장도 "비트코인은 오로지 투기 목적을 위한 자산"이라며 "화폐를 대체할 가능성은 없다"고 했다.

Ⅰ〈표 50〉 비트코인과 CBDC의 차이점

구분	암호화폐	CBDC
발행 · 거래 내역	• 블록체인상에서 분산되어 기록됨 • 블록체인 참여자가 모두 관리자	• 블록체인, 혹은 별도의 데이터베이스에 기록 • 중앙은행이나 정부 등 정해진 기관이 관리
발행량	• 총 공급량이 미리 정해져 있음(2,100만개) • 일정 기간마다 공급량이 줄어듦	• 총 공급량이 정해져 있지 않음 • 중앙은행이 공급량을 늘리거나 줄일 수 있음
가치	• 블록체인 참여자의 신뢰에 기반	• 정부가 보증

일부 국가들이 비트코인 등 민간의 가상화폐를 퇴출하는 것도 비트코인의 장래를 어둡게 한다. 중국은 지난 2017년 9월 가상화폐의 신규 발행과 거래를 전면 금지한 데 이어, 올해 초에는 중국 네이멍구(內蒙古)자치구의 가상

화폐 채굴장을 4월 말까지 전면 폐쇄하겠다고 발표했다. 인도 정부는 또 가상화폐의 거래는 물론, 보유까지 불법화하는 법안을 추진 중이다. 인도엔 약 800만명이 14억달러(약 1조5926억 원) 규모의 가상화폐를 보유한 것으로 추산된다. 프란치스코 블랑슈 뱅크오브아메리카 연구원은 "비트코인의 돈세탁 우려, 채굴에 따른 환경 비용 등 여러 요소를 감안할 때 규제는 지금보다 더 많아질 것"이라고 내다봤다.

낙관론 "CBDC와 비트코인 공존 가능"

그러나 CBDC의 시대가 와도 비트코인이 사라지지 않을 것이란 전망도 만만치 않다. 인류 역사에서 민간과 국가의 화폐 발행이 상당 기간 공존했다는 것이다. 미국은 1863년 이전까지 정부가 아닌 민간은행들이 화폐를 자유롭게 발행했다. 호주와 스코틀랜드 등 상당수 국가도 20세기에 들어서야 정부가 화폐 제조를 독점했다. IMF의 토비어스 에이드리언 금융자본시장국 국장은 "민간 회사들이 중앙은행 화폐보다 더 편리한 지불·결제 수단을 발명해내면서 민간의 혁신과 중앙은행의 법정화폐가 공존할 가능성이 있다"고 내다봤다. (중략) 일부 비트코인 강세론자는 CBDC 도입 소식에도 가격 전망을 높여 잡고 있다. 트럼프 행정부 백악관 대변인이었던 앤서니 스카라무치 스카이브리지 캐피털 대표는 올해 전망치를 10만달러(약 1억 1,285만원)로 제시했다. 캐시 우드 아크자산운용 CEO는 한술 더 떠 "비트코인 가격이 25만달러(약 2억 8,212만원)에 달할 것"이라고 전망했다. 이는 미국 기업이 현금의 10%를 비트코인에 투자했을 경우의 전망치다.

자료: 조선일보(2021.03.26.).

클라우드

클라우드란 전산 관련 자원을 직접 구축하여 소유하는 대신에 클라우드 서비스 제공자로부터 이를 필요한 만큼 제공받아 사용하는 컴퓨팅 방식을 의미한다. 즉, 다양한 서비스 모델에 따라 클라우드 서비스 제공자가 관리하는 서버·저장장치 등의 전산 인프라, 데이터베이스 등의 플랫폼, 응용소프트웨어 프로그램 등을 자체적으로 구축하지 않고 제공받는 것이다.

클라우드 서비스는 사용자가 전산 자원을 직접 구축하는 데 소요되는 기간과 비용을 절감할 수 있으며, 실제 서비스 사용량만큼만 비용을 지불하면 되므로 매우 경제적이다. 또한 빠르게 변화하는 전산 기술, 일시적인 접속 폭주 등 불규칙한 전산 수요 등 다양한 시장의 변화에 맞춰 민첩하고 유연하게 대응할 수 있다는 특징이 있다. 전산 접속이 집중하여 발생할 수 있는 서비스 장애도 예방할 수 있는 것이다. 아울러 클라우드 서비스는 새로운 지능형 기술을 쉽게 연계하여 활용할 수 있는 플랫폼으로 각광받고 있다. 인공지능, 빅데이터 분석 등은 전문적인 데이터 처리를 위한 고성능 컴퓨팅 자원이 필요한 분야이므로 클라우드 서비스의 활용 방안이 주목받고 있다.

금융의 디지털화에 따라 금융권에서 클라우드의 중요성은 높아지는 추세이다. 금융회사는 업무의 효율화를 위하여 내부 경영 업무, 고객서비스 등 주로 후선 업무에 클라우드를 활용해왔으나, 금융상품 데이터 분석, 인터넷·모바일 뱅킹 관련 전자금융 등 각종 핵심 업무로 활용범위를 넓히고 있다. 금융권의 클라우드 서비스 시장은 해외의 글로벌 기업이 중심을 이루고 있으나 국내 업체도 점차 비중을 확대하고 있다.

◎ 〈그림 63〉 클라우드 서비스의 개념

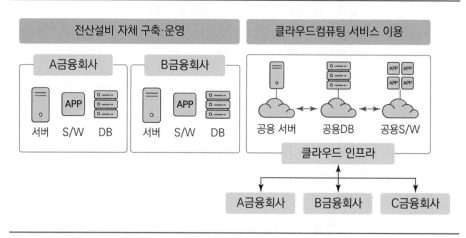

자료: 금융회사, 다양한 분야에 클라우드컴퓨팅 이용 활발(보도자료, 2020. 7. 20.), 금융감독원.

빅데이터

데이터는 '21세기의 원유'라고 표현될 만큼 4차 산업혁명 시대에 핵심 자원으로 주목받고 있다. 대규모의 다양한 데이터에서 유의미한 정보를 도출하는 빅데이터 기술은 미래의 핵심 기술 중 하나로 손꼽히고 있다. 금융 분야는 데이터의 정확성이 비교적 높고 통신, 유통, 문화 등 타 산업과의 데이터 연계·결합 가능 범위가 넓어서 빅데이터 기술의 활용도가 매우 높은 분야에 해당한다.

빅데이터는 다양한 금융분야에서 활용되고 있다. 고객의 재무 및 비재무 정보를 분석하여 신용평가에 반영하거나, 빅데이터를 활용하여 신규 보험상품 개발, 보험사고 조사 및 보험금 지급심사 업무 등을 수행한다. 각종 정보를 활용하여 고객 맞춤형 마케팅을 실시하기도 하며, 데이터 거래소 등을 통해 다양한 금융 분야의 데이터가 거래되고 있다.

국내에서는 2020년 데이터 3법(「개인정보 보호법」, 「정보통신망 이용 촉진 및 정보보호 등에 관한 법률」, 「신용정보의 보호 및 이용에 관한 법률」) 개정을 통해 금융회사의 빅데이터 업무 영위를 위한 제도적 기반이 마련되었다. 이에 금융회사가 보유한 개인신용정보 등을 바탕으로 관련 빅데이터 개발 및 빅데이터 자문(제공), 유통 등 데이터 활용범위가 넓어지고 있다. 또한 금융회사의 빅데이터가 다양한 산업의 데이터와 결합하여 새로운 산업도 성장할 것으로 기대된다.

다양한 핀테크 서비스

핀테크 관련 핵심기술의 발달에 따라 핀테크 서비스는 갈수록 다양해지고 있다. <그림 64>와 같이 비대면 종합은행 업무를 수행하는 인터넷전문은행, 모바일기기 등을 활용한 간편결제 및 송금, 자금조달 및 대출, 자산관리를 중심으

◎ 〈그림 64〉 주요 핀테크 분야별 다양한 서비스

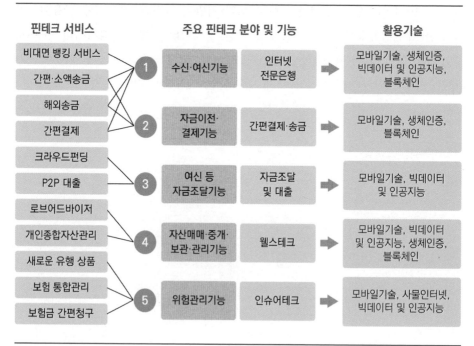

자료: 2020 한국 Fintech 동향 보고서, 한국핀테크지원센터 · 삼정KPMG. 금융감독원(2021) 재인용.

로 하는 웰스테크, 위험관리를 목적으로 하는 인슈어테크 등을 들 수 있다. 또한 핀테크 서비스는 플랫폼의 활용, 기술과 데이터의 융합 등에 의해 새로운 형태가 계속 나타나고 있다.

인터넷전문은행

인터넷전문은행은 오프라인 점포를 운영하지 않고 인터넷이나 모바일을 영업채널로 활용하여 업무를 영위하는 은행이다. 1990년대 미국에서 최초로 도입되었으며, 모회사, 계열회사 등과 연계하여 차별화된 사업모델을 바탕으로 서비스를 제공한다. 금융소비자 입장에서는 은행 점포를 방문하지 않고 온라인으로 다양한 금융서비스를 이용할 수 있으며, 시중은행보다 금리나 수수료가 비교적 낮다는 장점이 있다. 또한 금융산업 차원에서는 차별화된 사업모델 출현에 따라 은행간 경쟁이 촉진되며 금융산업 전반의 경쟁력이 높아지는 효과도 기대할 수 있다.

국내에서는 현재 케이뱅크와 카카오뱅크가 은행법에 따라 본인가를 취득하여 2017년부터 영업을 하고 있으며, 토스은행이 2021년 6월에 본 인가를 취득했다. 국내 인터넷전문은행은 설립 초기 대비 고객 수, 예금 및 대출 규모가 크게 증가하였으며 영업 실적도 개선되는 등 성장세를 보이고 있다.

📝 **살펴보기** 'MZ세대' 파고든 인터넷은행, 50대 이상 고객 비중도 '쑥'

오프라인 점포 없이 모바일 앱으로만 금융거래를 하는 인터넷전문은행의 고객층이 점차 넓어지고 있다. 국내 1·2호 인터넷은행 케이뱅크와 카카오뱅크 모두 30대 이하 젊은 층이 주요 고객이지만, 50대 이상 고객 비중도 빠르게 늘면서 전 연령대로 고객층이 확대되는 모습이다. 19일 은행권에 따르면, 케이뱅크의 올해 8월 말 기준 계좌 개설 고객 수는 645만명으로 작년 12월(219만명) 대비 426만명의 신규 고객을 새로 유치했는데, 이중 'MZ세대'인 2030세대가 62.1%를 차지했다. 20대 이하가 33.3%로 가장 많았고, 30대가 28.8%로 뒤를 이었다. 이어 40대가 22.1%를 차지했다. 국내 최대

규모 가상화폐거래소 업비트와의 제휴 효과 등에 힘입어 'MZ 세대'의 투자 열풍이 케이뱅크에 대한 관심과 신규 고객 유입으로 이어진 결과로 해석된다.

'인터넷은행은 중장년층이 선호하지 않을 것'이란 선입견과 달리 올해 신규 가입 고객 가운데 50대 이상의 비중도 15.8%나 됐다. 신규 고객의 12.2%가 50대였고, 3.6%가 60대 이상이었다. 전통 시중은행보다 예·적금 상품 금리는 높고 대출 상품 금리는 낮은 점이 중장년층 고객 유입에 영향을 미쳤을 거란 분석이다.

카카오뱅크 역시 올해 8월 말 기준 계좌개설 고객의 61%가 30대 이하 연령층으로 집계되는 등 'MZ 세대'가 여전히 주요 고객층이었다. 20대와 30대가 각각 29%였고, 10대 고객은 3%였다. 40대는 24%였다. 이러한 젊은 층의 압도적인 비중에는 못 미치긴 하지만, 8월 말 현재 카카오뱅크 계좌를 개설한 50대 이상의 비중도 16%나 됐다. 50대 이상 고객 비중은 2018년 말 10%, 2019년 말 11%에 불과했으나, 작년 말 14%까지 늘었고 올해 8월 말에는 16%로 커졌다. 카뱅 관계자는 "올해 들어 신규 고객 증가는 중·장년층이 이끌었다"며 "상반기 신규 고객 가운데 40~50대 비중이 48%였고, 60대 이상도 10%였다"고 설명했다.

자료: 매일경제(2021.09.19.).

간편결제 · 송금

간편결제는 온라인 또는 오프라인에서 재화 또는 서비스를 구매할 때 모바일 기기를 이용하는 결제방식이다. 지급 시 활용할 계좌 또는 카드관련 정보를 스마트폰에 미리 등록하고, 거래 시 단말기 접촉, QR코드 또는 애플리케이션 등을 통해 편리하게 결제할 수 있다. 또한 복잡한 본인인증절차 없이 간단한 거래비밀번호 또는 지문인식, 홍채인식, 얼굴인식 등을 활용한 생체인증 등을 통해 빠르게 거래할 수 있는 것이 특징이다. 국내 간편결제서비스 제공업체는 크게 정보·통신 계열과 유통·제조 계열로 구분할 수 있으며, 삼성전자의 삼성페이, 엘지전자의 엘지페이, NHN페이코의 페이코, 비바리퍼블리카의 토스페이, 이베이코리아의 스마일페이, 쿠팡의 쿠페이 서비스 등이 있다.

간편송금은 모바일 기기를 통해 계좌이체 등의 방식으로 선불금을 충전한 뒤, 수취인의 전화번호, SNS 등을 활용하여 간편하게 송금하는 서비스이다. 간편송금서비스 제공업체는 크게 전자금융업자와 금융회사 등으로 분류할 수 있으며, 대표적인 서비스로는 카카오페이, 네이버파이낸셜의 네이버페이, 케이뱅크의 퀵 송금 서비스 등을 꼽을 수 있다.

살펴보기 코로나 19 특수 타고 PG·간편결제, '쑥'

> 지난해 코로나19로 인한 비대면 열풍에 전자지급결제대행사(PG)와 간편결제 서비스 이용액이 큰 폭으로 증가했다. 29일 한국은행이 발표한 2020년중 전자지급서비스 이용 현황 자료에 따르면 지난해 PG서비스의 일평균 이용실적은 1679만건, 7055억원 증가한 것으로 조사됐다. 이는 전년 대비 각각 48.5%, 32.7% 증가한 것이다.
>
> PG서비스란 전자상거래에서 구매자로부터 대금을 수취해 판매자에게 최종 지급될 수 있도록 지급결제정보를 송·수신하거나 그 대가를 정산 대행, 매개하는 서비스를 말한다. 대표적인 회사는 NHN한국사이버결제, 토스 페이먼츠, 다날 등이 있다. 이처럼 PG사들의 결제실적이 큰 폭으로 증가한 데에는 코로나19의 영향이 컸다. 한국은행 관계자는 "PG서비스 이용의 증가는 코로나19의 영향 등으로 비대면 온라인 거래가 확대된 것이 주로 기인했다"고 설명했다.
>
> PG서비스 뿐만 아니라 선불전자지급 서비스 이용액도 큰 폭으로 늘었다. 이 역시 코로나 19 특수를 탔다. 선불전자지급 서비스란 미리 충전한 선불금을 교통요금, 상거래 대금을 지급하거나 송금할 수 있는 것을 말한다. 지난해 선불전자지급 서비스 일평균 이용건수는 1864만건으로 전년대비 63% 증가했고 이용액은 4676억원으로 같은 기간 59.4%나 늘었다. 한은 측은 "대면 수업 일수 급감 등으로 선불교통카드 사용이 감소했지만 간편결제, 송금 이용이 큰 폭 확대되면서 증가세가 지속됐다"고 설명했다.(중략)
>
> 새로운 결제 대세가 된 카카오페이, 네이버페이, 페이코 등 간편결제도 코로나19 특수를 누렸다. 지난해 간편결제 서비스 일평균 이용건수는 1455만건으로 전년대비 44.4%늘었고 이용금액은 4,492억원으로 41.6%나 늘었다. 간편결제 역시 코로나19 등으로 인한 비대면 온라인 거래가 지속적으로 확산되면서 이용률이 큰 폭으로 확대됐다고 한은 측은 분석했다.

자료: 비즈니스와치(2021.03.29.).

자금조달 및 대출

크라우드펀딩(crowd funding)은 군중 또는 다수를 의미하는 영어단어 크라우드(crowd)와 자금조달을 뜻하는 펀딩(funding)을 조합한 단어로, 온라인상에서 다수의 투자자로부터 자금을 조달하는 행위를 의미한다. 이때 다수의 투자자는 각자의 투자 성향, 집단지성 등을 활용하여 투자 여부 및 투자금액을 결정하게 된다. 크라우드펀딩은 자금을 모집하는 방식 및 투자자에 대한 보상 방식에 따라 증권형, 대출형, 후원형, 기부형으로 나눌 수 있다.

증권형 크라우드펀딩은 「자본시장과 금융투자업에 관한 법률」에 근거를 두고 있으며, 창업·벤처기업 등이 간소화된 방식으로 발행하는 주식 또는 채권에 투자자가 온라인 플랫폼을 통해 직접 투자하는 방식이다. 이를 통해 창업·벤처기업 등은 상대적으로 간편하게 증권을 발행하여 초기 자금을 공급받을 수 있고, 투자자에게는 벤처투자 등 다양한 기회가 확대되는 효과가 있다.

대출형 크라우드펀딩은 P2P대출(Peer to Peer Lending)로 불리며, 「온라인투자연계금융업 및 이용자 보호에 관한 법률」에 근거를 두고 있다. 이는 P2P업체가 온라인상의 플랫폼을 통해 투자자를 모집하여 투자금을 차입자에 대출하고, 대출에 따른 원리금수취권을 투자자에게 제공하는 형태이다. 이때 P2P업체는 투

◉ 〈그림 65〉 P2P 대출의 구조

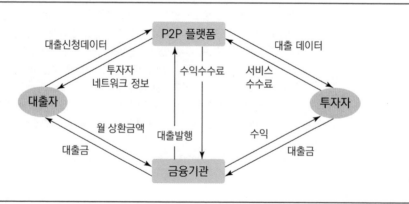

자료: 헬로, 핀테크, 금융플랫폼·금융데이터(2020). 한국핀테크지원센터. p.232.

자자와 차입자를 단순히 중개하는 업무만 수행하면서 투자자 및 차입자에게 중개수수료를 받으며, 대출 관련 이자손익은 투자자의 몫이다.

이 외에도 후원형, 기부형 크라우드펀딩이 활용되고 있는데 별도의 법률적 근거는 없다. 후원형 크라우드펀딩은 프로젝트 등에 필요한 목표금액을 설정하고 대중의 후원으로 이를 달성하면 금액이 제공되는 방식이다. 주로 문화, 복지 분야에서 많이 활용되며, 향후 출시될 공연 티켓, 제품 또는 서비스 등을 미리 구매하는 방식으로 활용되고 있다. 국내의 대표적인 플랫폼으로서 와디즈, 텀블벅을 들 수 있으며, 이러한 크라우드펀딩 방식은 자금을 조달하는 단계에서부터 마케팅 효과를 낼 수 있다. 기부형 크라우드펀딩은 보상을 조건으로 하지 않고 순수한 기부목적으로 자금을 지원받는 방식이다. 주로 비영리단체가 특정사업을 수행하기 위해 자금을 모집할 때나 이자 없이 자금을 빌려주는 서비스를 수행하기 위해 사용된다.

▌〈표 51〉 유형별 크라우드펀딩의 비교

유형	자금 모집 방식	주요 활용 분야	주요 플랫폼
후원·기부형	후원금, 기부금	예술, 복지 등 분야 사업자금 후원 또는 단순 기부	Kickstarter(2009), Indiegogo(2008)
대출형 (P2P lending)	대부	자금이 필요한 개인 또는 사업자에 소액 대출	Zopa(2005), Prosper(2005), Lending Club(2006)
투자형	출자(지분취득)	창업기업 등 투자자금 조달	Crowdcube(2011)

자료: 「디지털혁신과 금융서비스의 미래: 도전과 과제(2017)」, 한국은행.

웰스테크

웰스테크(WealthTech)는 부(wealth)와 기술(technology)의 합성어로, 자산관리를 위한 핀테크 서비스를 지칭하며 가장 대표적인 분야로 금융투자 관련 로보어드바이저를 들 수 있다. 로보어드바이저는 로봇(robot)과 투자자문가(advisor)의 합성어이며, 인공지능을 활용하여 투자자의 투자성향, 투자목표 및 기대수익률,

투자액 규모 및 자금의 성격 등을 진단한 뒤 자동으로 포트폴리오를 구성하여 투자하는 투자플랫폼이라 할 수 있다. 로보어드바이저는 알고리즘에 따라 자동으로 운영되기 때문에 상품 설계 시 인간의 판단과 개입을 최소화하므로, 수수료가 낮고 다양한 투자전략도 수립할 수 있는 장점을 갖는다. 해외에서 로보어드바이저 운용자산 규모는 지속적으로 성장하고 있다. 국내에서도 로보어드바이저의 펀드재산 직접운용을 허용하고, 자산운용사 등이 아닌 로보어드바이저 업체가 자산운용사 등으로부터 펀드·일임재산 운용업무를 위탁받는 것을 허용하는 등 각종 규제 완화에 힘입어 더욱 활성화되는 추세이다.

또한 각 금융회사에 분산되어 있는 개인의 자산 관련 정보를 편리하게 파악할 수 있도록 금융자산 현황을 종합하여 제공하는 개인종합자산관리서비스도 확대되고 있다. 이는 온라인을 통해 개인의 각종 금융자산 현황과 더불어 지출관리, 맞춤형 금융상품 추천, 신용관리 등 다양한 자산관리서비스를 제공하는 것이며, 국내의 대표적인 서비스로 뱅크샐러드(앱), 카카오페이, 브로콜리 등이 있다.

살펴보기 주력 투자처 된 AI 로보어드바이저... 고액도 믿고 맡긴다.

MZ세대 소액투자 수단으로 여겨졌던 인공지능(AI) 로보어드바이저 서비스가 점차 주력 투자처 중 하나로 자리잡고 있다. 초기 소액 중심 자산관리 서비스로 출발했으나 이제 1인당 평균 투자금액이 1000만원 안팎까지, 많게는 2억~3억원 혹은 그 이상까지 믿고 맡기는 서비스로 성장했다. 로보어드바이저 기업들은 개인뿐만 아니라 기관 투자자까지 고객사로 확보하며 자사 AI 로보어드바이저 엔진 기술 품질을 고도화하고 영향력을 넓히는데 속도를 내고 있다.

2일 업계에 따르면 AI 로보어드바이저 자산관리 애플리케이션(앱) 파운트, 불리오(두물머리), 핀트(디셈버앤컴퍼니자산운용) 등 주요 로보어드바이저 기업은 최근 일반 개인과 기업고객 양 시장을 모두 공략하는데 속도를 내고 있다. 회사마다 주력 분야 차이는 있지만 전반적으로 투자자문 고객수와 계약금액이 크게 늘었다. (중략) 파운트는 국내 보험사에 변액보험 사후관리 서비스를 공급하고 있다. 은행, 증권, 자산운용 등 약 20개 금융사에 자체 개발한 AI 엔진을 공급하고 있다. 초기 금융권 중심 B2B(기업 대 기업) 시장을 공략하며 성장했고 최근에는 일반 투자자를 확대하기 위해 대규모 마케팅을 집행하며 브랜드 인지도를 높이는 데 집중하고 있다.

AI 로보어드바이저 서비스 '불리오'를 제공하는 두물머리는 그동안 일반 투자자 대상 서비스에 집중했으나 최근 전 금융권 대상 B2B 서비스를 공급하는 데 주력하면서 새 전환기를 맞고 있다. 두물머리는 자체 개발해 특허를 출원한 AI 기반 목표기반투자(GBI) 엔진 '패스파인더'를 국내 금융사에 공급하는 방안을 논의하고 있다. 이 엔진은 마치 자동차 내비게이션처럼 투자가 시작된 이후에도 실시간으로 금융시장 변화를 감지해 목표 수익률을 달성하기 위해 지속해서 최적의 자산배분을 제안하는 것이 특징이다. (이하 생략)

자료: 전자신문(2021.08.02.).

인슈어테크

인슈어테크(InsurTech)란 보험(Insurance)과 기술(Technology)의 합성어로 상품개발, 계약체결, 고객관리 등 보험업무의 다양한 분야에 신기술을 융합하여 제공하는 서비스를 의미한다. 인슈어테크는 간편결제·송금 등 다른 분야에 비해 늦게 시작하였지만, 빅데이터를 적극적으로 활용할 수 있는 보험업의 특성과 사물인터넷 시대로 접어들고 있는 환경으로 인해 성장속도가 빨라지고 있다.

상품개발 단계에서는 사물인터넷 기술 활용을 통해 새로운 유형의 보험상품이 출시되고 있다. 예컨대, 보험회사가 웨어러블 디바이스 등을 통해 보험가입자의 운동 등 건강관련 정보를 수집하여 보험료 할인 등을 지원하는 건강증진형 보험이 있다. 스마트폰 네비게이션 등을 통해 보험가입자의 운전습관 관련 정보를 수집하여 보험료를 할인하는 운전습관 연계 자동차보험도 들 수 있다. 또한 다양한 빅데이터 분석을 통해 고객에게 맞춤형 상품을 추천하거나 추가 고객을 예측하여 추출하고 마케팅을 할 수 있다. 계약 심사를 고도화하고 보험사기를 탐지하며 인공지능 챗봇을 활용하여 고객상담 및 각종 단순업무에 활용하고 있다.

고객관리를 위한 앱들도 다양하게 출시되고 있는데, 보험 가입정보 및 보험 과부족 진단서비스 등을 제공하는 보험 통합관리 서비스(앱), 보험금 간편청구 서비스(앱) 등이 대표적인 예이다.

◎ 〈그림 66〉 보험회사의 인슈어테크 적용분야

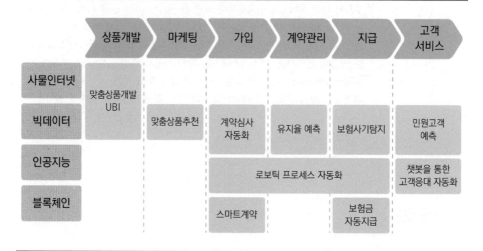

자료: 보험회사 인슈어테크 활용현황(보도자료, 2019. 5. 22.), 금융감독원.

📝 **살펴보기**   인슈어테크 스타트업 '레모네이드'

"기존에 당신이 알던 보험은 잊어라(Forget Everything You Know About Insurance)". 지난 7월 2일 미국 뉴욕증시거래소(NYSE)에 데뷔한 온라인 주택보험 스타트업 '레모네이드'(Lemonade, NASDAQ: LMND)의 홈페이지를 가면 볼 수 있는 야심찬 광고 문구다. (중략)

2015년 4월 뉴욕에서 설립된 레모네이드는 보험(insurance)과 기술(tech)을 접목한 '인슈어테크' 회사로, 주택소유자와 임차인을 위한 보험을 주력 상품으로 내놓고 있다. 한국에서는 생소하지만 미국은 집을 사지 않는 이상 월세 거주인 경우가 대다수인데, 집주인이 세입자에게 주택보험을 들라고 요구하는 경우가 있다. 계약 기간 중 가구·가전 등이 파손됐을 경우, 주택보험으로 피해 보상을 받을 수 있다.

레모네이드는 인공지능(AI)과 빅데이터 알고리즘, 머신러닝 기술 등을 활용해 어떤 서류작업도 없는(zero paperwork) 즉석 보험 가입과 빠른 피해 보상 서비스를 제공한다. 모바일 애플리케이션(이하 '앱')과 온라인을 기반으로 여성형 인공지능(AI) 봇(bot) '마야'(Maya)가 상품 가입을 도와주고 남성형 봇 '짐'(Jim)이 피해 보상 절차를 안내한다. 스마트폰 앱으로 간편히 90초면 보험 가입이 완료되고, 피해 보상도 빠르면 3분 만에 이뤄진다는 게 회사의 설명이다.

보험 에이전트를 거치지 않으니 가격 거품도 빠졌다. 주택소유자 보험의 경우 최소 월 25달러, 세입자 보험은 월 5달러부터 보험 가입이 가능하다. 여기에 가입 절차부터 피해보상까지 스마트폰 하나면 되니 레모네이드 고객의 약 70%가 35세 이하 청년이며, 다른 보험사 상품에서 변경한 것이 아닌 신규 보험 가입자가 90%에 이른다.

레모네이드는 고객으로부터 받은 보험료의 25%를 수수료로 받고, 남은 75%를 예상 지급보험금(손해율)과 재보험 비용 등으로 남기는데, 피해 보상금 지급 후 남은 보험금은 기부단체 등 사회에 환원하고 있다. 최근 기업의 사회적 가치에 대한 인식이 투자 결정 과정에서 점차 중요하게 작용하면서 레모네이드의 사회친화적 사업 모델은 각광받고 있다는 소식이다. 비상장기업 주식을 거래하는 일종의 사설 거래소 셰어즈포스트(Sharespost)는 레모네이드가 "보험을 필요악이 아닌 사회적 선으로 재창조하고 있다"고 평가했다. (이하 생략)

자료: 뉴스핌(2020. 7. 9.).

핀테크와 금융환경의 변화

핀테크는 금융소비자에게 높은 금융접근성, 낮은 비용의 금융서비스 제공으로 새로운 부가가치를 창출하며 금융산업 경쟁을 촉진하는 신성장동력으로 작용하고 있다. 그러나 핀테크 발전과 함께 개인정보 유출이나 해킹 등 보안문제 발생, 금융산업 고용감소와 빅테크 기업 쏠림현상 등 새로운 리스크도 출현하고 있다.

핀테크 발전에 따른 기대효과

핀테크의 발전에 따른 기대효과는 금융소비자의 측면과 금융산업 측면에서 구분해 볼 수 있다. 먼저 금융소비자 측면에서는 첫째, 디지털금융은 규모의 경제로 많은 사람들에게 신뢰성 있는 서비스를 신속하고 효율적으로 제공하여 고객편의를 증대시키고 있다. 또한 디지털을 활용한 비용 절감으로 대출이 어려운 계층에게 저금리의 대출이 가능하게 되고, 보다 효율적인 금융포용정책을 수립할 수 있다. 특히 전통적인 금융인프라가 확립되지 않은 지역의 금융소외층도 접근이 용이한 기술과 금융기법 등이 개발되면서 금융포용이 증진되고 경쟁 촉진으로 소비자후생도 증가할 수 있다.

둘째, 더욱 좋은 금융상품을 편리하게 이용할 수 있다. 빅데이터 분석, 로보어드바이저 등을 이용해 맞춤형 금융상품, 서비스나 디지털 경험을 제공할 수 있다. 예를 들어, 아마존, 애플, 페이스북, 구글 등은 뛰어난 데이터 관리능력을 활용하여 고객요구에 보다 기민하게 대응하고 있다. 핀테크는 모바일이나 웨어러블 디바이스를 이용해 시간적·공간적 제약없이 금융거래를 가능케 하여 금융소비자가 원하는 시간에 원하는 방식으로 금융상품 및 서비스를 이용할 수 있도록 한다. 나아가 기술진보로 핀테크 기업과 금융회사가 예전보다 훨씬 낮은 비용으로 양질의 서비스를 제공할 수 있게 되어 금융소비자의 효익이 증가할 수 있다.

다음으로 금융산업의 측면에서는 첫째, 경쟁촉진을 통한 금융시장의 효율성 증진을 기대할 수 있다. 기존의 금융시장은 높은 진입규제로 인해 대형 금융회사 위주의 과점적 시장형태로 구성되어 있었다. 그러나 핀테크 기업이 금융업에 새로이 진출함에 따라 치열한 경쟁과 함께 금융시장의 효율성이 증진되고 있다. 예컨대, 인터넷전문은행 영업개시 이후 기존 은행들도 대출금리 인하나 고객서비스를 적극 개선한다든지, 마이데이터 사업자 지정이 발표되면서 금융회사, 핀테크기업 등이 시장 전체를 대상으로 상품경쟁을 하는 것 등이 그 사례이다.

둘째는 새로운 상품 개발 및 영업환경 개선을 기대할 수 있다. 전통적인 금융서비스와 핀테크를 결합함으로써 새로운 상품 및 서비스를 제공할 수 있게 되었다. 기존 고객에게는 디지털플랫폼을 활용한 신규 서비스를 제공하여 고객관리에 경쟁우위를 확보할 수 있고, 소셜미디어 등 인터넷 기업과의 제휴를 통해 신규 고객을 창출할 수도 있다. 또한 다양해진 데이터와 알고리즘으로 인해 고객의 비재무적 정보도 활용할 수 있어 신용평가체계도 향상되고 있다. 이를 통해 금융회사의 의사결정속도가 빨라지고 비용도 절감할 수 있다

핀테크 발전에 따른 위험요소

핀테크 발전에 따른 위험요소도 금융소비자 측면과 금융산업 측면에서 살펴볼 수 있다. 금융소비자 측면에서는, 첫째, 개인정보유출로 인한 피해발생의 우려이다. 간편결제 등 비대면거래가 급증함에 본인확인 등의 절차를 간소화하는 핀테크 서비스의 장점을 악용한 개인정보 유출로 소비자피해 발생이 우려된다. 핀테크 기업이 적절한 보안 기준을 준수하지 않을 경우 대규모의 개인 정보나

데이터 탈취가 발생할 수 있다. 특히 새로운 인증수단인 생체정보는 일반 패스워드와 달리 자유로운 갱신이나 변경이 불가능하여 정보유출 시 지속적으로 악용될 수 있어 피해도 심각할 수 있다.

둘째로 신용리스크의 소비자 전가이다. P2P대출 플랫폼의 경우, 제도적으로 적절하게 감독하더라도 신용 등 관련 리스크가 실질적으로 최종 투자자에게 전가될 수 있다. 따라서 금융상품이나 상품에 내재된 리스크를 이해하지 못하는 투자자가 큰 손실을 입을 가능성이 크다. 예컨대 P2P대출의 경우 최종 투자자가 돈을 대출한 기업이나 개인의 신용 및 유동성 리스크를 직접 부담함에 따라 차주의 상환불능에 따른 손실을 고스란히 부담하게 된다. 또한 주로 금융회사의 대출심사를 통과하지 못한 개인이나 기업이 P2P대출을 이용하려고 하는 역선택의 문제가 발생할 수도 있다. 이를 막기 위해서는 대출플랫폼이 투자자에게 적절한 정보를 제공하여 투자자가 올바른 판단을 내릴 수 있도록 도와야 한다.

다음으로 금융산업의 측면에서는, 첫째, 기술진보로 인한 일자리 감소이다. 금융기술의 진보에 따라 소매 은행업 부문에서 지점과 고용 인원의 감소가 크게 나타나고 있다. 모바일 뱅킹 등의 발달로 창구업무는 점점 자동화되고 있으며, 다양한 모바일서비스를 제공하여 사용자 편의성을 확보한 은행이 비교 우위를 갖게 될 가능성이 높다. 미국 및 유럽은행의 소매 지점수와 고용 인원은 2025년까지 최대 50%까지 감소할 것으로 전망된다는 의견이 있다.

둘째로 운영 리스크와 컴플라이언스 리스크를 들 수 있다. 혁신적인 금융상품 및 서비스의 확산으로 서비스 제공 관련 제반사항이 복잡해짐에 따라 운영리스크의 관리 및 통제가 곤란하게 될 수 있다. 금융회사가 아웃소싱을 늘리고, 클라우드 서비스나 핀테크 기업과의 제휴 등 외부 서비스제공업체 이용을 많이 할수록 운영이 복잡해지고 투명성은 저하될 수 있기 때문이다. 예컨대, 외부 서비스제공업체 이용이 증가하면 데이터보안, 개인정보보호, 자금세탁, 사이버 범죄 및 고객보호와 관련된 리스크도 증가할 수 있다. 또한 기존 IT시스템이 변화를 수용하지 못하거나 변화에 맞추어 시스템을 개선하더라도 그 구현방법이 부적합할 가능성도 있으며, 기술의존도 증가로 인해 핀테크 기업 이외에 연관 금융회사까지 사이버공격으로부터 취약해질 가능성도 있다.

빅테크 기업이 금융업에 진출하는 진짜 이유는?

세계적으로 빅테크의 금융산업 진출이 가속화되면서 금융업의 경쟁 구도가 재편되고 있다. 디지털 서비스를 제공하는 시장에서 시장지배력을 가진 거대 기술 기업을 뜻하는 빅테크 기업은 SNS, 포털, 유통 중심의 고객 최접점플랫폼을 바탕으로 혁신 금융서비스를 제공하고 있다. 빅테크 기업은 금융업의 후발주자이지만, 대규모 고객 기반과 선도적인 디지털 플랫폼, 데이터 활용 역량과 뛰어난 ICT 기술 등을 기반으로 금융산업에서의 영역을 공격적으로 확장하는 중이다.

빅테크 기업이 금융업에 진출하는 이유는 무엇일까? 첫 번째로 디지털에 익숙한 MZ세대가 주력 경제 인구로 부상함에 따라 스마트 기기를 이용한 모바일·온라인 금융 거래에 주력하는 빅테크 기업이 금융산업에서 경쟁력을 가지게 됐다. 두 번째로는 데이터 확보를 통해 새로운 수익을 창출할 수 있기 때문이다. 빅테크 기업은 사용자의 온라인 검색기록, SNS 활동 데이터 등 기존 사업에서 축적한 데이터와 금융업에 진출함으로써 얻는 고객 상품 및 거래 정보를 결합하여 신규 서비스를 창출하고 기존 비즈니스를 강화할 수 있다. 마지막으로 금융산업의 혁신과 경쟁을 촉진하기 위해 각국에서 비금융기관에 대한 금융업 관련 규제를 완화하는 트렌드가 지속되면서 빅테크 기업의 금융시장 진출에 유리한 환경이 조성됐다.

국내외 빅테크 기업의 금융업 진출 동향

해외 빅테크 기업의 금융업 진출 동향은 어떠할까? 대표적으로 미국과 중국 빅테크 기업은 SNS, 전자상거래 등 자사 핵심 사업과 거대 자본을 기반으로 금융업에 진출하여 선전하고 있다. 미국의 경우 구글, 애플, 페이스북 등이 자사의 지급결제 서비스를 중심으로 기존 금융사와의 파트너십, 핀테크 기업에 대한 투자, 암호화폐 개발 등 다양한 행보를 보인다. 중국은 알리바바, 텐센트, 바이두, 징둥닷컴 등 플랫폼 기업이 지급결제에서 은행업, 보험, 투자에 이르기까지 다양한 금융서비스를 직접 제공하는 전략을 펼치고 있다.

국내에서도 모바일 채널을 통한 금융 서비스 접근성이 확대되면서 기존 금융사와 빅테크, 핀테크 등의 경쟁이 치열해지고 있다. 카카오는 2017년 인터넷전문은행 카카오뱅크를 설립하고 본격적으로 금융산업에 진출했으며, 카카오뱅크와 카카오페이를 필두로 금융당국의 라이선스를 직접 취득해 금융산업을 공략 중이다. 네이버는 간편결제 서비스 네이버페이를 확장하고, 2019년 설립한 네이버파이낸셜을 통해 금융·쇼핑·결제 간 시너지 강화로 영향력을 넓혀가고 있다. 핀테크 유니콘 기업으로 성장한 비바리퍼블리카 또한 토스증권과 토스인슈어런스를 설립하며 종합금융플랫폼으로 도약하고 있으며, 토스뱅크 런칭을 앞두고 있다.

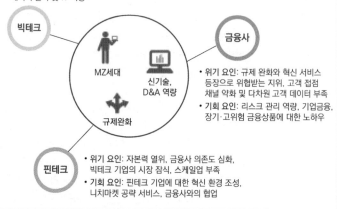

◎ 〈그림 67〉 금융생태계 변화로 인한 위기와 기회

• 위기 요인: 빅테크 규제 움직임, 금융사의 견제,
  글로벌 빅테크 및 새로운 핀테크 기업과의 경쟁
• 기회 요인: 강력한 플랫폼과 고객 기반,
  데이터 분석 및 IT 역량

빅테크

MZ세대

신기술,
D&A 역량

규제완화

금융사

• 위기 요인: 규제 완화와 혁신 서비스
  등장으로 위협받는 지위, 고객 접점
  채널 약화 및 다차원 고객 데이터 부족
• 기회 요인: 리스크 관리 역량, 기업금융,
  장기·고위험 금융상품에 대한 노하우

핀테크

• 위기 요인: 자본력 열위, 금융사 의존도 심화,
  빅테크 기업의 시장 잠식, 스케일업 부족
• 기회 요인: 핀테크 기업에 대한 혁신 환경 조성,
  니치마켓 공략 서비스, 금융사와의 협업

자료: 삼정KPMG(2021.05).

디지털 금융 활성화와 경쟁 심화, 무엇을 준비해야 할까?

최근 마이데이터(My Data), 마이페이먼트(MyPayment), 종합지급결제업 등 기존 금융산업의 진입장벽을 낮추는 정책들이 이어지고 있다. 이에 디지털 금융이 활성화됨과 동시에 금융권 내 경쟁이 심화될 것으로 전망된다. 새로운 금융 서비스 분야의 등장은 고객 접점이나 유저베이스(User Base)가 풍부한 빅테크 기업의 강점과 맞물리며 기존 금융사의 위협이 될 수 있다. 따라서 금융산업 내 플레이어들은 모바일 고객 접점에서 상호작용(Interaction)을 강화하고 트래픽(Traffic)을 높여 플랫폼 경쟁력을 확보하는 것은 물론, 고객 접점 확대 및 기술 확보를 위한 제휴 및 투자, MyData 도입에 따른 상품 자체의 차별성 제고 및 오프라인 채널의 자문 역량 강화, 금융의 사회적·공공적 가치 창출을 고민할 필요가 있다.

한편 독과점, 개인정보보호, 금융시스템 안정성 등 빅테크 기업에 대한 우려가 높아지며, 글로벌 감독 기관을 중심으로 공정한 경쟁의 장을 조성하기 위한 '동일기능·동일규제' 원칙의 필요성이 확산되고 있다. 이와 관련하여 디지털 서비스 과세, 개인정보 규제 강화와 역외이동 제한, 핀테크 기업의 결제 시스템 접근성 개편 논의 등이 이루어지고 있다. 우리나라에서도 2020년 12월 디지털 금융 규제·제도 개선방안이 발표되어 국내 빅테크 기업 또한 제도권 편입이 가시화됨에 따라 금융 시스템 안정과 소비자 보호를 위해 더욱 힘써야 한다.

격화되는 경쟁 환경 속에서 기존 금융사와 빅테크 기업 모두 혁신적 비즈니스를 창출하기 위해 노력해야 한다. 이와 함께 고객의 신뢰를 확보하고 소비자 중심의 금융 서비스를 제공하는 기업만이 경쟁력을 갖고 금융산업을 주도할 수 있을 것이다.

자료: 삼정KPMG(2021), 5월호, p.6-7.

핵심내용 정리

- 핀테크
  - 금융(finance)과 기술(technology) 합성어. 전통적 핀테크, 신흥 핀테크

- 핀테크 관련 기술
  - 인공지능, 블록체인, 클라우드, 빅데이터 등

- 주요 핀테크 서비스 분야
  - 인터넷전문은행, 간편결제 및 송금, 자금조달 및 대출, 웰스테크, 인슈어테크 등

- 핀테크 도입 효과
  - 금융소비자 측면: 금융포용 확대, 더욱 좋은 상품을 편리하게 제공
  - 금융산업 측면: 경쟁촉진을 통한 금융시장 효율성 증진, 새로운 상품 개발 및 영업환경 개선

- 핀테크 도입에 따른 위험 요소
  - 금융소비자 측면: 개인정보유출, 신용리스크의 소비자 전가
  - 금융산업 측면: 기술진보로 인한 일자리 감소, 운영 리스크와 컴플라이언스 리스크

CHAPTER

11

금융소비자보호

금융과 사회
금융으로 세상읽기

SECTION 01 금융소비자보호의 개요

SECTION 02 금융사기 피해예방

금융소비자보호의 개요

금융소비자보호법

금융소비자보호[18]의 필요성

금융회사가 금융소비자에게 금융상품을 판매할 때 금융회사와 금융소비자 간의 금융거래는 공정하게 이루어져야 한다. 그러나 금융회사는 금융시장 상황이나 금융상품 구조에 대해 금융소비자보다 많은 정보를 가지고 있고 금융거래조건을 결정하는 교섭력도 금융소비자보다 우위에 있는 편이다. 따라서 상대적으로 열위에 있는 금융소비자를 보호하는 장치를 마련하여 금융거래가 공정하게 이루어질 수 있도록 할 필요가 있다. 뿐만 아니라, 금융회사가 우월적 지위를 남용하여 금융소비자에게 피해가 발생할 경우 금융회사에 대한 신뢰가 무너져 금융산업과 금융시장 전체에 부정적인 영향을 미칠 수 있으므로 금융소비자보호는 전체 금융시스템의 안정을 위해서도 필요하다.

또한 저금리 추세와 금융기술의 발달에 따라 새로운 금융상품이 등장하고 금융거래 환경이 급속하게 변화하고 있다. 금융소비자의 금융역량은 이에 미치지 못할 뿐만 아니라 노령화, 자산 및 소득부족, 금융지식 부족 등으로 금융시장에서 소외되는 금융소비자도 늘어나고 있다. 금융거래의 방식이나 금융상품이 점차 복잡해지고 금융시장 환경도 변화함에 따라 금융소비자를 보호하는 방법도 진화할 필요가 있다.

---

18) 실용금융(2021), 금융감독원. p314−321, p333−338.

금융소비자보호법의 개요

　금융시장에서 건전한 금융거래가 이루어지기 위해서는 금융소비자의 피해를 예방하거나 구제하는 금융소비자보호 체계가 실효성 있게 확보되어야 한다. 이를 위해 2020년 3월 금융소비자보호에 관한 법률(이하 '금융소비자보호법')이 제정되어 2021년 3월부터 시행되었다. 이 법에서는 금융소비자의 권익 증진과 건전한 시장질서 구축을 위하여 금융상품판매업자등의 영업에 관한 준수사항, 금융소비자의 권익보호를 위한 금융소비자 정책, 금융분쟁조정절차 등에 관한 사항을 정하고 있다.

　금융소비자보호법에서 금융소비자는 금융상품판매업자 등이 제공하는 금융상품을 이용하는 소비자를 의미한다. 금융소비자보호법에서는 모든 금융상품을 예금성 상품, 투자성 상품, 보장성 상품 및 대출성 상품으로 재분류하고 있다. 예금성 상품은 은행 예금 등 원금이 보장되며 이자수익이 발생하는 상품이고, 투자성 상품은 펀드 등 원금이 보장되지 않으며 투자손익이 발생하는 상품이다. 보장성 상품은 보험료를 납입하고 장래 보험사고가 발생할 경우에 보험금을 받는 상품이며, 대출성 상품은 먼저 금융회사 등에서 돈을 빌려 사용한 후 원금과 이자를 추후에 상환하는 상품이다. 또한, 금융소비자보호법에서 금융상품판매업자 등(이하 '금융회사')은 은행, 보험사 등과 같이 금융소비자에게 직접 금융상품을 판매하는 직접판매업자, 보험설계·중개사 등과 같이 금융상품 판매를 중개하거나 금융회사의 위탁을 받아 판매를 대리하는 판매대리·중개업자, 금융소비자가 자신에게 적합한 상품을 구매할 수 있도록 자문을 제공하는 자문업자로 재분류된다. 이는 금융소비자 입장에서 금융상품 및 판매행위를 재분류하여 동일한 기능에 대해 동일하게 규제하는 체계를 도입하기 위한 것이다. 또한, 금융소비자보호법은 금융소비자에게 사전 정보제공을 강화하고, 금융상품 판매행위를 규제하며, 금융소비자의 사후 권리구제를 강화하는 등 금융소비의 다양한 과정에서 금융소비자를 보호하는 체계를 갖추고 있다.

금융소비자의 권리

금융소비자의 권리와 책무

금융소비자보호법은 금융소비자의 권익을 증진하기 위해 금융소비자의 기본적 권리를 규정하고 있다. 금융소비자는 금융회사의 위법한 영업행위로 인한 재산상 손해로부터 보호받을 권리, 금융상품을 선택하고 소비하는 과정에서 필요한 지식 및 정보를 제공받을 권리 그리고 금융상품의 소비로 인하여 입은 피해에 대하여 신속·공정한 절차에 따라 적절한 보상을 받을 권리가 있다. 뿐만 아니라, 금융소비생활에 영향을 주는 국가 및 지방자치단체의 정책에 대하여 의견을 반영시킬 권리와 금융소비자 스스로의 권익을 증진하기 위하여 단체를 조직하고 이를 통하여 활동할 수 있는 권리도 있다. 또, 금융소비자는 합리적인 금융소비생활을 위하여 필요한 교육을 받을 권리가 있다.

또한, 금융소비자보호법에서는 금융소비자의 책무도 정하고 있다. 금융소비자는 금융회사와 더불어 금융시장을 구성하는 주체임을 인식하여 금융상품을 올바르게 선택하고, 금융소비자의 기본적 권리를 정당하게 행사해야 한다고 규정하고 있다. 뿐만 아니라, 금융소비자는 스스로의 권익을 증진하기 위하여 필요한 지식과 정보를 습득하도록 노력하여야 한다는 점도 분명히 하고 있다.

국가와 금융회사의 역할

금융소비자보호법에서는 국가와 금융회사가 금융소비자의 권리를 보장하기 위한 역할도 규정하고 있다. 국가는 금융소비자의 권익 증진을 위한 시책 수립·실시, 관련 법령 제·개정, 필요한 조직 운영 및 금융소비자의 조직 활동 지원 등을 해야 한다. 그리고 금융회사는 공정한 금융환경 조성, 재산피해 예방조치, 공정한 거래, 금융상품 정보 제공 및 개인정보보호 등의 책무를 다해야 한다.

금융소비자 보호를 위한 장치

금융소비자 보호를 위한 장치는 크게 사전적 예방조치와 사후적 구제장치로 구분할 수 있다. 사전적 예방조치는 금융소비자가 금융회사와 거래할 때 발생하는 위험요소를 없애기 위해 금융거래 관행과 제도를 합리적으로 개선하고 금융거래의 안전성을 확보하는 것이다. 구체적으로 금융회사의 영업행위 규제, 공시의무 부과 그리고 금융교육 등을 통한 금융소비자의 금융역량 제고 등이 있다. 사후적 구제장치는 금융소비자의 불만을 해소하고 피해를 구제하는 것으로서 금융민원 처리 및 분쟁조정, 손해배상책임, 예금자보호제도 등이 있다.

「은행법」, 「자본시장과 금융투자에 관한 법률」, 「보험업법」 등 각 금융업법과 「금융회사의 지배구조에 관한 법률」, 「개인정보보호법」 등 각 기능별 법률에서는 금융회사의 영업행위 또는 건전성 등에 대한 규제를 통해 직·간접적으로 금융소비자를 보호하는 장치를 마련하고 있다. 따라서 이들 법률에서 금융소비자 보호에 관하여 특별히 정하는 경우에는 이들 법에 따르고, 별도로 정한 바가 없는 경우에는 금융소비자 보호에 관한 기본법인 금융소비자보호법을 적용한다. 여기에서는 금융소비자보호법에서 규정하고 있는 금융상품 판매행위 규제와 금융피해구제에 대하여 설명한다.

금융상품 판매행위 규제

금융소비자보호법에서는 금융상품을 판매하는 금융회사의 영업행위를 규제하여 금융소비자의 피해를 예방하거나 보상받을 수 있도록 하고 있다. 금융소비자는 금융상품을 이용하면서 금융회사가 영업행위 준수사항을 이행하는지 확인하여 불완전판매의 피해를 입지 않도록 해야 한다. 금융회사가 지켜야 할 금융상품 유형별 영업행위 준수사항은 적합성 원칙, 적정성 원칙, 설명의무, 불공정영업행위의 금지, 부당권유행위 금지 그리고 금융상품 등에 관한 광고 관련 준수사항 등이다.

적합성 원칙

금융회사가 금융소비자와 금융상품의 계약 체결(또는 자문)을 하려면 먼저 금융소비자를 전문금융소비자 또는 일반금융소비자[19]로 구분해야 한다. 적합성 원칙은 일반금융소비자에게 적용되는데, 금융회사가 금융소비자에게 금융상품 계약 체결을 권유할 때 금융소비자의 재산상황, 투자경험(투자성 상품의 경우), 신용 및 변제계획(대출성 상품의 경우) 등을 고려하여야 한다는 원칙이다. 일반금융소비자에게 적합하지 않은 금융상품을 권유해서는 안 된다. 예를 들어, 위험성향이 낮은 금융소비자에게 위험등급이 높은 금융상품을 권유해서는 안 되고, 대출상품을 권유하는 경우에는 금융소비자의 신용이나 변제계획을 고려해야 한다.

적정성 원칙

적정성 원칙은 금융회사가 금융상품을 권유하지는 않지만 일반금융소비자가 스스로 금융상품을 선택할 경우에 적용되는 원칙이다. 이 경우에도 금융소비자의 재산상황, 투자 목적과 경험 등에 관한 정보를 파악하여 금융소비자에게 적정하지 않은 금융상품이라고 판단되면 그 사실을 금융소비자에게 알려야 한다.

설명의무

설명의무는 금융회사가 금융소비자와 금융거래계약을 체결할 때 금융상품을 충분히 이해하고 중요사항을 설명해야 하는 금융회사의 의무이다. 이때 중요사항을 거짓, 왜곡, 누락하여 설명해서는 아니 된다. 금융소비자가 이해할 수 있도록 설명해야 하고, 금융소비자가 이해하였다는 것을 확인받고, 핵심설명서를 교부하여야 한다. 중요사항은 <표 50>과 같다. 금융소비자는 금융회사의 설명과 제공된 정보를 통해 금융상품을 잘 이해하고 나서 서류에 서명하도록 한다.

---

[19] 전문금융소비자는 국가나 한국은행, 금융회사 등 전문성이 있고 자산규모가 큰 금융소비자를 말하고, 일반금융소비자는 전문금융소비자가 아닌 소비자로서 개인이나 기업 등을 포함한다.

┃〈표 52〉 금융소비자가 알아야 하는 중요사항

금융상품의 종류	중요사항
예금성 상품	예금성 상품의 내용, 이자율, 수익률 등
투자성 상품	투자성 상품의 내용, 투자에 따른 위험, 위험등급, 수수료 등
보장성 상품	보장성 상품의 내용, 보험료, 보험금 지급제한 사유 및 지급절차, 위험보장의 범위, 위험보장 기간 등
대출성 상품	대출성 상품의 내용, 상환방법, 담보, 대출계약으로 인한 부담총액, 계약해지 사항 등
제휴 상품	연계·제휴서비스 등의 내용, 연계·제휴서비스 등의 이행책임에 관한 사항, 연계·제휴서비스 등의 제공기간 등
금융소비자 보호사항	청약 철회의 기한·행사방법·효과에 관한 사항

불공정영업행위 금지

불공정영업은 금융회사의 우월적 지위를 이용하여 금융소비자의 권익을 침해하는 영업행위를 말한다. 금융회사는 금융소비자가 대출받을 때 원하지 않는데도 다른 금융상품을 계약하도록 강요하거나(구속성 상품 또는 끼워팔기) 부당한 담보·연대보증 요구 또는 대출금 상환방식 강요, 부당한 중도상환수수료 부과 등을 해서는 안 된다. 또, 업무와 관련하여 편익을 요구·제공받거나 연계·제휴서비스를 부당하게 축소·변경해서는 안 된다.

부당권유행위 금지

부당권유는 금융소비자가 금융상품을 오인하거나 잘못 이해할 수 있도록 하는 행위를 말한다. 금융회사는 불확실한 사항에 대하여 단정적 판단을 제공하거나 금융소비자가 확실하다고 오인하게 할 소지가 있는 내용을 알려서는 안 되고, 금융상품의 내용을 사실과 다르게 알려서도 안 된다. 또, 금융상품의 가치에 중대한 영향을 미치는 사항을 알리지 않거나 객관적인 근거 없이 다른 금융상품과 비교해서도 안 된다. 이 뿐만 아니라, 추가적으로 금지되는 행위도 있다. 보장성 상품의 경우에는 금융소비자의 계약전 알릴의무(고지의무)[20]를 방해 또는 알리지 않거나 부실하게 알리도록 권유해서는 아니 된다. 예를 들어, 금융소비자가 질병이 있는 경우 보험상품을 계약할 수 없는 경우가 있지만, 보험설계사가 실적을 높이기 위해 금융소비자가 고지의무를 이행하지 않도록 유도하여 계약체결을 성사시키는 경우가 이에 해당된다. 금융소비자는 고지의무 불이행으로 보험금을 지급받지 못하게 될 수도 있다. 투자성 상품의 경우에는 금융소비자가 원하지 않는 방문·전화를 하거나 계약체결을 거절하였는데도 계속 권유해서는 아니 된다. 적합성·적정성원칙과 관련하여 금융소비자가 자신의 정보를 조작하도록 유도하는 행위와 금융소비자가 적합성 원칙의 적용을 원치 않는다는 동의를 받는 행위도 해서는 안 된다.

광고 규제

금융소비자가 금융상품의 내용을 오해하지 아니하도록 명확하고 공정하게 전달하여야 한다. 광고에는 금융상품 설명서 및 약관을 읽어볼 것을 권유하는 내용과 금융회사의 명칭과 금융상품의 내용을 반드시 포함하여야 한다. 보장성 상품의 경우 보험료 등이 인상되거나 보장내용이 변경될 수 있다는 내용, 투자성 상품의 경우 투자에 따른 위험과 과거의 운용실적이 미래의 수익률을 보장하는 것이 아니라는 내용, 예금성 상품의 경우 만기지급금 등을 예시하여 광고하는 경우에는 해당 예시된 지급금 등이 미래의 수익을 보장하는 것이 아니라는 내용 그리고 대출성 상품의 경우 대출조건 등이 표시되어야 한다. 또한 광고에서 대리·중개업자 또는 연계·제휴서비스업자 등을 부각시켜 소비자가 직접판매업자로 오인하게 만드는 것은 금지된다.

---

20) 보험계약을 하는 경우 보험소비자는 건강상태나 연령 등을 보험회사에 알려야 하는데 이를 고지의무라고 한다. 보험회사는 소비자가 알려준 정보를 바탕으로 보험계약의 체결여부와 보험료를 결정한다.

┃〈표 53〉금융상품 판매행위 규제(6대 판매원칙)의 주요내용

적합성 원칙 (금융회사의 권유가 있는 경우)	고객정보를 파악하고, 부적합한 상품은 권유 금지
적정성 원칙 (금융회사의 권유가 없는 경우)	고객이 청약한 상품이 부적합할 경우 그 사실을 고지
설명의무	상품 권유 시 또는 소비자 요청 시 상품의 중요사항을 이해할 수 있 도록 설명
불공정영업행위 금지	금융회사의 우월적 지위를 이용한 부당요구(중도상환수수료 부과, 개 인 연대보증 요구 등) 금지
부당권유행위 금지	불확실한 사항에 단정적 판단을 제공하는 행위 등
광고 규제	광고 내용 필수 포함사항 및 금지행위

판매행위 규제 위반의 제재

금융회사가 판매행위 규제를 위반한 경우 금융소비자는 위법계약해지권을 행사할 수 있고, 금융당국은 금융회사에 대하여 판매제한명령, 징벌적 과징금 및 과태료 부과를 할 수 있다. 또한 설명의무 위반에 따른 손해배상청구소송에서 고의·과실의 입증책임을 금융회사에게 지우고 있다.

금융회사가 판매원칙을 위반한 경우 금융소비자는 일정 기간 내에 해당 계약에 대한 해지요구를 할 수 있고, 이에 대해 금융회사가 정당한 사유를 제시하지 못하는 경우에는 금융소비자가 일방적으로 계약을 해지할 수 있다. 금융당국은 금융소비자의 재산상 현저한 피해가 발생할 우려가 있다고 명백히 인정되는 경우에는 금융상품 계약체결 제한·금지를 명령하여 금융상품 판매과정에서 금융소비자의 피해가 가시화되거나 확대되는 것을 미연에 방지할 수 있다. 또한 설명의무, 불공정영업행위 금지 등 6대 판매원칙을 위반한 경우에는 해당 금융상품 판매로 얻은 수입 등의 50%까지 징벌적 과징금, 1억원 이하 또는 3천만원 이하의 과태료를 부과할 수 있다.

살펴보기 청약철회권

금융소비자의 선택권을 확대하기 위한 청약철회권이 보장되고 있다. 금융소비자가 금융상품 계약을 철회하는 경우 금융회사는 이미 받은 금전·재화 등을 반환하여야 한다. 청약철회권은 대출성·보장성 상품에 원칙적으로 모두 적용되고, 투자성 상품의 경우에는 비금전신탁계약, 고난도 펀드·금전신탁계약·투자일임계약에 적용된다. 대출성 상품은 14일 이내, 보장성 상품은 15일 이내 그리고 투자성 상품은 7일 이내에 행사할 수 있다.

금융소비자 피해구제

금융소비자가 금융거래와 관련하여 손해를 입은 경우 금융거래의 당사자인 금융소비자와 금융회사 간에 직접 해결하는 것이 바람직하다. 금융소비자는 금융회사의 소비자불만 접수창구를 통해 이의를 제기하고, 금융회사의 대응으로 피해를 구제하는 방안을 찾는 것이 일반적이다(1단계). 그러나 당사자 간의 해결이 원만하지 않은 경우에는 금융민원과 금융분쟁조정이라는 피해구제 방법이 있다. 금융민원은 주로 금융감독원에 신청하지만 한국소비자원, 금융협회, 소비자단체를 이용하기도 한다. 금융분쟁조정은 금융감독원을 통해 금융거래 당사자의 합의를 이끌어 내는 방법이다(2단계). 이후에도 해결이 되지 않을 경우에는 소송을 제기하여 재판을 통해 구제받는 방법도 있다(3단계). 소송을 제기하면 시간과 비용이 많이 들기 때문에 금융민원이나 금융분쟁조정의 방법을 이용하는 것이 도움이 된다.

금융민원

금융소비자는 금융회사의 업무와 관련한 질의, 건의, 요청, 이의신청, 정보, 고발 등에 관한 민원을 금융감독원에 제기할 수 있다. 금융위원회와 금융감독원이 운영하는 e-금융민원센터(https://www.fcsc.kr) 또는 전화(1332)를 이용하거나 금융감독원 금융민원센터를 방문하여 상담 또는 민원을 접수할 수 있다.

금융민원센터는 은행, 금융투자회사, 보험회사, 카드회사, 상호저축은행, 신용협동조합, 신용정보회사 등과 관련된 금융민원을 모두 처리한다. 그러나 우체국과 관련된 민원은 우정사업본부, 새마을금고와 관련된 민원은 새마을금고중앙회, 등록된 대부업자에 대한 민원은 관할 시·도 등 지방자치단체에서 처리한다. 금융민원은 원칙적으로 14일 이내에 처리된다. 단, 분쟁조정이 필요한 민원은 30일 이내, 분쟁조정위원회의 조정결정이 필요한 민원은 60일 이내에 처리된다. 이 기간에는 서류 보완, 사실관계 조사 등의 시간과 공휴일 및 일요일이 제외된다.

살펴보기 금감원, 라임펀드 판매한 OO증권에 원금 80% 배상 결정

OOWM센터, 거짓 설명자료로 고위험펀드 판매

금융감독원 금융분쟁조정위원회(분조위)는 OO증권이 판매한 라임자산운용의 펀드에 대해 불완전판매 등 책임을 물어 투자자에게 투자원금의 최대 80%를 배상하라고 결정했다.

29일 분조위의 설명을 들어보면, 분조위는 전날 회의에서 OO증권의 라임펀드 분쟁 사례를 심사한 결과 기존 사모펀드 분쟁조정 때는 확인되지 않았던 자본시장법상 부정거래·부당권유 금지 위반 행위를 법원 판결을 통해 최초로 확인했다. 분조위는 이를 배상 기준에 직접 반영해 기본 배상비율을 기존 30%에서 50%로 상향했다. 또 영업점인 OO더블유엠(WM)센터에서 본점의 심의·검토를 거치지 않은 거짓 기재를 한 설명자료를 활용한 불완전판매가 장기간 지속됐지만 본점이 제대로 통제하지 못해 다수의 피해자를 발생시킨 책임을 물어 30%포인트를 가산했다. 이에 따라 배상비율을 기존 라임펀드 판매사 가운데 최고 수준인 80%로 책정했다.

피해자 ㄱ씨는 2018년 초 OO증권 OO더블유엠센터에서 열린 강좌에 참석한 뒤 판매직원에게 1등급 초고위험 상품인 라임펀드가 담보금융에 90% 이상 투자하고 주택담보대출비율(LTV) 50% 이내로 펀드자금을 대출해 안전한 상품이라는 설명을 듣고 펀드에 가입했다. 판매직원은 피해자의 투자성향을 먼저 확인하지도 않았고 펀드 가입이 결정된 뒤에 투자성향을 분석했다.

분조위는 "나머지 피해자에 대해서도 이번 배상기준에 따라 자율조정이 이뤄지도록 할 계획이며, 조정절차가 원만하게 이뤄질 경우 미상환된 1,893억원에 대한 피해 구제가 일단락될것으로 예상된다"고 말했다. 라임펀드 분쟁은 라임자산운용의 173개 펀드(1조 6,700억원)의 환매 연기로 다수의 피해자(개인 4,035명, 법인 581곳)가 발생한 사건으로, 지난 16일까지 분쟁조정 신청은 723건에 이른다.

자료: 한겨레신문(2021.07.29.).

금융분쟁조정

　금융분쟁조정은 금융소비자와 금융회사가 금융거래와 관련한 분쟁이 있을 경우 금융감독원이 당사자에게 조정 의견을 제시하고, 당사자가 수락하여 합의하도록 하는 금융소비자 피해구제 방법이다. 금융거래와 관련한 분쟁은 금융소비자의 권리·의무 또는 이해관계가 발생하는 경우 금융회사를 상대로 제기하는 것을 말한다. 이러한 금융분쟁의 조정에 관한 사항을 심의·의결하기 위하여 금융감독원 내에 금융분쟁조정위원회라는 법적 기구를 두고 있다. 금융분쟁조정위원회는 30인 이내로 구성되는데 판·검사·변호사, 소비자보호단체의 임원, 금융회사와 금융관계기관에서 15년 이상 근무경력이 있는 자, 금융전문가, 전문의 등으로 구성된다. 금융분쟁의 당사자가 금융분쟁조정위원회의 조정결정을 수락하면 재판상의 화해와 같은 효력이 발생되므로 그 결과를 이행하지 않을 경우 강제 집행할 수 있고 당사자는 소송을 제기할 수 없게 된다.

금융사기 피해예방

금융사기는 금융거래에서 사람을 속이거나 착각하게 하여 이득을 취하려는 불법적인 행위이다. 금융사기의 종류에는 대출사기, 전기통신금융사기, 대포통 장사기, 투자사기, 보험사기 등으로 다양하다.

대출사기

대출사기는 대출을 핑계로 사람을 속여 이익을 취하는 불법행위이다. 대출을 받을 때는 직접 금융회사를 방문하거나, 온라인으로 대출상품을 이용하는 경우에는 신뢰할 수 있는지 확인하여야 한다. 만약, 대출사기를 당한 경우에는 1332(금융감독원)이나 112(경찰청)로 신고하여 피해를 줄이도록 한다.

대출을 미끼로 한 금전 가로채기

대출을 희망하는 사람에게 신용이 낮아 대출이 어려우므로 보증금, 보증보험료 등이 필요하다거나, 신용정보 조회기록이 많아 대출이 어렵다며 조회기록 삭제 또는 신용점수 상향 조정 명목으로 금전을 요구하는 사기이다. 정상적인 금융회사는 대출을 해준다며 어떠한 명목으로도 선입금을 요구하지 않는다는 것을 명심할 필요가 있다.

대출금 가로채기

고금리 대출을 받고 있는 사람에게 저금리 대출로 전환해 주겠다고 유혹하고 대출 전환과정에서 사기범이 대출금을 가로채는 유형 등이다. 또한 사기범이 대출신청자의 재직증명서, 급여명세서 등의 서류를 위조 또는 변조하여 금융회사로부터 대출을 받게 해주고 대출금의 일부를 가로채는 '작업대출'도 있다. 이 경우 대출신청자도 문서 위·변조에 따른 형사처벌을 받을 수 있으므로 주의해야 한다.

개인정보 악용하기

대출모집 자격이 없는 자가 대출모집인을 사칭하여 대출서류를 수집하거나, 취업 등을 미끼로 개인정보를 수집하여 피해자 명의로 대출을 받아 잠적하는 유형이다. 따라서 대출모집인 통합조회시스템(www.loanconsultant.or.kr)을 통해 대출모집인등록 여부를 확인하고 거래해야 한다. 또한 대출 상담 시 상대방이 일방적으로 개인신용정보를 먼저 요구하면 의심해볼 필요가 있다.

금융감독원에서는 최근 들어 구직자들의 절박한 심정을 악용한 신종 비대면 대출 사기 관련 민원이 지속 접수되어 "소비자경보"를 발령했다.

- 구직자에게 재택근무라며 업무용 휴대폰을 보내 개인명의로 개통하도록 유도한 후에 회사 보안앱을 설치한다며 다시 회수하여, 구직신청서 상의 개인 신용정보 등을 활용하여 비대면 대출 실행 후 대출금을 편취

구직자들은 다음 사항을 유의할 필요가 있다.

- 업무용 휴대폰을 개인 명의로 개통하게 한 후 보안앱 설치 등을 이유로 일시 반납을 요청하면 비대면 대출 사기를 의심한다.
- 근로계약서를 작성 또는 구직 신청서의 위변조 여부를 판단한다며 SNS로 신분증 사진을 요구하는 행위에 주의한다.
- 취업 사이트에 게시된 회사이거나 회사 인터넷 홈페이지가 있더라도, 사업자등록번호, 채용 담당자(전화 및 이메일), 사업장 주소지 확인 및 탐방 등을 통해 정상업체 여부를 꼼꼼히 따져봐야 한다.

사례

(내용) 민원인들은 취업사이트를 통해 광고회사에 지원하여 합격 연락을 받았는데, 코로나로 자택에서 온라인 연수를 진행한다며

- 수일간 업무 동영상 등을 청취하고 과제를 제출하면 연수비를 입금하는 등 구직자가 취업한 것으로 착각하게 한 후 입사지원서의 위변조를 확인한다며 신분증 사진 및 신용도 조회 캡쳐화면 등을 SNS로 전송토록 유도하고 업무용 휴대폰을 보낼테니 민원인 명의로 개통하여 택배로 보내면 보안팀에서 회사 보안앱을 설치하여 다시 배송한다고 기망한 후 구직자 명의로 비대면 대출을 실행

휴대폰 + 신분증 사진 + 개인정보(구직신청서) (비대면 대출 인증 수단)	➡	비대면 대출 사기

※ 한편, 구직자 명의 비대면 대출 외에도 비대면 보통예금 통장이 개설되어 보이스피싱 대포통장으로 사용될 위험도 상존

구직자 유의사항

2030 세대에 친숙한 비대면 면접, 재택근무, 유튜브 연수 등을 활용한 신종 스미싱 사기로서 다음 사항을 유의

① 일반 기업은 대체로 사업자명의로 업무용 휴대폰을 개통하거나, 보안앱을 설치하여 직원(개인)에게 지급하므로 ➡ 업무용 휴대폰을 개인 명의로 개

통토록 하거나, 보안앱 설치를 이유로 반납 요청할 경우 비대면 대출 사기일 가능성에 주의
> ☞ 금융회사는 비대면 대출시 가입자 명의 휴대폰으로 본인 여부를 확인하므로, 대출이 실행되더라도 구직자가 즉시 인지하기 어려움
② 일반 기업은 구직신청서 또는 근로계약서의 위변조 여부를 SNS로 전송된 신분증 사진으로 판정하기는 불가하므로 ➡ 어떠한 경우에도 타인에게 신분증을 전송하지 않도록 주의
> ☞ 자칫 본인 명의로 대포통장이 개설되면, "금융질서문란행위자"로 등재되어 계좌 개설 및 대출 거부 등의 정상적인 금융생활이 불가
③ 회사가 취업 사이트에 게재되어 있다거나, 자체 홈페이지를 운영하고 있다고 하여 정상적인 회사라고 단정하지 말고 ➡ 사업자등록번호, 소재지 및 채용 담당자 연락처(전화번호, 이메일) 등을 꼼꼼히 살펴볼 필요
> ☞ 국세청의 "사업자등록상태 조회"로 휴폐업 여부를 확인할 수 있으나, 혐의자들이 다른 정상회사의 사업자등록번호를 도용할 수 있으므로, 가급적 현장탐방 및 온라인 3D 지도 등으로 업체를 확인

자료: 금융감독원 보도자료(2021.07.28.).

전기통신금융사기

보이스피싱 및 메신저피싱

보이스피싱 또는 메신저피싱은 전화 또는 메신저로 상대방을 속여 돈을 요구하는 수법이다. 피싱(phishing)은 개인정보(private date)와 낚시(fishing)의 합성어로 금융기관 등을 사칭한 가짜 인터넷 주소로 접속을 유도하여 개인정보 또는 돈 등을 빼내는 사기이다. 보이스피싱 또는 메신저피싱은 주로 수사기관, 금융당국 등의 직원을 사칭하거나 가족, 지인 등 으로 위장하여 송금을 요구하는데, 그 수법이 종전보다 더 정교해지고 변형·융합되는 등 진화하고 있어 각별한 주의가 요구된다.

금융꿀팁 보이스피싱 및 메신저피싱 관련 행동 요령

1. 가족 및 지인 등이 문자 또는 메신저로 금전 및 개인(신용)정보를 요구하는 경우, 먼저 유선통화 등을 통해 반드시 확인하고, 휴대전화 고장, 분실 등의 사유로 연락이 어렵다고 하면 보이스피싱이 의심되므로 메시지 대화를 중단한다.
2. 상대방이 출처가 불분명한 앱 설치를 요구하면 무조건 거절하고, 휴대전화 보안 상태 검사를 실시한다.
3. 보이스피싱 또는 메신저피싱 피해를 입은 경우 송금 또는 입금 금융회사 콜센터 및 금융감독원 콜센터(☎1332)에 전화하여 해당 계좌에 대한 지급정지 요청 및 피해구제신청을 접수한다.
4. 본인이 모르게 개설된 계좌 또는 대출을 확인하기 위해서는 '계좌정보통합관리서비스'(www.payinfo.or.kr)를 활용한다.
5. 개인정보 유출에 따른 추가 피해를 막기 위해 금융감독원 정보포털 파인의 '개인정보노출자 사고예방시스템'에 등록한다.
6. 본인이 알지 못한 휴대전화 개통 여부는 한국정보통신진흥협회에서 운영하는 '명의도용방지서비스'(www.msafer.or.kr)에 접속하여 가입사실 현황을 조회할 수 있다.

자료: 금융감독원 보도자료(2020. 11. 4.).

스미싱

스미싱(smishing)은 문자메시지(SMS)와 피싱(phishing)을 합성한 단어이며, 악성 앱 주소가 포함된 SMS를 전송한 후 수신자가 악성 앱을 설치하거나 전화를 걸도록 유도하여 개인정보 또는 돈을 탈취하는 사기이다. 무료쿠폰, 결제내역,

가짜 '청첩장' 등의 문자메시지를 누르면 악성 앱을 설치하여 소액결제용 SMS 인증 번호를 탈취하여 휴대전화 소액결제 피해가 발생한다. 휴대전화에 저장된 모든 사람에게 동일한 가짜 문자메시지가 전송되는데. 정부, 공공기관 등을 빙자하거나 쿠폰, 상품권 증정, 지원금 지급 등을 내세우기도 한다. 따라서 출처가 불분명한 문자메시지에 링크된 웹사이트로 접속하거나 확인이 되지 않은 앱은 설치하지 않도록 주의한다.

사례

E는 '○○○치킨 첫 행사 1만원 할인 쿠폰 제공' 문자를 받았다. E는 문자 중 링크를 클릭하여 앱을 설치했는데 실행되지 않아 그대로 종료하였으나 그 이후 게임머니 구매 용도로 돈이 결제되었다는 청구를 받았다.

파밍 및 큐싱

파밍(pharming)은 피싱(phishing)과 조작하다(farming)를 합성한 단어이며, PC나 휴대전화를 악성코드로 감염시켜 정상적인 홈페이지 주소를 입력하여도 가짜 홈페이지에 접속되도록 하는 수법이다. 이용자가 이를 모르고 금융거래를 하기 위해 비밀번호, 보안카드번호 등 금융거래정보를 입력하면 이 정보가 가짜 홈페이지를 통해 사기범에게 전달된다. 한편 QR코드(Quick Response Code)로 악성 앱 설치를 유도해 개인정보와 금융정보를 빼내는 큐싱(Qshing)도 있다. 스캔할 QR코드에 악성 앱 다운로드 URL을 숨겨두었다가 사용자가 QR코드를 읽으면 자동으로 URL에 연결되어 악성 앱이 다운로드 된다. 이를 예방하기 위해서는 OTP(일회성 비밀번호생성기)나 보안토큰(비밀정보 복사방지)을 사용하고, PC, 이메일 등에 인증서, 보안카드 사진, 비밀번호 등을 저장하지 않도록 한다.

사례

F는 인터넷뱅킹을 하려고 인터넷 즐겨찾기에 있는 은행의 홈페이지를 눌렀다. 그러나 가짜 홈페이지 접속이 되었는데, 이를 알지 못하고 계좌번호, 비밀번호, 보안카드 번호 등을 입력하였다. 사기범은 이 정보를 이용하여 F의 계좌에서 돈을 인출하였다.

투자사기

제도권 금융회사가 아닌 업체가 원금보장 및 고수익 등을 약속하고 자금을 모으는 유사수신행위는 일종의 투자사기라 할 수 있다. 이러한 불법업체는 가입자가 다른 가입자를 계속 모집하게 만드는 피라미드 다단계 방식으로 운영하거나, 초기에 기존 가입자에게 원금 및 수익금을 신규 가입자의 투자금으로 지급하다가 추후 지급을 멈추고 잠적하는 폰지사기 행태를 보인다. 또한 합법적인 신규 금융상품을 권유하는 것처럼 가장하거나 다양한 허위사실을 내세워 투자금을 모집하는데, 이러한 유사수신 업체와의 거래로 인해 발생한 피해는 금융감독원 분쟁조정절차 등에 따른 피해구제를 받을 수 없으므로 유의해야 한다.

 금융꿀팁 고수익 보장을 미끼로 한 금융사기를 당하지 않으려면

1. 원금과 고수익 보장을 약속하면 일단 의심한다.
2. 실체가 불분명한 업체의 투자권유를 받을 경우 금융감독원 금융소비자 정보포털 파인에서 제도권 금융회사 조회를 통해 정식으로 등록된 금융회사인지 확인한다.
3. 다양한 금융사기 수법에 유의한다.
   - OO% 수익 확정지급, 원금보장, 금융회사 지급보증 등 강조
   - FX마진거래, 선물옵션 등 첨단 금융기법 과시
   - 기술개발, 특허취득, 사업 인·허가 예정 등 그럴듯한 사업계획 제시
   - 외국 정부로부터 각종 권리취득 또는 글로벌 기업과의 업무제휴 과시
   - 투자자 모집 및 추천수당 지급 등을 약속하는 다단계 방식 활용
   - 주식시장 상장 추진, 자사주 배정 등으로 현혹
   - 정부 등록 또는 인·허가 업체임을 강조
   - 유명 연예인을 동원한 광고 치중 또는 정·관계 유력인사 등과의 친분 과시
   - 종합금융컨설팅, 재무설계전문가 등 그럴듯한 호칭 사용
   - 크라우드펀딩, P2P대출 등 인터넷을 통한 자금모집
4. 미심쩍으면 금융감독원 불법금융피해신고센터(☎1332)에 문의한다.

자료: 실생활에 유용한 금융꿀팁(2019), 금융감독원.

보험사기

보험사기는 보험회사를 속여서 보험금을 청구하는 것이다. 금융소비자가 보험 계약을 체결할 때는 병력 등의 고지의무를 준수해야 하는데 이를 알리지 않거나 허위로 알려 보험에 가입하는 것은 보험계약의 사기적 체결로서 보험사기에 해 당된다. 또한 신체의 상해, 사고 등을 일으켜 보험사고를 고의적으로 유발하거나, 사고가 발생하지 않았는데 발생한 것처럼 속여서 보험사고를 날조하여 보험금을 청구하는 경우도 있다. 또한 과잉진료를 받거나 치료기간을 연장하여 보험금을 과다하게 청구하는 등 보험사고를 과장하는 행위도 보험사기에 해당된다. 평범한 금융소비자가 스스로 또는 병원, 손해사정사, 전직 보험설계사 등에게 이끌려 보 험사기에 가담하는 경우 보험사기특별법에 따라 형사처벌을 받게 된다.

 금융꿀팁 보험사기 피해예방

〈자동차 사고 관련〉
1. 교통사고를 당했을 경우 경찰과 보험회사에 알려 도움을 요청한다.
2. 현장에서 고액의 현금을 요구하면 거절하고, 합의는 시간적 여유를 갖고 신중하게 결정한다.
3. 현장에 대한 증거자료와 목격자를 확보하여 분쟁에 대비한다.

〈자동차 수리 관련〉
1. 차량을 무상으로 수리해주겠다는 제안은 의심한다. 차량사고를 허위로 접 수하거나 과장하여 보험금을 청구할 경우 정비업체와 함께 보험사기로 처 벌 받을 수 있으므로, 차량을 무상으로 수리해주겠다는 제안은 의심한다.
2. 허위로 렌트계약서를 작성하여 보험금을 나누어 갖자는 제안은 거절한다.
3. 허위 또는 과장 수리를 하는 정비업체는 이용하지 않는다.

〈병원 진료 관련〉
1. 불필요하게 보험가입 여부를 확인하거나 보험금으로 무료시술을 받게 해 주겠다는 제안은 의심한다.
2. 진료받은 사실과 내용이 다른 진료확인서는 요구하지도 받지도 않는다.
3. 의심스러운 병원은 피하고 사기가 의심되는 경우 신고한다.

자료: 실생활에 유용한 금융꿀팁(2019), 금융감독원.

핵심내용 정리

- 금융소비자보호법
  - 2021.3월부터 시행
  - 금융소비자의 권익 증진과 건전한 시장질서 구축을 위하여 제정
  - 금융회사의 영업에 관한 준수사항, 금융소비자의 권익보호를 위한 금융소비자정책, 금융분쟁 조정절차 등에 관한 사항을 정함.

- 금융회사 준수사항
  - 적합성 원칙, 적정성 원칙, 설명의무를 준수
  - 불공정영업행위, 부당권유행위, 허위 · 과장광고 금지
  - 위반 시 위법계약해지권 행사, 판매제한명령, 징벌적 과징금 및 과태료 부과

- 금융소비자 유의 사항
  - 금융교육을 통하여 금융역량을 제고, 최신 금융정보 활용으로 합리적인 금융생활
  - 개인정보 보호

- 금융사기
  - 대출사기, 전기통신금융사기, 대포통장사기, 투자사기, 보험사기 등
  - 사기 유형이 다양해지고 피해규모가 증가하는 추세임, 피해를 당한 경우 신속하게 신고

참고 문헌

국민연금공단. www.nps.or.kr

근로복지공단 퇴직연금. www.pension.kcomwel.or.kr

금융감독원. www.fss.or.kr

금융감독원. (대학생을 위한) 실용금융. 서울: 금융감독원, 2021.

기획재정부. 국채백서. 서울: 기획재정부. 2020.

김홍기. 경제생활과 보험. 서울: 박영사. 2019.

미쉬킨, 프레드릭 S.. (미쉬킨의)화폐와 금융. 서울: 퍼스트북, 2020.

삼정KMPG. http://home.kpmg.kr.ko

예금보험공사. www.kdic.or.kr

이재하. 새내기를 위한 금융. 서울: 박영사, 2021.

이하일. 알기 쉬운 실용금융. 서울: 박영사, 2020.

최남진. 금융과 경제. 서울: 박영사, 2018.

통계청.www.kostat.go.kr

한국거래소. www.krx.co.kr

한국신용정보원. www.kcredit.or.kr

한국신용평가. www.kisrating.com

한국은행. www.bok.or.kr

한국은행. 가족과 함께 읽는 경제교실. 2020.

한국은행. 알기 쉬운 경제지표해설. 서울: 한국은행, 2019.

한국주택금융공사. www.hf.go.kr

한국은행 통계시스템. www.ecos.bok.or.kr

한국핀테크지원센터. 헬로, 핀테크!. 서울: 한국핀테크지원센터, 2020.

한국은행. 한국의 금융시장. 서울: 한국은행. 2016.

한국은행. 한국의 금융제도. 서울: 한국은행. 2016.

한국은행. 한국의 통화정책. 서울: 한국은행. 2017.

한국투자증권. https://securities.koreainvestment.com

저자 약력

강 경 란

학력
부산대학교 대학원 기술사업정책학박사
부경대학교 경영대학원 경영학석사

경력
SC제일은행 투자자문부 Investment Strategy & Wealth Advisory
SC제일은행 부산PB센터장/Private Banker
부산가톨릭대학교 경영학과 초빙교수
부산대학교 강사
현) 창원대학교, 한국해양대학교, 경성대학교 강사

자격증
CFP(Certificate Financial Planner, 국제공인재무설계사), 파생상품투자상담사, 투자상담사,
증권투자·특별자산투자상담사. AFPK. 인보험·손해보험·변액보험 대리점 등

저서
사회적자본론. 부산가톨릭대학교 출판부. 2019.
사회적경제 가치분석. 부산가톨릭대학교 출판부. 2019.
창의와 발명. 부산가톨릭대학교 출판부. 2020.

논문
베이비붐 세대의 창·재취업에 관한 연구
대학생들의 기업가정신·디지털역량과 금융이해력이 창업인식에 미치는 영향 연구
기업가정신과 사회적이슈(코로나19)가 창업기회인식에 미치는 영향: 디지털 리터러시의 매개효과
금융업종사자의 정서적 준비와 신뢰가 창업의도에 미치는 영향
기업가정신과 기술혁신역량이 고용 및 경영성과에 미치는 영향 연구
기업가정신과 사회적 가치지향성이 사회적기업 창업의도에 미치는 영향 연구
앙트러프러너십과 변혁적 리더십이 취·창업인식에 미치는 영향연구
앙트러프러너십과 디지털역량이 취업·창업인식에 미치는 영향 연구
경력지향성이 창·재취업의도에 미치는 영향 연구

금융과 사회

초판발행   2022년 2월 25일

지은이   강경란
펴낸이   안종만·안상준

편 집   김윤정
기획/마케팅   정성혁
표지디자인   이현지
제 작   고철민·조영환

펴낸곳   (주)**박영사**
              서울특별시 금천구 가산디지털2로 53, 210호(가산동, 한라시그마밸리)
              등록 1959. 3. 11. 제300-1959-1호(倫)
전 화   02)733-6771
f a x   02)736-4818
e-mail   pys@pybook.co.kr
homepage   www.pybook.co.kr
ISBN   979-11-303-1485-3   93320

정 가   25,000원